采购与供应管理

CAIGOU YU GONGYING GUANLI

主　编　徐　阳　苏　兵　姬　浩
副主编　陈光会　朱文英　刘　岚　金书鑫

西安交通大学出版社
XI'AN JIAOTONG UNIVERSITY PRESS

图书在版编目(CIP)数据

采购与供应管理 / 徐阳,苏兵,姬浩主编. — 西安：西安交通大学出版社,2023.8
 ISBN 978-7-5693-3344-2

Ⅰ.①采… Ⅱ.①徐… ②苏… ③姬… Ⅲ.①采购管理—高等学校—教材 ②物资供应—物资管理—高等学校—教材 Ⅳ.①F253 ②F252.2

中国国家版本馆 CIP 数据核字(2023)第 131203 号

书　　　名	采购与供应管理
主　　编	徐　阳　苏　兵　姬　浩
责任编辑	魏照民
责任校对	魏　萍
封面设计	任加盟
出版发行	西安交通大学出版社 (西安市兴庆南路1号　邮政编码 710048)
网　　址	http://www.xjtupress.com
电　　话	(029)82668357　82667874(市场营销中心) (029)82668315(总编办)
传　　真	(029)82668280
印　　刷	西安日报社印务中心
开　　本	787mm×1092mm　1/16　印张　15.5　字数　294 千字
版次印次	2023 年 8 月第 1 版　2023 年 8 月第 1 次印刷
书　　号	ISBN 978-7-5693-3344-2
定　　价	49.80 元

如发现印装质量问题,请与本社市场营销中心联系。
订购热线:(029)82665248　(029)82667874
投稿热线:(029)82668133

版权所有　侵权必究

前　言

采购与供应管理是所有企业和机构都需要面对的重要管理课题。目前,采购与供应管理已经成为企业和机构提升竞争力、获得成功的关键性因素。21世纪科技、经济的快速发展对采购与供应管理提出了新的要求。采购与供应管理逐渐由企业或机构扩展到供应链。它要解决的是在供应链环境下,采购与供应如何通过上下游组织的合作,更好地满足组织运营和战略的需求。如何规范采购与供应流程、加强与供应商的合作、提高管理效率、降低采购与供应成本,已成为企业家和机构管理者关注的焦点。

本书是适用于本科生和研究生采购与供应管理理论教育的教材。本书充分考虑了本科生和研究生教育的特点,包含采购、目标流程与类型,采购组织结构及其设计,采购计划及预算管理,全球采购,供应商质量管理等采购与供应管理理论教育的核心内容。本书引入采购与供应管理的新理念、新技术和新方法,结合经典案例分析,突出理论性、时效性和实践性,有利于学生掌握采购与供应管理的知识和技能。

本书分为13章,其中西安工业大学徐阳副教授编写第1、2、10、13章,并负责本书大纲的编写和统稿;西安工业大学刘岚编写第3、4、5章;西安工业大学陈光会副教授编写第6、8章;长安大学朱文英副教授编写第7、9章;西安工业大学金书鑫博士编写第11、12章。

本书得到了西安工业大学校级规划教材建设资金、陕西省教学改革项目:新文科下经管类应用型创新人才"二融三跨四协"培养模式研究与实践(19BY074)、陕西本科和高等继续教育教学改革研究项目:基于COIO的"研究院＋"经管类应用型创新人才培养模式探索与实践(21B2043)的资助,在此表示由衷感谢。在编写本书的过程中,编者参考了国内外有关专家学者的教材、资料和论著,在此一并致谢。

编者水平有限,衷心希望读者对本书存在的问题提出批评和建议。

编　者

目录

第一章 概论 ... 1
- 第一节 采购与采购管理的概念及地位 ... 1
- 第二节 采购的作用及特点 ... 3
- 第三节 采购与供应管理 ... 6
- 第四节 采购与供应链管理的发展阶段 ... 7

第二章 采购目标流程与类型 ... 12
- 第一节 采购目标 ... 12
- 第二节 采购部门的职责 ... 14
- 第三节 采购流程 ... 17
- 第四节 采购类型 ... 18

第三章 采购政策与程序 ... 29
- 第一节 采购政策概念 ... 29
- 第二节 采购政策原则 ... 31
- 第三节 采购程序 ... 36

第四章 采购组织结构及其设计 ... 39
- 第一节 采购组织结构 ... 39
- 第二节 集中式与分散式采购 ... 45

第五章 采购计划及预算管理 ... 49
- 第一节 采购调查 ... 49
- 第二节 采购需求管理 ... 55
- 第三节 采购预算 ... 58

第六章 供应商的评估与选择 ... 65
- 第一节 供应商调查与开发 ... 66
- 第二节 供应商审核及评估 ... 80
- 第三节 供应商选择 ... 87
- 第四节 供应商评估、选择的检验 ... 98

第七章　全球采购 ……………………………………………………………… 105
第一节　全球采购概述 ………………………………………………… 105
第二节　全球采购的发展趋势 ………………………………………… 113

第八章　供应商质量管理 ……………………………………………………… 119
第一节　供应商质量管理概述 ………………………………………… 120
第二节　供应商全面质量管理 ………………………………………… 131
第三节　六西格玛管理方法 …………………………………………… 144
第四节　供应商质量体系 ……………………………………………… 149

第九章　采购谈判与合同管理 ………………………………………………… 157
第一节　采购谈判 ……………………………………………………… 157
第二节　采购合同管理 ………………………………………………… 166

第十章　采购方式管理 ………………………………………………………… 172
第一节　采购方式分类及选择 ………………………………………… 172
第二节　集中采购和分散采购 ………………………………………… 175
第三节　政府采购 ……………………………………………………… 177
第四节　招标采购 ……………………………………………………… 182
第五节　其他采购方式 ………………………………………………… 185

第十一章　采购价格与成本管理 ……………………………………………… 187
第一节　采购价格概述 ………………………………………………… 187
第二节　市场经济条件下的定价 ……………………………………… 190
第三节　采购成本分析 ………………………………………………… 203
第四节　采购数量与价格变动对成本的影响 ………………………… 204
第五节　采购成本控制 ………………………………………………… 206

第十二章　采购绩效管理 ……………………………………………………… 213
第一节　采购风险的概念和种类 ……………………………………… 213
第二节　回避与防范采购风险的措施 ………………………………… 216
第三节　采购绩效的评估 ……………………………………………… 219

第十三章　采购与供应链管理 ………………………………………………… 232
第一节　采购与供应链关系 …………………………………………… 232
第二节　采购与供应链管理的发展趋势 ……………………………… 236

参考文献 ……………………………………………………………………………… 241

第一章 概 论

第一节 采购与采购管理的概念及地位

一、采购与采购管理的概念

采购是一种常见的经济行为。从日常生活到企业运作,从民间到政府,无论是组织还是个人,若要生存就要从外部获取所需要的有形物品或无形服务,这就是采购。企业采购是指企业根据生产经营活动的需要,通过信息搜集、整理和评价,寻找、选择合适的供应商,并就价格和服务等相关条款进行谈判,达成协议,以确保需求得到满足的活动过程。除了以购买的方式获得物品之外,采购还可以租赁、借贷、交换的方式取得物品的使用权,以达到满足需求的目的。

采购管理是指为保障企业物资供应而对企业的整个采购过程进行计划、组织、指挥、协调和控制的活动*。

采购和采购管理是两个不同的概念。采购是一项具体的业务活动,是作业活动,一般由采购员承担具体的采购任务。采购管理是企业管理系统的一个重要子系统,是企业战略管理的重要组成部分,一般由企业的中、高层管理人员承担。采购管理的目的是保证供应,满足生产经营需要。采购管理既包括对采购活动的管理,也包括对采购人员和采购资金的管理等。一般情况下,有采购就必然有采购管理。但是,不同的采购活动,由于其采购环境、数量、品种、规格的不同,管理过程的复杂程度也不同。而且在企业的采购中,工业制造和商贸流通企业的采购目标、方式等也存在差异,但因为有共同的规律,所以一般不再进行详细划分。

二、采购管理的地位

在现代企业的经营管理中,采购管理已变得越来越重要。一般情况下,企业产品

---

* 个人采购、家庭采购尽管也需要计划决策,但毕竟相对简单,一般属于家庭理财方面的研究,这里重点研究的是面向企业的采购管理活动(组织、集团、政府等)。

的成本构成中原材料采购占较大的比例,为60%～70%,因此外购条件与原材料采购的成功与否在一定程度上影响着企业的竞争力。采购管理是企业经营管理的核心内容,是企业获取经营利润的一个重要源泉,也是获取竞争优势的来源之一。随着全球经济一体化和信息时代的到来,采购及采购管理的工作将会被提升到一个新的高度。具体来看,采购管理在企业生产各环节中都具有重要地位。

1. 采购管理在企业的经济效益中的地位

尽管企业的经济效益是在商品销售之后实现的,但效益高低却与物资购进的时间、地点、方式、数量、质量、品种等采购业务有着密切的关系。企业的经济效益是直接通过利润额来表示的,而物资采购过程中支付费用的多少同利润额成反比,因此购进物资的质量和价格对企业的经济效益有很大影响。为了提高企业的经济效益,必须注重对采购工作的计划、组织、指挥、协调和监控。

2. 采购管理在供应中的地位

物资供应是企业生产的前提条件,企业生产所需要的原材料、设备和工具都要由采购来提供;没有采购就没有生产条件,没有物资供应就不可能进行生产。因此,采购为企业保证供应、维持正常生产和降低缺货风险创造了条件。从商品生产和交换的整体供应链可以看出,每个企业既是顾客又是供应商,任何企业的最终目的都是满足最终顾客的需求,以获得最大的利润,采购给供应链上的企业架起了一座桥梁,沟通生产需求与物资供应,是企业经营管理的核心内容。采购管理的目的就是在确保质量的前提下,以适当的价格,在适当的时间,从适当的供应商那里采购到适当数量的物资和服务。

3. 采购管理在企业销售工作中的地位

物资采购作为企业销售经营业务的先导环节,只有使购进物资的品种、数量、质量符合市场需要,才能让产品销售业务实现高质量、高效率、高效益,从而达到采购与销售的和谐统一;反之,则会导致购销之间的矛盾,影响企业功能的发挥。因此,产品销售工作的质量,在很大程度上取决于物资采购的质量,而销售活动的拓展和创新也与产品采购的规模和构成有直接关系。

4. 采购管理在企业研发工作中的地位

从某种程度上讲,若企业研发不能得到采购的支持,则其成功率会大打折扣。一种情况是研发人员经常会感觉到,因为采购不到某种物料,或者受到某种加工工艺的限制,导致设计方案难以实现。另一种情况是,研发人员费尽心思制造出的样品在功能上与同行业的水平相差甚远,或者即使性能一样,但外观、体积、成本、制造的难易程度、销售竞争等许多因素都明显落后。这主要归结于研发人员的信息滞后性,对先进元器件了解甚少,反映出采购方面的支持力度不够。

5. 采购管理在企业经营中的地位

随着现代经济的快速发展,许多企业都将供应商看作是自身企业的业务延伸,并与供应商建立战略合作伙伴关系,在企业不直接投资的前提下,充分利用供应商的能力为其开发、生产产品。这样,一方面可以节省资金,降低投资风险;另一方面可以利用供应商的专业技术优势和生产能力,以最快的速度扩大产品生产规模。比如,现在很多企业对供应商的需求范围逐渐扩大,由原来的原材料和零部件扩展到半成品,甚至是成品。

6. 采购管理在项目中的地位

任何项目的执行都离不开采购活动。采购工作准备不足,不仅会影响项目的顺利进行,还会影响项目的预期收益,甚至会导致项目失败。采购工作是项目执行的关键环节,而且是构成项目执行的重要内容。采购工作能否经济、有效地进行,不仅会影响项目成本,还会影响项目管理的成败。一般来说,银行贷款是按照项目实施中实际发生的费用予以支付的。因此,采购延误会直接影响银行对贷款支付的延误。例如,从以往的项目管理经验可知,项目招标过程中支付货款的滞后,大多数是由于采购不及时造成的。此外,采购问题一直是银行贷款项目检查中重点讨论的问题。总而言之,采购问题越来越受到人们的重视。

第二节 采购的作用及特点

一、采购的作用

企业在生产经营过程中需要大量的物料,其中包括原材料、零部件。这些物料作为企业的生产手段或劳动对象,对企业的生产经营活动有着极其重要的作用。组织好企业采购活动,不仅有助于优化企业采购管理,还可以有效地推动企业其他各项工作的开展。通过实施科学的采购管理,可以合理地选择采购方式、采购品种、采购批量、采购频率、采购地点和采购时间,以有限的资金保证企业生产经营的需要,在企业降低成本、加速资金周转和提高产品质量等方面发挥重要作用。具体来讲,采购的作用主要体现在以下几个方面。

1. 采购是保证企业生产经营正常进行的必要前提

物资供应是生产经营的前提条件,生产经营所需要的原材料、零部件、设备和工具都要由采购环节来提供。没有采购，就没有生产经营条件；没有物资供应，就不可能进行正常的生产经营。

2. 采购是保证产品质量的重要环节

采购物资的质量好坏直接决定着企业产品质量的好坏。能否生产出合格的产品，取决于采购所提供的原材料、零部件以及所需的设备、工具的质量。

3. 采购是控制成本的主要手段之一

采购成本是生产成本的主要部分，采购成本＝订货成本＋物资材料成本＋存货成本＋缺货成本。采购成本包括购买价款、相关税费、运输费、装卸费、保险费以及其他可归属于存货采购成本的费用。高额的采购成本将会大大降低生产的经济效益，甚至导致亏损。因此，合理采购对提高企业竞争能力、降低经营风险也具有极其重要的作用。一方面，科学的采购不仅能降低产品生产成本，而且也是产品质量的保证；另一方面，合理采购能保证经营资金的合理使用和控制，从而以有限的资金有效开展企业的经营活动。加强采购的组织与管理，对于节约占用资金，压缩存货成本和加快营运资本周转起着重要的作用。加强采购的组织与管理，对于节约占用资金、压缩存储成本和加快营运资本周转起着重要的作用，是企业控制成本的主要手段之一。

4. 采购可以帮助企业洞察市场的变化趋势

采购人员直接与资源市场打交道，而资源市场和销售市场是交融混杂在一起的，都处在大市场之中。因此，采购人员可以及时为企业提供各种各样的市场信息，供企业进行管理决策。市场对企业生产经营的导向作用是通过采购渠道观察市场供求变化及其发展趋势，借以引导企业投资方向，调整产品结构，确定经营目标、经营方向和经营策略。企业生产经营活动是以市场为导向，凭借市场这个舞台而展开的。

5. 采购是科学管理的开端

企业物资采购直接与生产相联系，物资采购的模式往往会在很大程度上影响生产模式。因此，科学的采购模式有助于企业构建一种科学的管理模式。

6. 采购能决定企业产品周转的速度，是企业生产过程的起点

采购人员必须解决好采购中物资的适时和适量问题。如果采购工作运行的时点、把握的量度与企业其他环节的活动达到了高度统一，则企业就能获得适度的利益。反之，就会造成产品积压、产品周转速度减缓、产品保管费用增加，以至于动用大量人力、物力去处理积压产品，从而造成极大的浪费。

7. 采购能帮助物质资源得到合理利用

节约、合理地利用物质资源是开发利用资源的前提。采购工作厉行节约的方针，

采购工作使物质资源得到合理分配和利用。方法如下：①通过合理的采购，可以防止企业中出现优料劣用、长材短用的现象。②在采购中应力求优化配置和整体效应，防止局部优化损害整体优化、部分优化损害综合优化；而且在优化配置物质资源时，也要防止出现优劣混用的现象。③在采购工作中，能应用价值工程分析，力求功能与消耗相匹配。④采购可以为企业引进新技术、新工艺，提高物质资源的利用效率。注意，要贯彻执行有关的经济、技术政策和法律，如产业政策、综合利用等法规，防止被淘汰的产品进入流通领域，防止发生违反政策、法律的行为，做到资源的合理利用。

二、采购的特点

1. 采购是从资源市场获取资源的过程

无论是生活还是生产，采购对于它们的意义，就在于能解决人们生活和生产所需要但是自己又缺乏的资源问题。这些资源既包括生活资料，也包括生产资料；既包括物质资源（如原材料、设备、工具等），也包括非物质资源（如信息、软件、技术、文化用品等）。能够提供这些资源的供应商形成了一个资源市场，而从资源市场获取这些资源都是通过采购的方式。采购的基本功能就是帮助人们从资源市场获取他们所需要的各种资源。

2. 采购是商流过程和物流过程的统一

采购就是将资源从资源市场的供应者手中转移到用户手中的过程。在这个过程中，一是要实现将资源的所有权从供应者手中转移到用户手中，二是要实现将资源的物质实体从供应者手中转移到用户手中。前者是一个商流过程，主要通过商品交易、等价交换来实现商品所有权的转移。后者是一个物流过程，主要通过运输、储存、包装、装卸搬运、流通加工和配送等手段来实现商品空间位置和时间位置的转移，使商品真实地到达用户手中。采购过程实际上是商流过程和物流过程的结合。"两流"过程的实现标志着采购过程的结束。因此，采购过程实际上是商流过程与物流过程的统一。

3. 采购是一种经济活动

采购活动是企业经济活动的重要组成部分。经济活动既要遵循经济规律，又要追求经济效益。在整个采购过程中，一方面通过采购获取了资源，保证了企业正常生产经营的顺利进行，这是采购效益；另一方面也会发生各种费用，这就是采购成本。要追求采购经济效益的最大化，就要不断降低采购成本，以最少的成本获取最大的效益。科学采购是实现企业经济利益最大化的基本利润源泉。

第三节 采购与供应管理

采购是指一个职能小组(企业组织结构中一个正式的团体),同时也指一项职能活动(购买商品和服务)。采购小组履行许多职责,以保证为公司带来最大价值。这些职责包括供应商的识别和选择、采购、谈判、签订合同、供应市场调查、供应商评估和改进,以及采购系统的开发等。

供应管理不仅是采购管理的新名称,它包含了更为宽泛的内容。本书认为供应管理是一种战略方法,它能通过有效管理供应基地满足采购方当前和未来需求、获取资源、充分利用流程导向的跨部门小组来实现企业目标。供应管理协会将供应管理定义为识别、获取、接近、定位、管理需求或潜在需求的资源、能力,以实现战略目标。供应链的关键要素如图1-1所示。

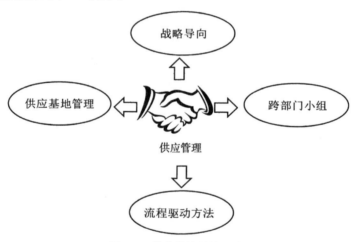

图1-1 供应链的关键要素

供应管理应该关注战略任务,即那些对企业长期绩效产生重要影响的活动。这些战略任务并不是孤立的,而是应该与企业的整体使命相一致。这些战略任务不包括那些传统采购管理所关注的常规的、简单的、日复一日的决策。

供应管理通过渐进式的方法来管理供应基地,这种方法有别于传统的和卖方交易使用的正常交易法或对抗法。供应管理要求采购专员直接与供应商合作,而这些供应商必须能为公司提供世界级的服务并为公司创造优势。可以把供应管理视为渐进式和增压式的基础采购。

供应管理通常采用流程式的方法来获得所需商品和服务。我们可以将其流程分为5个部分:供应商的识别、评估、选择、管理和开发。整个流程可以实现比竞争对手更好的供应链绩效。在本书中,将穿插使用供应管理和战略性采购这两个术语。

供应管理是跨职能部门的,这就意味着从一开始到实现更深远的共同目标的整个过程,它都将参与到采购、设计、供应商质量保证、供应商及其他相关职能中去,这些职能可以帮助企业组成一个合作团队。不同于传统采购中各供应商之间的对抗关系,供应管理以采购方与精心选定的供应商所建立的长期双赢关系为特征。如果不考虑所有权问题,供应商几乎可以称为采购方的扩展公司。供应管理是一种新的运营方式,涉及公司内部的运营及外部的供应商。供应管理的目标是实现企业在成本管理、产品开发、缩短周期及总质量控制方面的优势。

部分战略供应管理要求履行战略性责任,这些责任对绩效有很重要的影响,但不包括可能属于传统采购责任的常规的、简单的、日常的决定。常规订货及接下来的基本运营供给不属于战略性责任范畴。不过,这使公司内部成员对常规订购系统进行开发变得更加重要。战略供应管理的一些主要的、协调性的任务很大一部分已成为"采购"这个职能小组的责任。正如供应管理的概念一样,这些任务也涉及很广的范畴。

第四节 采购与供应链管理的发展阶段

采购与供应链管理的发展过程有 7 个阶段。这个发展过程跨越了 170 余年。

1. 初期(1850—1900 年)

有的观察者认为采购历史的初期应开始于 1850 年。不过,有证据表明,在这个阶段之前采购职能就受到了关注。比如,查尔斯·巴比奇在 1832 年出版的有关机械和制造商经济的书中就提到了采购职能的重要性。查尔斯·巴比奇还提到了一个负责几个不同部门的"物料供给人"。他这样写道:"负责运营煤矿的重要职员就是一名负责选择、采购、接收和配送所有需求货物的物料供给人。"

采购最受瞩目和发展最快的时期都出现在 19 世纪 50 年代后,在那段时间,铁路作为主要的运输工具,需要将货物从较发达的地区运送到欠发达的地区。到了 1866 年,宾夕法尼亚州铁路公司在供应部门之下设立了采购职能部门。几年之后,铁路公司的总采购代理商可以直接向公司总裁进行报告。采购职能对整个企业的绩效贡献之大,使得采购总经理已拥有顶级经理人的身份。

1887 年,芝加哥西北铁路的审计官编写了第一本专门以采购职能为主题的书《铁路供应的搬运——采购与安排》(*The Handling of Railway Supplies—Their Purchase and Disposition*)。书中讨论的问题至今仍有重大意义,包括采购代理商具备技术技能的需要,在个人控制下的采购部门集中化管理的需要等。书中还就缺乏关注的采购代理人员的选择问题进行了评论。

铁路行业的发展主导了早期采购发展。这段时期对采购历史所做的主要贡献是认识到了采购流程及采购对企业经济效益的提高。19世纪晚期,采购逐步分化为一个具有专业技能的单独的职能部门。而在这之前,根本就不存在这种划分。

2. 采购基本原理的发展(1901—1939年)

采购发展过程的第二个阶段大约于19世纪末20世纪初开始,一直持续到第二次世界大战之初。铁路行业之外的行业刊物上,也开始定期出现越来越多与工业采购职能相关的文章。尤其是工程方面的杂志,特别关注对合格的采购人员的需求。

在这个阶段,基本的采购程序和观念相关的理论也得到了快速发展。1905年,第二本以采购职能为主题的书出版了,这同时也是第一本与铁路无关的采购书籍。这本《采购手册》(*The Book on Buying*)共有18章,每一章都由不同的作者编著。此书的第一部分主要用来陈述采购的"原则",第二部分则描述了不同公司、不同的采购系统所采用的形式及程序。

因为采购在获取重要战争物资中的作用,使其在第一次世界大战期间得到了重视。因为在那个时候,采购主要关注的是对原材料的购买(而非成品或半成品)。有点讽刺意义的是,在第一次世界大战期间没有出版过任何重要的有关采购方面的书籍。哈罗德·T.刘易斯是20世纪30至50年代一位很受人尊敬的采购专家。他注意到,是否真正认识到采购对企业的重要性这个问题在当时仍存在相当大的疑问。他指出,从第一次世界大战到1945年,人们至少开始逐渐认识到良好的采购对企业运营的重要性。

3. 战争时期(1940—1946年)

第二次世界大战将采购带入了一个崭新的发展阶段。战争期间对获得所需求的(也是稀缺的)物料的重视增加了人们对采购的兴趣。1933年,只有9所大学开设了有关采购的课程,而到了1945年,这个数量增加到了49所。美国国家采购代理协会的成员数量在1934年为3400个,1940年增加到了5500个,而到了1945年秋天达到9400个。在这个阶段进行的一项调查表明,76%的请购单没有对物品品牌、规格提出要求,这也暗示了采购代理在确定供应源时所起的作用。

4. 沉寂时期(20世纪中叶)

第二次世界大战期间,人们的采购意识有所提高但并未延续到战后。约翰·A.希尔是一位著名的采购专家,他对那一时期的采购状况是这样评论的:"对许多企业来讲,采购只是它们在进行交易时无法避免的一项成本。就美国工业的长度和广度而言,采购职能并未得到应有的关注和重视。"

另一位采购专家布鲁斯·D.亨德森也对采购所面临的问题发表了评论。他这样说:"采购被认为是一项起负面作用的职能——如果做得不好就会阻碍企业发展,但即便做得好也很难为企业发展做出贡献。"他指出,在大多数企业里采购都是被忽略的职能,因为相对于主流问题而言,它并不重要。接着他还提到,企业经理们很难想象企业会因拥有出色的采购绩效而比其他竞争者更加成功。

在这个阶段,开始出现了一些企业为了做出采购决策而安排员工收集、分析和介绍数据的文章。福特汽车公司是最早成立货物研究部门的私人组织之一,该部门提供货物短期和长期的信息。同时,福特汽车公司还创立了采购分析部门,该部门从产品和价格分析方面对买方提供帮助。

第二次世界大战后价值分析法得到了发展,该方法由通用电气公司于1947年首创。通用电气所采用的方法主要是评估,然后判定哪种物料或规格及设计上的变动能够降低产品的总体成本。尽管在这个阶段采购有了很重要的发展,但毫无疑问,其他职能(如营销和财务)的重要性依然超过了采购。20世纪60年代,企业关注的重点都是满足消费者的需求和不断增长的工业市场的需求。此外,充裕的物料资源一直都是削弱采购整体重要性的因素之一。在采购历史上,这个阶段未发生任何通常情况下会提升采购重要性的事件。

5. 物料管理的成长期(20世纪60年代中期至70年代后期)

在20世纪60年代中期,物料管理的概念得到了快速发展。物料管理概念的出现可追溯到19世纪。在19世纪后半叶,美国的许多铁路公司开始将与物料有关的职能(如采购、库存管理、货物接收、存储等)交由同一个机构进行管理。

外部事件的发生会对企业运营产生直接的影响。例如,越南战争造成了物价上涨和物料难以获得的压力。20世纪70年代,美国一些企业经历了与石油"短缺"、禁运等相关的物料问题。企业所能做的合乎逻辑的反应就是变得更加有效率,尤其是在物料采购和管理方面。

在这一阶段,人们对物料概念的主要目标及可能属于物料范围之内的职能达成了一致意见。物料管理的整体目标是从总的体系角度,而非单独的职能或活动出发,来解决与物料相关的问题。可能属于物料范围之内的不同职能,包括物料计划和管理、库存计划和管理、物料及采购研究、采购、进料运输、货物配送、进料质量管理、存储、物料移动和废料处理。

这个阶段的采购行为值得注意。采购经理通过竞争性投标报价获得多个采购源,但并不把供应商视为增值伙伴。采购方与供应商始终保持正常的交易关系。价格竞争是决定供给合同的主要因素。采购战略和行为在20世纪后半叶逐渐演变,20世纪80年代早期经济萧条来临,全球性竞争对手出现,使企业的采购管理显得远远不足。总体来看,采购人员在很多企业中被视为二等员工。1974年,安默在《哈佛商业评论》上发表的经典文章将顶尖管理人员对采购管理的看法描述为消极的、避险型的、没有出路的工作。他认为改变这一观念的做法就是采取更为积极的采购战略,衡量标准是满足企业整体目标、为提升企业盈利能力做出贡献。他指出,采购经理应该参与非采购决策,因为如果企业的重大决策没有来自采购部门的支持,则会损失惨重。最后,他提议采购部门应获得足够高的地位向总经理或部门经理汇报。但在当时的受访企业中,只有37%的企业是这样安排的。

6. 全球化阶段(20世纪70年代后期至1999年)

全球化阶段采购的发展已被证明不同于历史上任何阶段采购的发展,具体表现如下。

(1)在工业史上从未出现过如此激烈、如此迅速的竞争。

(2)来自全球的企业逐渐从美国本土企业手中赢得了市场份额,与美国竞争对手相比,他们更强调不同的战略、组织结构及管理方法。

(3)技术扩展的范围之广和速度之快是前所未有的,同时,产品生命周期也变得更短。

(4)具备了利用国际数据网络和互联网(通过局域网)协调国际采购活动的能力。

(5)在这个竞争激烈的时期,供应链管理得到了发展。企业开始用比以往更加协调的方法来管理从供应商到客户的货物、服务、资金和信息流。管理层人员开始将供应链管理视为一种应对激烈竞争和其他改进压力的方法。

7. 整合供应链管理(2000年以来)

如今的采购与供应链管理反映出对供应商重要性的日益重视。与供应商的关系从原来的对抗性变成了与选出的供应商建立合作的关系。现在的采购企业必须履行的活动与之前的几年相比有很大不同。如今,供应商开发、供应商参与设计、与提供全面服务的供应商合作、利用总成本选择供应商、与供应商建立长期关系、战略成本管理、整合的互联网连接及共享数据库等方法都被看作供应链创造新价值的方法。然而,新的概念不断涌现,如供应基地实现创新和全球供应链的风险管理等。采购行为也发生了很大的变化,以便为满足新阶段的绩效要求提供支持。

可以用3个结论来对这个阶段的采购情况进行说明:①在现代经济环境中,为了应对全球竞争、迅速变化的技术和顾客期望带来的挑战,采购的作用也开始发生改变。②采购职能的总体重要性正在提升,尤其是对那些在全球竞争和快速变化的行业中进行竞争的企业而言。③采购必须继续加强与客户需求、运营、物流、人力资源、财务、会计、营销及信息系统的整合。

第二章 采购目标流程与类型

第一节 采购目标

传统的观点认为,采购部门的主要作用是通过购买相应的商品和服务以满足内部需求。但是,世界一流的采购企业目标已远远超出这一传统观点。为了更好地理解其作用的变化,本节从采购企业的基本目标开始了解采购的基本内容。

1. 支持运营需求

采购时必须完成一系列的活动以满足内部客户(企业内部的终端用户)的运营需求,这也是采购部门最传统的功能。并且,采购部门常常通过采购原材料、零部件、零配件、维修项目和服务来支持和满足运营需求。采购甚至还可以满足货物配送中心的需求,而这些配送中心主要负责为最终消费者存储和配送更换零配件及成品。采购也会为工程技术小组(如工厂部门)提供支持,特别是在新产品研发阶段及需要将关键的流程进行外包时。

随着外包业务的急剧发展,企业越来越依赖外部供应商所提供的物料、产品及信息技术、财务服务、设计策划等。当企业将大部分关键性业务流程的管理外包给供应商时,采购部门必须通过向内部客户源源不断地提供其所需的高质量产品和服务来确保这一外包战略的顺利进行。为了做到这点,要求采购部门在采购产品和服务时必须做到以下几点:

(1)以合理的价格购买。
(2)从正规合法的渠道购买。
(3)规格符合用户的要求。
(4)确保准确的数量。
(5)在规定的时间内进行交付。
(6)交到正确的内部客户手中。

对于内部用户对物料和相关支持的需求,采购部门必须快速及时地做出反应。否则用户将对该部门失去信心,并可能会试图自行寻找第三方供应商,进行磋商谈判

(这种做法被称为"后门购买")。

2. 快速有效地管理采购流程

采购部门必须快速有效地管理其内部运作,包括:

(1)确定员工人数。

(2)制定并坚持行政预算。

(3)为员工提供职业培训和发展机会。

(4)引进先进的从采购到付款系统中的购买渠道,从而提高开支透明度,使开票与支付更有效,并提高用户满意度。

由于采购部门资源有限,因此必须充分利用有限的资源来实现整个采购流程的最优化管理,这些有限的资源包括部门内部的员工、预算资金、时间、信息和知识。因此,公司需要经常招聘一些人才,这些人才必须具备处理采购部门所遇到的各种问题的能力。随着时代的发展,采购人员的文化素养、知识结构和专业水平将不断得到提高。

3. 提高供应基地管理

采购部门的一个重要目标就是对供应商进行选择、开发和维持,这一过程有时被称为供应基地管理。采购部门必须掌握供应市场的最新发展状况,这样才能确保当前的供应商具有竞争力;识别可以提供优质服务的供应商并与之联系,旨在建立更加密切的合作关系;改进现有供应商;发展缺乏竞争力的供应商。这样,采购部门才能选择和管理优质的供应基地。这样的供应基地能够提供包括在产品成本、质量、技术、配送或新产品研发等方面具有优势的产品或服务。

供应基地管理要求采购部门能够和外部供应商建立良好的合作关系,并建立可靠、高质量的供应源。实现这一目标还要求采购部门直接与供应商进行合作,以完善现有能力并开发新能力。在有些情况下,采购部门必须面对那些想为供应基地增加新的但不合格的供应商的内部客户带来的挑战。

4. 与内部利益相关者发展一致目标

那些仍然保留传统组织结构的行业,往往缺乏职能部门之间的联系及不同领域之间的交流。20世纪90年代,企业部门之间加强沟通的必要性已经变得越来越强烈和明显。采购部门必须加强与其他职能部门,即其内部消费者之间的沟通。组织内的利益相关者在采购绩效有效性方面,有很大的话语权。如果一家供应商提供的零部件有瑕疵,并造成生产问题,那么采购部门必须与该供应商进行密切的沟通以消除瑕疵,提高产品质量。同样,营销部门可能会花费大量精力在广告和促销上。因此,采购部门在达到服务水平协议的相关要求的同时保证价格具有竞争性。为了实现此目标,采购部门必须与营销部门、生产制造部门、工程部门、技术部门、财务部门等建立良好的关系并进行密切的交流。

5.制定支持企业目标的综合采购战略

采购部门最重要的目标就是支持企业的最终目标和具体目标。然而,采购目标并不总是与企业目标相一致。这就说明采购部门可以直接影响(积极或消极)整个企业的绩效,如长期增长速度、总收入、运营绩效和内部客户的计划。假设企业目标是降低供应链库存,采购部门就可以与供应商进行合作,通过减少每次的配送数量、提高配送次数的方式来降低库存。这样的做法可以改善绩效,并且在企业资产负债表和收入报表中体现出来。如此一来,采购部门也将成为为企业提供强有力竞争优势的部门。

遗憾的是,采购部门往往未能制定匹配或支持企业目标或其他业务部门目标的战略部署。这其中的原因有很多:首先,可能因为采购人员从没有参加公司高层组织的企业规划会议,因为他们通常都被视为"策略性"支持部门;其次,行政管理层往往不能及时意识到世界一流采购部门所能带来的收益。不过,随着上述两个现象的改变,在许多行业中都出现了采购与战略性规划日益一体化的现象。当采购部门能够积极地参与企业规划流程时,他就可以为战略性计划的制定提供有用的供给市场信息,包括:

(1)观察供给市场及其趋势(如物料价格的上涨、市场短缺、供应商方面的变化),并分析这些趋势对企业战略的影响。

(2)识别关键领域中支持企业战略所需的重要物料和服务,特别是在新产品研发阶段。

(3)制定支持企业规划的供应方案和应急计划。

(4)为建立一个多样化和具有全球竞争力的供应基地提供支持。

第二节 采购部门的职责

一、采购部门的职责

(一)采购部门的规划职责

(1)负责相关部门的方案拟订、检查、监督、控制与执行。

(2)结合企业营销与生产方面,负责编制本部门的年、季、月度的工作目标与采购计划。

(3)按企业的中长期战略规划、结合生产经营计划,制定企业采购方面组合的策略方案与执行方案。

(4)负责定期按销售、生产等相关部门报表统计数据与企业年度发展计划做出分析,总结经验并制定年度采购方案与汇报工作。

(5)参与企业的经营管理委员会工作,提出相关改制方案及建议。

(二)采购部门的管理职能

(1)组织跟踪、研究、调查市场的相关动态,同行主要竞争对手的战略动态,结合企业的采购情况与投资发展战略方案向投资中心提出建议,并上报总经理处。

(2)负责企业整体物流、物控方面的方案建议并执行。

(3)负责按各部门报批需要采购相关物资,及时采购到位,以免影响生产的进度。

(4)完成上级领导交办的其他相关事务。采购部门由生产副总领导,应直接向生产副总汇报,根据企业生产计划负责所需的原辅材料、设备用品、备件以及其他物资物料采购等工作,确保生产计划的正常进行。

(三)采购部门的岗位职责

采购部门各岗位的岗位职责如下。

1. 部长岗

(1)在生产成本部长的领导下,负责企业所需物料的供应工作,对购进物料的质量负领导责任。

(2)组织建立合格的供方档案,参与对供方质量保证能力的考核与认证工作。

(3)对本部门的质量指标完成情况负责,对所属人员的工作质量负责。

(4)负责审批原材料采购计划。

(5)负责会同有关部门确定原材料、包装辅料的合理损耗定额,制定储备资金定额及采购资金的平衡使用计划,降低采购成本。

(6)负责制定完善采购制度及手续,加强管理,降低损耗。

(7)完成上级交办的其他工作。

2. 采购岗

(1)按照采购计划及采购技术文件(标准)采购企业所需物料,对经办物料的质量和数量负责。

(2)掌握市场信息,提出开拓新货源、优化进货渠道、降低采购费用的建议。

(3)负责采购过程中的退、换货工作,并建立采购台账、分承包方档案以及做好相关表单、资料的保管与归档工作。

(4)完成上级交办的其他工作。

3. 计划管理岗

(1)依据月生产计划和部门物料预算表编制采购计划,转采购员实施当月物料采购。

(2)负责原材料的三级账、应付明细账的汇总工作。

(3)做好所管各项单据及资料的保管和定期归档工作。

(4)完成上级交办的其他工作。

二、采购部门的职能与权力

1. 采购部门的职能

(1)负责供应商管理,保证供货渠道畅通,挖掘新的供应商,及时掌握市场信息,并对原材料市场进行分析与预测。

(2)负责并组织采购合同的评审,确保所签合同合法、合理、有效,并对合同执行情况进行监督。

(3)建立采购合同台账,做好采购合同、档案及各种表单的保管与定期归档工作。

(4)负责确保与供应商的往来账目准确无误,保证资金安全,并协助财务部门完成相关的票据管理工作。

(5)从正规渠道进货的原则组织采购,货比三家、择优选用。对商品进行性价比比较,确保商品的质量。

(6)严格按照申购项目、申购流程进行采购,特殊情况报需请主管领导批准。

(7)与生产部、物资部、技术部确定合理库存的采购批量、安全库存,及时了解存货情况,合理采购。

(8)负责办理所采购物资的报验和入库相关手续。

(9)负责对有质量问题的物资退、换货及联系整改工作并监督供应商按期完成。

(10)在签订大宗货物购买合同时,应附带本公司技术部提供的技术资料,并要求供应商随货提供产品使用说明书和详细设备清单。

(11)负责外协加工件生产厂家的协调、进度跟踪等工作。

(12)负责本部门员工的日常管理和绩效考核。

(13)负责本部门与其他部门之间的工作协调事项。

2. 采购部门的权力

(1)对不合理的物资采购有权拒绝。

(2)对供应商选择有建议权。

(3)对采购合同的审批权。

三、采购部门的职责范围

(1)负责原材料、半成品、辅料、包装材料、生产所需低值消耗品的采购、验证和报验。

(2)根据综合计划部确定的生产计划、材料预算表及原材料库存情况编制采购计划,组织好物料供应,平衡采购资金,确保按照物料的质量、规格、数量、标准进行采购,努力降低采购成本。

(3)负责制定并完善采购工作有关制度。

(4)与有关部门确定原材料、包装辅料的合理损耗定额,制定储备资金定额及采购资金的使用计划。

(5)对原材料采购市场趋势做出分析,定期向主管领导汇报;做好比质比价工作;做好供方的优选工作。

(6)确定合格供方,每年进行评定。

(7)配合技术开发部门做好各种原材料的采购及提供原材料的市场信息。

第三节 采购流程

很多采购过程大体上都有一个共同的模式。以企业采购为例,一个完整的采购大致需要经历以下几个过程。

(1)接受采购任务,确定采购单。这是采购工作的任务来源。通常是企业各个部门把任务报到采购部门,采购部门把所要采购的物资汇总,再分配给部门采购人员,同时下采购任务单。也有很多是采购部门根据企业生产销售的情况,自己主动安排各种物资的采购计划,给各个采购人员下采购任务单。

(2)制定采购计划。采购人员在接到采购任务单之后,要制定具体的采购工作计划。首先是进行资源市场调查,包括对商品、价格、供应商的调查分析,选定供应商,确定采购方法、采购日程计划、运输方法及货款支付方法等。

(3)根据既定的计划联系供应商。根据供应商情况,有的要出差联系,有的则可以通过电话、电子邮件、社交软件等方式联系。

(4)与供应商洽谈、成交、最后签订订货合同。这是采购工作的核心步骤。要和供应商反复进行磋商谈判、讨价还价,讨论价格、质量、送货、服务及风险赔偿等各种限制条件,最后把这些条件以订货合同的形式规定下来。签订订货合同以后,才意味着已经成交。

(5)运输进货及进货控制。订货成交以后,就要履行合同,开始运输进货。运输进货可以由供应商负责,也可以由运输公司办理,或者自己提货。采购人员要监督进货过程,确保按时到货。

(6)到货验收、入库。到货后,采购人员要督促有关人员进行验收和入库,包括数量和质量的检验。

(7)支付货款。货物到达后,必须按合同规定支付货款。

(8)善后处理。一次采购完成以后,要进行采购总结评估,并妥善处理好一些未尽事宜。

不同类型的企业,在采购时又有不同的特点,具体步骤、内容都不相同。

第四节 采购类型

企业会购买各种不同的产品和服务。所有的采购都需要企业权衡哪些应该由企业自己制造,哪些应该从外部采购。对于大多数产品而言,企业很容易就能做出自制或外购的决策。几乎很少有企业能够制造自己生产所需的各种设备。然而,所有企业都需要这些产品来维持生产的持续运营。那些需要从外部采购的产品,企业应该选择哪家供应商才能得到最好的产品或服务?下面介绍了一个典型采购部门应该负责购买的各类产品和服务。需要注意的是,对于每类产品,企业都应该建立相应的指标以监控实际库存中的商品数量。

1. 原材料

采购的原材料种类包括石油、煤、木材,以及铜、锌等金属,其中也可能包括农作物原材料,如大豆和棉花。原材料的一个主要特征是没有经过供应商的任何加工而变成一种新形式的产品。所有的加工程序都可以使原材料变得具有适销性。例如,铜需要进行提炼,以去除其中的杂质。原材料的另一个重要特征是质量差异较大,例如不同的铜在硫含量上就可能不同。原材料常常有不同的等级,以表示不同的质量水平,这样就可以按照需求的等级水平来进行相应的采购。

2. 半成品和零部件

半成品和零部件指所有从供应商那里采购的用于支持企业最终生产的产品,其中包括单件号零件、部件、组件和系统。如一个汽车制造商采购的半成品和零部件可能有轮胎、座椅组件、轮毂轴承和汽车车架。

半成品的采购管理是一项非常重要的采购任务,因为零部件对制成品的质量和成品都有着重要的影响。惠普从佳能购买激光喷墨打印机引擎,该引擎是制成品的关键部件。惠普在进行此部件采购时非常谨慎,并与供应商保持密切的合作关系。无论基本零部件采购,还是复杂组件和系统的采购,这些产品的外购都增加了采购部的负担,因为采购部必须选出合格的供应商,才能保证最终产品的质量和成本要求。

3. 成品

所有企业都会从外部供应商那里采购成品以满足内部使用的需要。采购的产品也可能包括在转售给最终消费者前不需要深入加工的产品。企业可能会将别家制造企业生产的产品贴上自己的品牌进行销售。为什么企业要采购制成品进行转售呢？因为有些企业具有优秀的产品设计能力，于是集中精力在设计，而将产品生产外包给专门的生产商。典型的例子有 IBM、惠普、思科及通用汽车等。外购成品可以让公司提供全系列产品。采购部（或工程部）必须与制成品的生产商紧密合作，以制定合理的物料规格。虽然买方企业并不生产最终产品，但是仍要保证在技术规格和质量要求上，其采购的产品符合工程部和最终消费者的要求。

4. 维护、维修和运行设备的物料和服务

维护、维修和运行设备（maintenance, repair and operating, MRO）的对象是那些在生产过程中不直接构成产品的物料和服务。然而，这些物料和服务对企业的运营至关重要，主要范围包括备用零件、办公和计算机用品及环境清洁用品。这些产品分布在整家企业或组织的各个角落，因此对 MRO 库存状况的监控很困难。一般只有在用户提交 MRO 请购单时采购部才会知道何时进行 MRO 产品的采购。由于各个部门和地方都需要使用 MRO 项目，采购部门就有可能收到数千份小规模的采购申请单。

过去大多数企业对 MRO 给予很少关注。因此，他们对 MRO 库存投资的追踪关注程度，没有像对生产性采购那样重视；他们有太多的 MRO 供应商；并且他们对小数量订单所花费的时间不成比例。随着库存系统信息化程度的不断发展，以及企业越来越意识到 MRO 采购成本总是很高的现象，他们开始积极正视如何控制 MRO 库存。美国联邦快递与史泰博公司（Staples）签订的协议使一些公司的采购部免去了对办公用品进行追踪的负担。取而代之的是，史泰博公司在网上列出所有用品和相应价格，采购人员只需点击需要的产品，供应商在第二个工作日就会将商品送至采购人员处。

5. 服务

所有企业都依赖外部承包商为其提供某种特殊的服务。企业组织可能雇用草坪修理工来保持办公建筑周围草坪的整齐，或者雇用制冷或制热专家来处理维修人员不能处理的问题。其他常见的服务还包括机器维修、除雪、数据录入、咨询及自助餐厅管理等。与 MRO 产品一样，人们越来越趋向于从整家企业而不是仅局限于一个工厂或一个部门的角度来考虑服务采购。与其他任何物料的采购一样，谨慎且专业的态度能够让企业以最低的成本得到最优的服务。越来越多的企业就像对待高价值物料的采购一样，开始与服务供应商签订长期合同。

6. 资本设备

资本设备采购是指购买拟用超过一年的资产。资本设备的采购包括多种类型。第一种类型是指标准的普通设备,无任何特殊的要求。常见的例子有用于一般用途的物料搬运设备、电脑系统和家具等。第二种类型是指经特殊设计用于满足采购者特定需求的资本设备,如专门化的生产机器、新制造厂、用于专门用途的机床及发电设备等。对于第二种类型设备的采购,需要买卖双方彼此给予紧密的技术支持和合作。

资本设备的采购所具有的几个特点使其有别于其他采购:一是资本设备的采购频率低。例如,一台生产机器可以持续使用10~20年,一个工厂或变电所也许30年之后仍在使用,而办公家具一般也可以使用10年以上。二是资本设备的采购成本很高,范围可能从数千美元到数亿美元。高额采购合同需要财政和行政部批准。考虑到会计记账的目的,大多数资本设备都会随时间产生折旧。三是资本设备的采购极易受到整体经济环境的影响。买方很少在一个大型工程进行的中途改换供应商。同时,在资本设备送达却又不满意时,买方也很难将其处置。此外,由于买卖双方之间的合作关系可能会持续很多年,所以买方必须首先考虑卖方为设备提供服务的能力。选择一个不合格的供应商来提供资本设备,其后果影响可能要持续好几年;反之,选择一个高效率的供应商,其益处和优势也会持续好几年。

7. 运输

运输是一项重要的专业化的服务采购。20世纪80年代之前,采购部门很少处理运输事宜。但是在20世纪70年代末80年代初,航空运输业、公路运输业及铁路运输业都相继出台了法律,放松了行业管制。法律允许采购方和个体运输承运人签订服务协议,并就费率折扣进行谈判。通常供应商会为采购者安排运输,并将运输成本作为采购成本的一部分。

8. 改进采购程序

大多数企业往往花费太多的时间和资源来管理商品及服务的订购,特别是那些低价值产品。有些采购部花费80%的时间管理占其总购价值20%的物料。例如,A.D.雷涛在MRO的采购研究报告中指出,MRO发票的平均价值为50美元,而处理MRO采购交易的总成本竟需要150美元。当处理订单的时间成本远大于订单本身的价值时,企业应如何通过采购程序来创造价值?

特伦特和科尔钦就如何通过减少采购过程中耗费的时间和精力来改善低价值商品与服务的采购绩效发表了相关研究报告。该研究随机选择了169家企业机构,其中77家为工业企业,92家为非工业企业。表2-1列出了企业降低低价值采购成本和交易量的方法或工具。

表 2-1 降低低价值采购成本和交易量的方法或工具

方法或工具	样本数占比/%	工业/%	非工业/%
用户在线请购系统	66.3	64.9	67.4
发给用户采购卡	65.1	59.7	69.6
借助互联网进行电子采购	60.9	68.8	54.3
总括采购合同	57.4	63.7	52.2
长期采购协议	54.4	58.4	51.1
在线订货系统	61.0	46.7	53.3
采购流程再造	53.3	50.7	55.4
电子数据交换	52.7	58.4	47.8
利用电子目录在线订货	51.5	49.4	53.3
允许用户直接与供应商接洽	49.7	54.5	45.7
用户在线订货系统	49.1	51.9	46.7
总样本数	N=169	N=77	N=92

9. 从用户到采购部门的在线请购系统

在线请购系统是一个内部系统,主要目的是通过高效快速的信息交流节省采购时间。只有当用户需要采购部辅助参与物料或服务的采购时,才会使用该系统。如果用户不需要帮助,那么用户就应该登录其他不需要采购部参与的低价值物料采购系统。

在一些优秀企业中,如果用户需要采购部的参与,那么一般是通过内部电子系统来接收用户低价值的采购需求,而那些较为落后的企业一般是通过公司邮件或电话的形式接收用户的低价值物料申购信息。在需要采购部参与的产品采购中,用户则要依赖高效率的请购系统。企业的长期关注点应该是研制新系统和流程,以便用户可以直接从供应商处获得低价值的产品。

10. 向用户分发采购卡

大多数企业都认可的改进采购程序的一个重要工具或系统是使用采购卡,该卡实际上是一种提供给内部用户的信用卡。当用户有低价值物料采购需求时,他只需直接联系供应商,并用该卡进行相关采购。采购卡特别适用于那些不是由专门供应商提供的产品,或其他采购系统没有涵盖的产品。用户可以自行做出采购决定(采购费用出自本部门的预算),而不需经过采购部的批准。一般采购卡可以采购的产品都是价值相对较低的产品。因为如果让采购部参与进来,或者进行一次全面的供应商的筛选程序,其总费用可能远远超过这些产品本身的价值。

特伦特和科尔钦的研究表明,使用采购卡之后,每笔采购交易的平均成本从 80 美元以上降到了 30 美元以下。使用采购卡的主要优势有:对用户需求能够做出快速的反应,降低交易费用及缩短整体交易时间。对大多数企业而言,采购部负责采购卡的引进和维护。

11. 用户采购电子商务

网上采购电子商务包括一系列多式多样的活动。目前,电子商务采购日益盛行。电子商务采购中最有增长潜力的领域包括:

(1)将采购订单传送给供应商。

(2)对订单状况进行跟踪。

(3)将询价表传送给供应商。

(4)对供应商下订单。

(5)使用电子资金转账进行支付。

(6)建立电子数据交换系统。

12. 长期采购协议

长期采购协议一般为 1 至 5 年,并根据供应商满足客户期望的能力给予相应的续约。长期协议由于省去了耗时的每年重新签订协议的手续,从而降低了低价值物料的交易成本。并且,一旦采购方和供应商达成协议,物料核发责任就转移到用户身上。较为理想的情况是低价值的物料也采用电子方式而非人工方式进行核发。

用于满足常规需求的总括订单与长期采购协议虽然在概念上相类似,但仍存在不同点。这两种方式都是针对特定产品或服务而签订的合作协议,都可以延长合同期限,都是合法协议,且都是管理低价值采购产品的方式之一。但是相对而言,总括订单方式比长期采购协议更经常用于低价值产品的采购。而且与总括订单相比,长期采购协议对合同中产品的规定更加详细具体。

13. 在线订购系统

在线订购系统是指利用常见的现代或与其他网络相关的技术,将供应商系统和采购商系统通过电子方式直接联系起来的系统,其最大的特色是通常供应商要承担开发联系消费者系统软件的责任。如果公司已经与供应商签订了总括订单协议或长期协议,则在线订购方式就是非常合理的选择。采购流程中战略性步骤包括识别、评估和选择供应商。在线订购系统使采购方或用户能够进入供应商的在线订购登录系统,直接下订单。在线订单系统的优势包括:

(1)可以立即得知延期交货产品的信息。

(2)缩短订单录入时间,同时又能缩短订单周期。

(3)减少订购的出错率。

(4) 可以对订单进行跟踪。

(5) 从供应商处得到订单确认函,通常会附有承诺装货日期。

(6) 可以将单个在线订单的不同用户对多种产品的需求批量化。

(7) 缩短了从订购到交付的订购周期时间。

供应商通过建立在线订购系统,使采购者拥有进入供应商在线订购系统的专有登录权。这样的系统使企业与企业之间建立了紧密的配合及联系。第三方软件供应商,如阿里巴(Ariba)公司(一家软件信息技术服务公司)所提供的交钥匙解决方案,将有助于在线订购系统的进一步发展。

14. 重新设计采购流程

大多数公司承认采购流程再设计工作往往先于低价值产品采购系统的发展,而后者往往是前者顺利进行的结果。恰当的采购流程再设计可以缩短周期,简化流程,从而降低交易成本。

采购流程由很多子流程构成,这就意味着绘制流程图和再设计流程能够改善整个流程的效率。低价值产品采购流程可以对企业内数百甚至数千人产生影响,即每个部门、办公室、工厂及设备的用户,财务人员,收货和搬运人员,采购部人员等。任何对低价值商品或服务有需求的人都是低价值产品采购流程的一部分。

【经典案例】

匹兹堡大学医疗系统流程再造

匹兹堡大学医疗中心(UPMC)是一家大型医疗单位,年收入 80 亿美元,每年有超过 10 亿美元用于医疗用品采购。整个中心有 5 万名员工、20 家医院、5000 位大夫、4200 张床位。2 年前,医院意识到供应链管理在提高运营收入方面的重要性。管理高层认为,如果提高利润,可以将资金再投资到医院,投资于技术,吸引更多病人选择 UPMC 作为紧急或常规治疗的医院。

UPMC 的供应管理团队在 2009 年面临过很多挑战。中心的采购管理失控,有数以千计的供应商,成千上万宗交易,以及无数以人工方式处理的应付账款。采购流程产生的数据有效性非常差,有必要在医生们购买时做出一致要求。供应链经理麦克·德鲁卡认识到有几个主要问题。第一,数据质量很差,采购文件众多,表明采购的产品数量日益增加。所有请购单都是纸质的,以人工方式传递到应付款负责人。第二,与供应商的联系不够。虽然很多供应商有网站和在线产品目录,但很多交易都是人工进行的。第三,采购的用户体验不好。某医生抱怨:"我可以在圣诞节前登录亚马逊买东西,为什么买医疗供给时不能这样?我记不住所有产品代码、供应商代码,何必用这种过时的技术?"因此,有必要改进数据质量,使得采购过程更加轻松、有效(如类似亚马逊的"购物车"模式)。第四,资源有限。不仅因为经济低迷有大量人员被迫停工,而且停工潮常常始于采购部门,理由是如果采购部门能精简流程,那么就不需要那么多人处理交易,也就可以节约成本,创造利润,并进行再投资。

德鲁卡也想有能力实施"战略采购"。这需要7个步骤,使得产品团队关注医院和非医院采购,投入更多精力到这些流程,而非交易本身。他的理由是:"如果我可以用一个优秀的战略采购经理替代3个资产保护部(AP)经理,就可以节约大量成本。"他还意识到,很多内部服务,包括餐饮、打印、电信,都没有被充分利用。UPMC主要依赖集团采购组织管理所有采购产品以便获得足够的谈判能力。他明白,集团采购组织不是万能药,而只在某种情形下有益。

采购团队开始将电子采购系统并入企业的ERP系统,基本指导原则是改进数据管理。最初是跟踪系统库存,经由医院系统得到不同地点每日的补给数据。随后派人负责支持运营组,要求向运营组展示产品的用途,减少日常不需要的产品采购,并将这些产品置于库存之外。产品基础数据库的产品数量从10万件降为5.3万件,并计划进一步减少。IT部门也开发了一个名为"冲压"的工具,集团EPR用户可以登录供应商网站,利用搜索功能寻找需要的产品,网站可以显示产品的照片、价格和产品描述。用户可以将需要的产品从协议供应商那里找到,放入购物车。网站名为UPMC商城,用户可以搜索产品和服务(如餐饮、打印、电信服务等)。德鲁卡说:"我们创办了UPMC商城,这是针对所有采购需求的唯一入口,任何人都可以使用。它使用的是购物车技术,很容易了解商品。在后台,团队使用标准的商品及服务编码使得采购订单的处理在幕后进行。商城中产品丰富,用户可以迅速筛选出所需产品,为特定的医院用途找到相应产品。进入系统的供应商都受某位采购人员的控制,也就是说无法使用未在系统内的供应商(没被允许),制度执行更加彻底。供应基地的规模在加大,供应商逐渐意识到需要改进网站内容以赢得用户。2010年的目标是将所有采购订单的30%交给幕后团队,也就是不需要他人或采购经理接触订单,订单以电子方式通过流程。"这一成果非常显著,UPMC每年节约300万美元,执行率提升40%,100%经由电子方式启动,特殊的采购人员辅助的采购订单减少40%,清理产品基础库的时间减少40%,24个月内35家供应商加入进来,约占总支出的60%。德鲁卡说:"成功的最重要因素是高层的带领。每家医院都需要培顿·曼宁式的引领者,他们研究问题,召集讨论,推动实施。"

资料来源:Handfield, Robert. Interview with Michael DeLuca. Presenter at World Health Care Congress,January 25,2010,Dallas,TX.

15.电子数据交换

电子数据交换(electronic data interchange,EDI)是指支持组织机构之间进行商业文件和商业信息电子化交流的一种通信标准。它是买卖双方通过精简沟通流程以提高工作效率的一种合作方式。当买卖双方使用EDI时,就可以消除传统交流过程中的某些步骤,从而缩短了时间,降低了成本。

虽然整个20世纪90年代的EDI实际使用率在增加,但仍低于公司计划的预期使用率。例如,1993年,采购专家预测约有60%的供应商、70%的总采购价值和65%的采购交易都将通过EDI系统完成。而1997年的实际情况是28%的供应商、38%的总采购价值,32%的采购交易采用了EDI技术。造成两者之间差距的部分原因是自动传真技术的引进。对很多企业(特别是小型企业或机构)而言,自动传真是一种更快速实惠的交流方式。一旦买方有了相关物料需求,自动传真就会自动将其需求传真给供应商。同时网络也可能抢占了部分电子信息传输业务,而这部分业务原本是由第三方EDI提供者完成的。

16. 使用电子目录在线订购系统

越来越多的采购者开始使用这种方法,并同时与其他低价值产品采购系统相结合。例如,某企业允许其用户通过网络识别供应源,然后使用采购卡来处理订单。使用电子目录的主要好处是其强大的低成本搜索功能,并且如果使用者直接下订单,而不依靠供应部门,那么还可以缩短整体采购周期并降低订购成本。在线订购系统最大的缺陷是可以提供电子商品目录的供应商非常有限,并且还有安全和控制问题。

17. 允许用户直接与供应商取得联系

此方法涉及各种类型的低价值产品采购系统。采购卡在技术上可以被称为一种这样的系统:它使得用户可以直接与供应商取得联系。在线订购系统也有同样的作用,换句话说,该系统仅仅涉及由多个部分组成的表格,如由用户发起并填写的限量采购订单。美国联邦快递将用户与供应商之间取得直接联系的系统形象地称为"拿起电话"系统,并将其视为简便的订购系统。

允许用户与供应商取得直接联系的方法使相关责任从采购部门转移到了用户。即使是那些没有指定供应商的项目,采购部也只是承担有限责任或完全不参与,除非采购额超过预设限定水平或活动水平。如果某种产品变成了经常性的采购项目,那么采购部就要考虑是否需要授予其使用总括订单的权力。在产生物料需求时,总括订单允许用户与供应商直接联系。下面的典型案例就描述了在限定金额水平以下,能够使用户与供应商直接联系接触的系统。

【经典案例】

美国联邦快递采购流程

美国联邦快递公司是一家价值200亿美元,在运输、信息和物流解决方案上处于市场领导地位的公司,它为五大主营公司提供战略指导,包括联邦速递公司、联邦陆运公司、联邦高速运输快递公司、联邦贸易网络公司和联邦服务公司。

联邦快递集中化采购方案

在并购陆运、海运和其他非快递业务之前,美国联邦快递重新整顿了所有在信息技术、飞机、设备或商务服务及运输工具、石油、路面服务设备中的主要间接性支出,并重组了供应链物流组,该小组从属于伊迪丝凯利·格林领导下的"战略性采购和供应"团队。自并购不同商业服务开始,供应管理部门重组成为由中心领导的供应链管理采购模式。在过去的两年里,联邦快递供应链管理一直致力于调控联邦快递所有成员公司的采购和承包问题。至于办公用品,不是每个成员公司都签订合同,而是由供应链管理部门签订全部协商工作的单一采购合同,但同时也允许采用不同的交易形式和方法。于是采购集中化管理的观点开始逐渐得到认可。联邦快递对开销大的采购领域,开始采取集中化采购,且每个领域都有不同的政策要求。

采购流程

联邦快递的采购流程有7步,如图2-1所示。

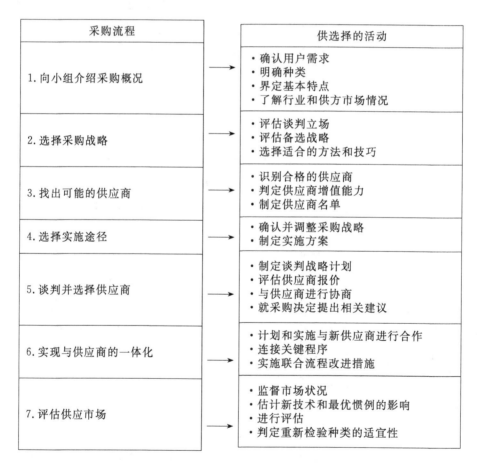

图 2-1 联邦快递战略性采购流程

第1步：当用户产生对某种产品的采购需求时，首先应该为采购小组提供所需产品的具体描述。当用户提供请购单之后，采购专员或小组就需要讨论是否需要对该项目制定采购战略。一般根据投资回报率标准判定：采购该产品所需的开支金额是否足够大，以至于值得花费那么多时间来搜寻和选择最合格的供应商？例如，如果采购的产品只需每年花费200000美元，可能就不值得对供应商进行全面的评估和选择。但是，如果金额很大，采购小组就需要对所描述的产业和商品仔细研究和评估，其中包括对现有采购活动进行大量的调查：采购成本是多少？参与方有哪些？现有供应商存在哪些问题？如果花费的金额不是很大，用户可以通过阿里巴公司提供的网络平台下简单的采购订单解决，并开具发票。

第2步：假设基于第1步的研究，有一项花费较大的采购项目，小组开始考虑采取什么样的采购战略，其实就是充分利用所有的信息，确定进入市场的具体方法。例如，采取需求方案说明书（request for proposal，RFP）的方式是否合适？是否需要保持现有合作关系并重新谈判，或者制定采购战略？

第3步：假设双方不打算采用谈判的方式，采购小组就必须首先对该领域的供应商进行深入的调查研究，包括对供应商资格的审核，诸如供应商能否满足用户要求及服务方面的要求等。最终目标是列出一份能够发送需求方案说明书的供应商候选名单。该小组将会对这些供应商进行分析。

第4步：实施过程的第二阶段涉及重新修正战略并让小组再次审查战略：是否有没有考虑到的方面，而这些因素又会使他们改变谈判方案？如果他们已制定了谈判策略，他们是否想进行逆向拍卖，或者使用传统的RFP及供应商评估标准？这是否是他们希望做的？如果是，他们会将RFP发送给候选供应商。

第5步：收到RFP后，采购小组将开始进入供应商的选择和谈判过程。

第6步：一旦采购小组做出选择，接下来就得整合相关信息。这是通过与供应商合作，使用阿里巴公司的工具完成的。同时，确定并解决整合过程中出现的问题，使合同具有可行性。

第7步：评估供应市场，就是指通过联邦快递的供应商评分卡系统监督现行供应商的绩效表现。

在整个采购流程中，阿里巴买方系统的电子采购工具起着重要作用：例如，如果用户需要一台个人电脑，他们就可以在线选择电脑，并请购选中的产品。根据公司业务条款中关于监督授权的规定，用户可能需要监管者的授权，甚至需要更高级别的许可和批准。而采购资本类产品时，需要另一套审核程序，以确保批准人也同意采购该项资本产品；同时该程序规则借鉴了信息技术小组的业务规则，因为它有一套完全不同的规则程序。对于发生在阿里巴买方系统中的买卖，其业务规则类型取决于购买的产品种类；不同类型的产品采购有不同的管理方式。一旦所有审核程序完成时，就会将申购单发送给供应商。

在阿里巴订购系统中,用户的合同将生成一个在线目录,其中包括几千种符合要求的办公用品。请购者会找到需要的产品。一旦提交申请,请购者就受采购审核规则的制约。当然,请购者在采购流程开始之前,也可以使用信息征询书。请购者首先通过阿里巴获得应支付账款信息,找出谁是最大的供应商,并对网上物品添加对联邦快递优先销售的信息,阿里巴买方系统也会对收据进行跟踪。由于联邦快递在世界各地接收产品和服务,因此当货物运到时或服务已经被履行时,所有员工都有义务登录阿里巴系统,输入收据内容。与此同时,系统也会产生确认单和相应的发票。如果没有收到产品或服务,而且该问题一直没有得到解决,阿里巴就会以电子邮件的形式提醒供应商,并最终发送到卖方的高级管理层。

采用一个单独的电子采购系统的优势在于:一旦联邦快递的供应管理部门在控制力度上做出变动,那么使用该系统就比较容易在整家公司内部展开。例如,如果首席执行官决定冻结某项目的采购(没有副级领导的审批,就采购不了电脑),供应链管理部门就能通过该系统改变业务的规则。联邦快递同时还有专门雇用临时员工和合同程序员的信息系统——ELAMS。ELAMS系统根据生效的合同,允许在线雇用合同程序员或临时员工。该系统会控制工资和派发的人员类型,还可以在线核准发票。此外,该系统还能确认雇用的临时员工技术水平满足实际工作的要求,这样就可以确保雇用的人员类型。此方法既创造了价值,又降低了成本。

本案例说明,提高采购流程的效率和效果不能仅仅依靠一个系统或方法。采购部、管理应付账款的部门、用户组或部门,以及那些负责搬运库存和物料的部门都能从货物流和服务流的系统改善措施中获益。

第三章 采购政策与程序

第一节 采购政策概念

一、采购政策概述

政策这一术语包括对组织目的、目标以及所用手段的明确或大致的指示,有效政策的构成以行动为导向、政策紧扣主题,简明扼要、用尽量少的词语来阐述观点,不含糊、易理解、适时、有助于解决问题。采购政策是指导组织进行采购行为的宗旨原则和行动规则的指南。组织政策有 4 个主要层面,分别如下。

(1)执行政策,制定执行管理的指令,为组织的战略方向提供指导并组织的战略意图。

(2)功能政策,采购提供指导,将采购策略与执行策略相结合,定义功能策略的特定方面。

(3)运作政策,描述采购的职能范围,描述完成特定任务的强制性步骤,例如中标公示,为每个程序提供支持的细节。

(4)规章制度,设定采购个人行为的约束,例如组织接待,为采购审计目的设定最低限度的行为,以及描述管理职业行为的组织规则。

在组织中的采购政策会依据与组织形式的不同,形成全面阐述强有力政策的重要细节的文件。

二、采购政策目的

采购政策的目的如下。

(1)为项目的目标交付提供最实惠的价值。

(2)以公平客观透明的方式进行。

(3)符合所有的相关法规的监管框架、财务治理和审计框架以及授权的级别。

(4)在道德标准的运用中采用最佳的方法。

(5)符合组织的愿景和组织的价值观。

(6)遵守适合采购的任何政策和项目所针对的负责任的采购政策。

三、提供指导和决策的采购政策类别

(1)定义采购部门角色政策。

(2)界定采购人员行为的政策。

(3)支持社会和少数民族商业目标的政策。

(4)明确买卖双方关系的政策。

①与供应商关系公正诚实、支持积极改进流程的供应商、及时结算、鼓励创新、开放交流渠道、先知义务、公平采购。

②资格和供应商选择标准：价格或成本竞争性、产品质量、财务状况、工程技术及制造技术能力、对供应商的管理能力、与客户合作的能力、创新潜力。

③授予采购合同的原则和指导方针。

④供应方出现劳工或其他问题。

⑤其他与买卖双方关系有关的政策。

【经典案例】

欧莱雅可持续采购政策

在2012年"供应商日"，欧莱雅在全球计划中对其负责的采购政策作出规定，欧莱雅并不是简单地购买供应商的产品和服务，集团对供应商及其企业文化、发展和员工怀有深深的敬意，因而在经济、道德和环境方面承担了一项特殊职责。

欧莱雅与超过75％的供应商(本地或国际)已建立采购关系，这些供应商与集团合作了至少10年，有的甚至长达数十年，欧莱雅采购涉及十万多笔交易，其交易价值超过公司自身的资产。欧莱雅将其与供应商的关系质量有助于集团取得长期成功。双方的关系质量取决于"全球日常采购指南"所涵盖的价值，以及每个购买者必须遵守的道德章程。集团的道德章程清楚地对此作出规定，章程涵盖了以尊重、信任和忠诚为特征的关系。

欧莱雅的大量采购为集团带来了重要的经济和社会影响力。集团因此决定利用采购计划，同时也通过其在2010年发布的"社会责任采购"计划促进社会包容度。"社会责任采购"计划既不是赞助计划，也不属于慈善事业；该计划涵盖了所有地理区域和采购部门，且完全融入公司的商业模式。此外，该计划使得采购流程向新型供应商开放：拥有接触主要客户的更佳途径的供应商；雇用被排斥在就业之外的人员(残障人士或社会弱势群体和农村人口)的供应商。欧莱雅现有供应商的采购政策中也包含了这一方法。社会责任是欧莱雅购买/关怀计划的主要维度，该计划利用了两项核心活动："社会责任审计"和"社会责任采购"。就社会问题而言，集团并未局限在公司的各个部门，而是让世界各地的供应商参与进来。欧莱雅将尊重基本人权以及多样性放在首位，因此启动了购买/关怀计划。此外，下列两项活动也说明了这一点：在

供应商中开展社会审计;开发联合采购计划。社会责任是欧莱雅购买/关怀计划的主要维度,该计划利用了两项核心活动:"社会责任审计"和"社会责任采购"。

作为联合国全球契约的签署人,欧莱雅期望其供应商能遵循国际劳工组织公约与地方立法,尤其是在最低工资、工作时间和职业健康安全的问题上。社会审计由独立的外部公司在供应商场地实行,以便更方便地监督供应商的行为。与此同时,世界各地的转包商,以及在高风险国家或地区的原材料、包装和POS/广告供应商也接受系统性审计。整个物流链经常接受社会与安全/健康审计,这一举措旨在验证选用新供应商的正确性,并为现有供应商的良好商业活动作出贡献。

与经济和社会专家(非政府组织、协会、利益相关方)合作联合采购项目的提议成为投标决策过程中的主要因素。项目根据一定数量的标准进行选择并接受监控,标准包括采购价值、市场竞争力、创造或维持的工作数量以及项目的再生性和持续性。"社会责任采购"这一长期项目是集团开展活动的必备因素,且符合采购策略(关于品质、竞争力和前置期,遵循道德、环境和社会原则)。在两年内,47个国家发起了120项倡议,为14000人提供了长期就业和增加收入的途径。

欧莱雅运营执行副总裁将这样的活动视为起点。这是欧莱雅第一年为集团旗下最具战略意义的100家供应商举办"供应商日"活动。这发出了一个非常强烈的开放信号,希望基于经济优化、物流、质量、创新和可持续发展建立合作伙伴关系。

第二节 采购政策原则

一、采购政策原则

采购(purchasing)是指企业在一定的条件下,从供应市场获取产品或服务作为企业资源,以保证企业生产及经营活动正常开展的一项企业经营活动。采购实践可分为战略采购(sourcing)和日常采购(procurement)两部分。根据采购政策的概念及目的,一般采购的关键政策原则如下。

1. 在于风险的方法来制定和评估采购策略、详细的采购计划和流程

根据甲方(是否属于私营、公共或非营利组织的经济部门)的要求与指导制定基于风险的程序来评估采购最佳方法。这些将旨在确保交付风险得到确定、评估和分配,以便在风险管理中实现最佳的实惠价值。这些程序的设计需要满足甲方规定的要求,使采购过程能高效地通过项目审查,项目完成,实现对项目建设的最小影响。

2. 采购活动的执行将基于最实惠价值

实现最实惠的价值意味着可承受标准范围内顺畅保证项目高水平目标的交付。

3. 总购置成本最低

总购置成本不仅仅是简单的价格,还承担着将采购的作用上升为全面成本管理的责任,它是企业购置原材料和服务所支付的实际总价,包括安装费用、税、存货成本、运输成本、检验费、修复或调整费用等。低价格可能导致高的总购置成本,却更容易被忽视,总成本最优被许多企业的管理者误解为价格最低,只要购买价格低就好,很少考虑使用成本、管理成本和其他无形成本。采购决策影响着后续的运输、调配、维护、调换乃至产品的更新换代,因此必须有总体成本考虑的远见,对整个采购流程中所涉及的关键成本和其他相关的长期潜在成本进行评估。

4. 建立双赢关系

不同企业有不同的采购方法,企业的采购手段和企业管理层的思路与文化风格是密切相关的,有的企业倾向于良好合作关系的承诺,有的倾向于竞争性定价的承诺。战略采购过程不是零和博弈,一方获利一方失利,战略采购的谈判应该是一个商业协商的过程,是基于对原材料市场的充分了解和企业自身长远规划的双赢沟通,而不是利用采购杠杆,压制供应商进行价格妥协。

5. 建立采购能力

双赢采购的关键不完全是一套采购的技能,而是范围更广泛的一套组织能力:总成本建模、创建采购战略、建立并维持供应商关系、整合供应商、利用供应商创新、发展全球供应基地。很少有企业同时具备了以上6种能力,但至少应当具备以下3种能力:总成本建模能力,它为整个采购流程提供了基础;创建采购战略能力,它推动了从战术的采购观点向战略观点的重要转换;建立并维持供应商关系能力,它注重的是双赢采购模式的合作部分。

6. 制衡是双方合作的基础

企业和供应商本身存在一个相互比较、相互选择的过程,双方都有其议价优势,如果对供应商所处行业、供应商业务战略、运作模式、竞争优势、稳定长期经营状况等有充分的了解和认识,就可以帮助企业本身发现机会,在互赢的合作中找到平衡。已有越来越多的企业在关注自身所在行业发展的同时开始关注第三方服务供应商相关行业的发展,考虑如何利用供应商的技能来降低成本、增强自己的市场竞争力和满足客户。

二、战略采购

战略采购是采购人员(buyer)根据企业的经营战略需求,制定和执行企业的物料获得的规划,通过内部客户需求分析,外部供应市场、竞争对手、供应基础等分析,在标杆比较的基础上设定物料的长短期的采购目标、达成目标所需的采购策略及行动计划,并通过行动的实施寻找到合适的供应资源,满足企业在成本、质量、时间、技术等方面的综合指标。

战略采购作为整合公司和供应商战略目标和经营活动的纽带,包括4个方面的内容:供应商评价和选择、供应商发展、买方与卖方长期交易关系的建立和采购整合。前3个方面发生在采购部门和外部供应商群之间,统称采购实践;第4个方面发生在企业内部。

1. 供应商评价和选择

供应商评价和选择是战略采购最重要的环节。供应商评价系统(supplier evaluation systems,SES)包括:正式的供应商认证计划;供应商业绩追踪系统;供应商评价和识别系统。

供应商业绩评价的指标体系通常由定价结构、产品质量、技术创新、配送、服务等几方面构成。根据买方公司战略的不同,在选择供应商时所重视的业绩指标有所不同。如买方的公司战略是在行业中技术领先,则供应商现有技术在行业中的领先程度和技术创新能力是首要的评价和选择标准,其次考虑产品质量、定价结构、配送和服务。而对于战略定位是成本领先的买方,供应商的定价结构则是最为敏感的指标,同时兼顾质量、技术、配送和服务。买方根据评价结果,选出对自身公司战略有直接或潜在贡献能力的目标供应商群。直接贡献能力是指供应商已具有的、在其行业中居领先地位的、与买方的公司战略目标相一致的能力。潜在贡献能力是指那些由于供应商缺乏一种或几种资源而暂时不具备的,通过买方企业投入这些资源就能得到发挥的,对买方的公司战略目标的实现有着重要帮助的能力。

2. 供应商发展

在选择供应商时,买方对供应商业绩有所侧重,有时目标供应商的业绩符合买方的主要标准,但在其他方面不能完全符合要求;或有些潜在贡献能力未得到发挥,买方就要做一系列的努力,提高供应商的业绩。供应商发展(supplier development)就是"买方企业为提高供应商业绩或能力以满足买方企业长期或短期供给需求对供应商所作的努力"。这些努力包括以下几方面:①与目标供应商进行面对面的沟通;②公司高层和供应商就关键问题进行交流;③实地帮助供应商解决技术、经营困难;④当供应商业绩有显著提高时,有某种形式的回报或鼓励;⑤培训供应商员工等。

3. 交易双方的关系建立

战略采购要和目标供应商完成战略物资的交易。战略采购使买方-卖方的交易关系长期化、合作化。这是因为战略采购对供应商的态度和交易关系的预期与一般采购不同。战略采购认为：①供应商是买方企业的延伸部分；②与主要供应商的关系必须持久；③双方不仅应着眼于当前的交易，也应重视以后的合作。

在这种观点的指导下，买方和供应商致力于发展一种长期合作、双赢的交易关系。采购部门改变一般多家比较采购和短期合同的采购手段，减少供应商的数量，向同一供应商增加订货数量和种类，使供应商取得规模效应，节约成本；并和供应商签订长期合同，使其不必卷入消极的市场竞争中，获得资源更高效的利用。在这种长期合作的交易关系中，供应商对买方有相应的回报：①供应商对买方的订单要做出快速的反应；②供应商有强烈的忠诚于买方的意识；③愿意尽其所能满足买方的要求；④运用其知识和技术，参与买方产品的设计。

建立长期合作交易关系还要求双方信息高度共享，包括公开成本结构等敏感的信息。忠诚是长期合作交易关系的基础。但单纯靠双方自觉的忠诚显然不够。为提高交易效率和交易双方经营绩效，并保证双方致力于长期合作关系，交易双方共同对与交易有关的资产进行投资。这种资产离开了交易双方的特定关系便会失去价值，称为交易特殊性资产。

4. 采购整合

随着采购部门在公司中战略地位的提高，采购逐渐由程序化的、单纯的购买向前瞻性、跨职能部门、整合的功能转变。采购整合是将战略采购实践和公司目标整合起来的过程。与采购实践不同，采购整合着眼于企业内部，目的是促进采购实践与公司竞争优势的统一，转变公司高层对采购在组织中战略作用的理解。

采购整合包括采购部门参与战略计划过程，战略选择时贯穿采购和供应链管理的思想，采购部门有获取战略信息的渠道，重要的采购决策与公司的其他战略决策相协调。

三、日常采购

日常采购是采购人员根据确定的供应协议和条款，以及企业的物料需求时间计划，以采购订单的形式向供应方发出需求信息，并安排和跟踪整个物流过程，确保物料按时到达企业，以支持企业的正常运营的过程。日常采购量的决定主要依据订单管理系统。对于每种产品设一个最低库存和最高库存并定期调整。

（1）日常采购最通常的采购决策是时间决策与数量决策。时间决策要解决的问题是针对某项物品决定什么时候采购。在同一企业，不同物品会有不同决定方法，如昂贵物品会采取时时关注库存量，当库存降至某个数量开始采购。而对于价低量大的物品通常会采取固定采购周期的方法。面对同一物品，企业的经营思路不同，做出的采购时间决策会大相径庭，数量决策则决定每次的采购量。不同的物品、不同的经营策略也会影响每次的采购数量。在采购时又会遇到价格决策。影响价格的因素很多,如同样的货物,供应商不同价格不同,采购数量不同价格不同,季节不同价格也会不同。除此之外,与价格有关的还有优惠条件、折扣条件等。

(2)采购地点、供应商对象也需要考虑,如在远处采购还是近处采购,从制造商处采购还是从流通渠道采购,向一家供应商采购还是向多家采购,这些问题对企业经营活动都会产生较大影响。

(3)是否有必要与供应商订立长期合同,采取怎样的谈判策略、付款方式,采用何种运输方式和工具,违约的责任界定和赔偿,等等,都需要在采购中做出决定。

四、我国政府采购的政策功能

20世纪90年代,我国开始试点政府采购制度时,政府采购的政策功能就一直被学界和政府部门反复强调。2003年正式实施的《中华人民共和国政府采购法》,首次将政府采购的政策功能以立法形式明确下来。其中第九条明确规定,政府采购应当有助于实现国家的经济和社会发展政策目标,包括保护环境,扶持不发达地区和少数民族地区,促进中小企业发展等。第十条明确规定,政府采购应当采购本国货物、工程和服务。

2015年3月起实施的《中华人民共和国政府采购法实施条例》第六条进一步明确规定,国务院财政部门应当根据国家的经济和社会发展政策,会同国务院有关部门制定政府采购政策,通过制定采购需求标准、预留采购份额、价格评审优惠、优先采购等措施,实现节约能源、保护环境、扶持不发达地区和少数民族地区、促进中小企业发展等目标。

除政府采购法律法规外,我国还出台了一系列发挥政府采购政策功能的配套文件。

2004年12月,财政部、国家发展和改革委联合发布《节能产品政府采购实施意见》和首批《节能产品政府采购清单》,要求"各级国家机关、事业单位和团体组织用财政性资金进行采购的,应当优先采购节能产品,逐步淘汰低能效产品",并指出"采购人或其委托的采购代理机构未按上述要求采购的,有关部门要按照有关法律、法规和规章予以处理,财政部门视情况可拒付采购资金"。

2005年12月,财政部、国家发展和改革委、信息产业部联合发布《无线局域网产品政府采购实施意见》及《无线局域网认证产品政府采购清单》,明确采购人采购无线局域网产品和含有无线局域网功能的计算机、通信设备、打印机、复印机、投影仪等产品时,在政府采购评审方法中,应考虑信息安全认证因素,优先采购清单中的产品。实施意见自2006年2月1日起执行。

2006年10月,财政部、生态环境部联合印发《关于环境标志产品政府采购实施的意见》和首批《环境标志产品政府采购清单》,要求采购人采购的产品属于清单中的产品,在性能、技术、服务等指标同等条件下,应优先采购清单中的产品。在政府采购活动中,采购人应在政府采购招标文件中载明对产品的环保要求、合格供应商和产品的条件,以及优先采购的评审标准。此后,节能、环保清单管理不断优化,相关部委定期调整更新两大清单,推动节能减排的采购政策成效初显,强制采购节能产品制度基本建立。

2011年9月,财政部下发《关于开展政府采购信用担保试点工作的通知》《关于开展政府采购信用担保试点工作方案》,决定从2012年1月起在中央本级和北京、黑龙江、广东、江苏、湖南、河南、山东、陕西等省(市)开展暂定为期2年的政府采购信用担保试点工作。此项工作旨在落实《国务院关于进一步促进中小企业发展的若干意见》(国发〔2009〕36号)文件精神,将在政府采购领域引入信用担保手段作为政府采购支持中小企业发展的有效措施之一。

2011年12月,财政部、工信部联合发布《政府采购促进中小企业发展暂行办法》,明确我国政府采购制度将结合国内实际,采取预留采购份额、降低门槛、价格扣除、鼓励联合体投标和分包等具体措施促进中小企业发展,并将通过政府采购计划管理、合同管理、报告和公开制度、信息化建设等措施保证该项政策落实。这是首个政府采购扶持中小企业发展的细化政策。

2014年6月,财政部、司法部联合发布《关于政府采购支持监狱企业发展有关问题的通知》,明确在政府采购活动中,将监狱企业视同小型、微型企业,享受预留份额、评审中价格扣除等政府采购促进中小企业发展的扶持政策。向监狱企业采购的金额计入面向中小企业采购的统计数据。除享受政府采购促进中小企业发展各项优惠政策外,监狱企业还将在制服、印刷等政府采购项目中获得预留份额。

2017年8月,财政部、民政部、中国残疾人联合会印发《关于促进残疾人就业政府采购政策的通知》,明确自2017年10月起,在政府采购活动中,将残疾人福利性单位视同为小型、微型企业,享受预留份额、评审中价格扣除等促进中小企业发展的政府采购政策。向残疾人福利性单位采购的金额,计入面向中小企业采购的统计数据。

第三节 采购程序

程序是一个用于获得工作或完成任务的连续步骤和技术系统,它是通过政策连接策略的正式安排。程序由若干操作组成,这些操作一起提供信息,保证员工能够执行。操作管理者能够控制操作的一组程序称为系统。

采购活动是经济活动中的重要环节和纽带,采购程序是采购活动进行的关键,合理的采购程序是采购顺利进行的必要条件。采购流程通常包括收集信息、询价、比价、议价、评估、索样、决定、请购、订购、协调与沟通、催交、进货验收、整理付款。

一、采购程序概要

1.采购程序

采购区别于购买,采购是商业组织为实现商业目标并试图在正确的时间以最低的价格获得正确的数量和恰当质量的产品或服务的行为。最简单的采购如普通的购买行为,复杂的采购则包含了信息收集、寻找合作伙伴、商业谈判、签署合同等内容。采购在法律上是一种订立合约及执行合约责任的过程。

2.采购程序目标

采购注重简化程序,采用简洁、准确、完整的操作指示,因为过多的步骤和过于注重不必要的细节操作指示会失去效率。采购还注重及时性和反应速度的精简性。

3.采购程序内容

采购程序涉及的领域包括采购周期、恰当使用采购表格、合法合同的制定、运营程序等。

标准合同的内容包括以下几点:合同基本原则、协议的执行和管理、合约要素、确保遵守及履行合同、签订合同流程、样本协议的例子、法定定义、使用正式合同条款;运营程序问题包括物料管理、采购单据存储、供应商资格认证流程、使用唯一供应源选择方式、采购订单定价和需求分析、成本分析程序、可接受的降低成本方法和文件、公司内部交易、处理超载运输问题、供应商对采购订单的确认、对已采购的不合格产品的处置、撤销提供给供应商却属于本公司的工具。

二、采购程序的顺序和影响

采购程序对于规定采购部门如何在采购周期的关键阶段做出贡献,并且是利益相关者和其他人如何与程序和决策相关联是必要的,当采购程序不符合时可能会有严重的影响。

采购的顺序为接收采购计划—询比议价—决定—下订单—审核—跟催—收货—付款—退货。相关的单据有请购单、采购单、询价单,采购暂收单、进货单、采购退出、采购异常退出等。相关的ERP系统单据有请购单、采购单、采购暂收单、采购入库单、采购退出、采购异常退出等。

三、采购程序的主要内容

采购程序的主要内容如下。

(1)在程序的各个方面采购如何开展?包括应用需求和随后的规范开发。

(2)有效处理知识产权的需要。

(3)参与供应市场的过程,包括软市场的测试。

(4)如何避免创建垄断供应情景,使用预测的需求尽可能准确。

(5)对于供应商的选择,比如潜在的供应商如何通过初审,如何通过使用资格预审问卷访谈能力的证据。

四、授权采购的通知

授权采购的通知步骤如下。

(1)谁以及如何启动适当的采购申请以及授权采购的其他方式。

(2)预算审批和适当财务代码设定。

(3)当使用这些材料时发出物料清单。

(4)对采购紧急需求的管理允许根据定义的规则绕过标准程序。

五、询价单和投标邀请

询价单和投标邀请步骤。

(1)采购价值不同会影响方法的选择,例如高价值合同必须具有最低数量的报价投标。

(2)报价请求RFQ或招标邀请ITT应包含的内容。

(3)为了保证决策的公平性,而运用评估定价单或投标邀请的方法,需要考虑以下因素:①何种情况下进行谈判以及如何进行;②决策时间表如何设置;③如何签字批准采购的授权;④如何评估采购相关的风险;等等。

六、制定具有法律约束力的合同

制定合同步骤如下。

(1)提交和签署采购订单。

(2)谈判和签署一次性合同。

(3)处理订单确认的方法以及接受供应商销售确认所产生的影响,供应商未成功签订合同时采取什么行动,如何创建和维护主合同文件。

七、合同管理

合同管理的步骤如下。

(1)谁负责合同管理工作。

(2)供应商及时提供管理信息的要求。

(3)当产品和服务的接受程序出现纠纷时采购的参与。

(4)付款流程。

(5)合约终止程序,供应商绩效反馈到供应商评级系统。

第四章　采购组织结构及其设计

第一节　采购组织结构

一、采购管理组织的含义

采购管理组织是指为了完成组织的采购任务,实现保证生产经营活动顺利进行,由采购人员按照一定的规则组建的一支采购团队。一般来说,采购部由组织采购系统最高负责人领导,在相关职能部门的配合协助下,严格制定并执行采购制度与采购工作流程,确保组织生产、经营活动顺利进行。

二、采购管理组织的功能

采购管理组织具有以下功能。

1. 凝聚功能

明确采购目标及任务,建立良好的人际关系与群体意识,明确采购组织中领导的导向作用。

2. 协调功能

一是组织内部的纵向、横向关系的协调,使之密切协作,和谐一致;二是组织与环境关系的协调,采购组织能够依据采购环境的变化,调整采购策略,以提高对市场环境变化的适应能力和应变能力。

3. 制约功能

采购组织是由一定的采购人员构成的,每一位成员都需承担相应的职责,有一定的权利、义务和责任,通过这种权利、义务、责任组成的结构系统,对组织每一位成员的行为都有制约作用。

4. 激励功能

采购组织的激励功能是指在一个有效的采购组织中,应该创造一种良好的环境,充分激励每一个采购人员的积极性、创造性和主动性。

三、采购管理组织的职能

1. 建立采购部组织

结合组织实际情况和发展需求,建立健全采购部的组织结构设计,明确职责分工,优化人员配置,提高采购工作绩效。

2. 建立健全采购管理制度体系

根据组织管理要求及部门任务,制定并严格执行采购规章制度,规范采购作业。

3. 采购计划管理

在调查和分析采购需求的基础上进行采购决策,编制采购计划与采购预算,指导采购活动。

4. 供应商管理

根据采购计划进行市场调研,选择、评审、考核供应商,建立并完善供应商档案。

5. 采购价格管理

建立并更新重要物资及常备物资的价格档案,指导采购作业与价格谈判,提高采购绩效。

6. 采购合同管理

组织合同评审,签订采购合同,建立采购合同台账并分类管理,监督合同的执行。

7. 采购进度控制

监督采购合同签订与执行,开展采购跟单与催货工作并进行交期管理,严格控制采购进度,确保供应及时。

8. 采购质量控制

建立采购认证体系,对供应商及采购物资的质量进行检验、认证,确保采购物资符合组织要求。

9. 采购成本控制

严格执行采购预算,监督采购询价、议价、订购过程费用的使用情况,开展成本分析,有效控制采购成本。

10. 采购绩效管理

定期对部门采购作业及各采购人员进行绩效考核,并根据采购结果实施奖惩,分析采购过程中的薄弱环节与问题,制定改进计划,提高采购绩效。

四、采购部组织结构

企业不同,企业中采购部职位的设置也不同。企业为确保采购职能的实现,在设计采购部组织结构时,须充分考虑、分析采购需求,生产经营的规模与发展规划,内外部环境,管理水平,供应市场结构,物资价格弹性,产品技术,客户需求等方面的影响,确保采购组织的高效性、灵活性。

(一)按企业规模设计的采购部组织结构

1. 中小型企业采购部组织结构

中小型企业采购部组织结构如图 4-1 所示。

第四章 采购组织结构及其设计

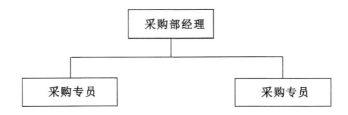

图 4-1 中小型企业采购部组织结构图

2. 大型企业采购部组织结构

大型企业采购部组织结构如图 4-2 所示。

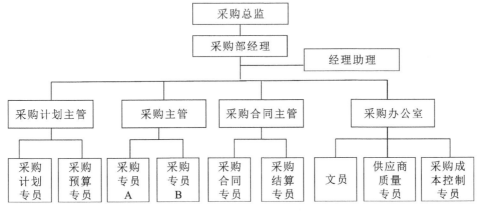

图 4-2 大型企业采购部组织结构图

(二)按职能分工设计的采购部组织结构

根据采购过程中的职能不同,采购部的组织结构如图 4-3 所示。

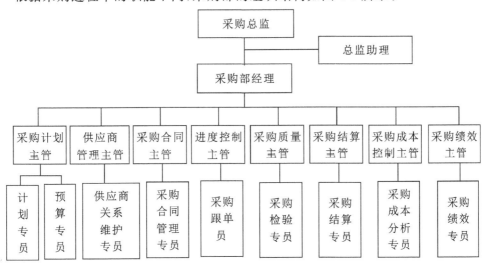

图 4-3 按职能分工设计的采购部组织结构图

(三)按专业分工设计的采购部组织结构

若按采购过程中的专业分工来划分,则采购部的组织结构如图4-4所示。

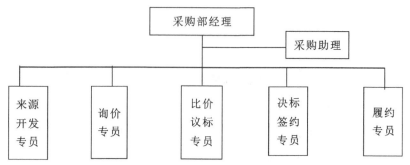

图 4-4　按专业分工设计的采购部组织结构图

(四)按采购物资类别设计的采购部组织结构

按所采购的物资类别来设计,采购部的组织结构如图4-5所示。

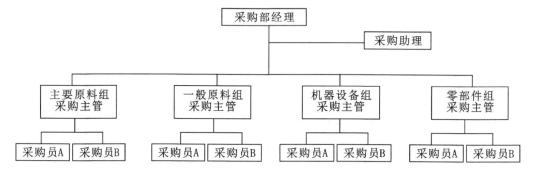

图 4-5　按采购物资类别设计的采购部组织结构图

(五)按采购地区设计的采购部组织结构

按采购地区的不同来设计,采购部的组织结构如图4-6所示。

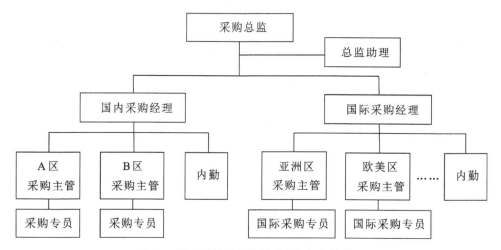

图 4-6　按采购地区设计的采购部组织结构图

(六)按采购渠道设计的采购部组织结构

按采购渠道的不同来设计,采购部组织结构如图4-7所示。

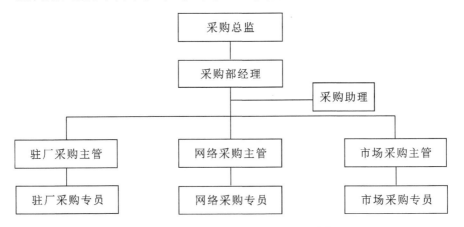

图4-7 按采购渠道设计的采购部组织结构图

(七)按行业设计的采购部组织结构

1.超市采购部组织结构

超市采购部组织结构如图4-8所示。

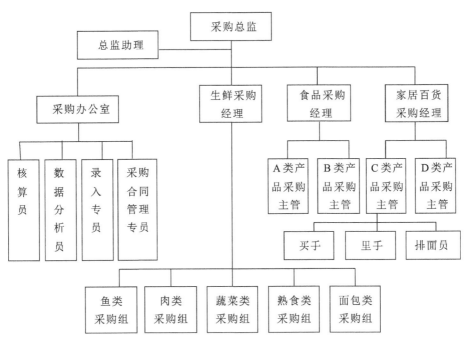

图4-8 超市采购部组织结构图

2.酒店、宾馆采购部组织结构

酒店、宾馆采购部的组织结构一般如图4-9所示。

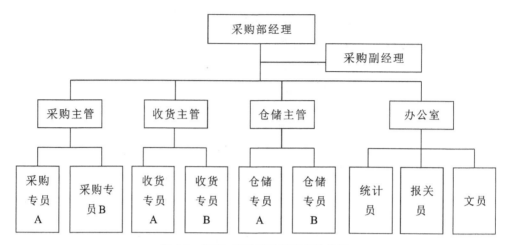

图 4-9 酒店、宾馆采购部组织结构图

3. 工程项目采购部组织结构

房地产、建筑施工组织的工程项目采购包括项目承包、分包招标采购和工程材料采购。同时,工程项目采购可分为企业统一采购、项目采购、统一采购与项目采购相结合等 3 种采购方式,工程项目采购部组织结构如图 4-10 所示。

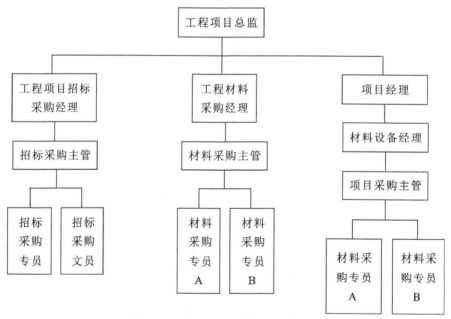

图 4-10 工程项目采购部组织结构图

第二节 集中式与分散式采购

一、集中采购的概念及模式

集中采购(centralized procurement)是指企业为了尽可能地减少采购渠道和获得更大的价格折扣而在其内部管理层建立专门的采购机构,从而来统一其分布于世界各地的采购业务的批量采购方式。集中采购体现了组织集团的权利、利益、意志、品质和制度,有利于和其合作的供应商之间建立长期稳定的合作关系,是组织集团降低进货及物流成本,赢得市场竞争的胜利,控制市场节奏,保护知识产权、核心技术和商业秘密,提高经济效益,取得最大利润的战略手段。

由于各企业的业务不尽相同,为了更好地实现对各子公司业务需求的掌控,集中采购也有相应的模式可以选择使用。集中采购的典型模式有以下几种:集中定价、分开采购;集中采购后调拨;集中订货、分开收货、集中付款等,集团可能只采用一种集中采购模式,也可能会同时存在多种集中采购模式,具体采用哪种模式与该集团的物料特性、税收等有直接关系,集团会依据自身情况选择适应自身发展的一种或者多种集中采购模式。

1. 集中采购后调拨模式

采购中心将分子公司提出的采购申请进行汇总、分析、调整,并根据调整后的结果下达采购订单,最后完成后面的收货、入库、外部货款结算等业务。接下来,采购中心根据各分子公司的采购申请,启动内部调拨流程,制定相应的调拨订单并调拨出库,各分子公司根据本公司的调拨订单做相应的入库,然后分公司和集团总部之间最后做内部结算处理,或由各分子公司自行到总部进行领料,直接办理内部结算。

2. 集中定价、分开采购

由集团总部和各大供应商商谈价格策略和全年的订货总量,各分公司和供应商之间按照制定的价格和订货量进行结算业务处理。

3. 集中订货、分开收货、集中付款模式

这种采购模式是集团总部或采购中心负责选定供应商和制定采购价格方面的策略,并且负责全面的采购订货工作。采购中心将分子公司提出的采购申请进行汇总、调整,并根据调整结果下达采购订单,然后将收货通知单发放给各个分子公司,分子公司根据各自的收货通知单进行收货和入库。这种方式主要是由集团总部汇集各个分子公司的入库单与外部供应商进行货款结算,并根据各分子公司的入库单与各分子公司分别进行内部结算。

二、集中采购的优势

传统采购的工作重心是放在和供应商的商业交易活动上,其最重要的特点是通过采购招标吸引供应商,然后供应商竞标出价,采购中心根据需求选择对自己较有价格优势的供应商。虽然质量、交货期、交货准时率也是采购过程中的重要考虑因素,但在传统的采购方式下,质量、交货期、交货准时率都是可以通过事后想办法进行控制的,从而将整个商业活动的重心放在采购价格的谈判上。因此,采购中心在确定供应商之前的主要工作是与供应商之间进行报价、询价、还价多个回合之间的谈判,并且这个活动是与多个供应商之间同时进行的。最后,从多个供应商中选择价格最合适的供应商签订合同。

集中采购是为了降低传统采购的选择风险的时间成本。集中采购模式是集团总部设立专门的采购机构和专职采购人员统一负责商品采购工作,通过集中采购,加大组织在市场进行价格、质量、服务谈判的筹码,提高其在供应链节点上作为核心组织的位置,摆脱供应链上各自为战、分散对外的被动局面。充分发挥联合优势,实现统一对外,提高抗风险的能力,最大限度降低成本,达到效益最大化目标。集中采购具有以下几方面的优势。

1. 有利于发挥采购的规模化优势

通过集中采购企业可以整合分散在各子公司的采购资源,从而加大了采购的规模而获得价格优势,通过集中采购,一方面可以避免同种物品的重复采购和降低同种物品采购的频率来降低采购成本提高采购的效率,另一方面还可以避免分散采购带来的人力、物力和财力的浪费,降低组织运作的成本。

2. 有利于规范组织的采购行为

通过采购需求、时间、人员、地点和供应商的适度集中,将分散性决策变为集中决策,增加了采购活动的透明度,降低了各子公司不合理的采购主张,并且减少了子公司和供应商接触的环节和机会,明确了各个部门的分工,规范了采购行为,并且有利于监督采购行为,有效地防止了组织里的腐败行为。

3. 有利于优化和完善组织的供应链

供应链是指产品生产和流通过程中所涉及的原材料供应商、生产商、分销商、零售商以及最终消费者等成员通过与上游、下游成员的连接组成的网络结构。通过集中采购可以吸引更多优秀的供应商加入供应链中,他们以各自的产品为纽带,把跨行业的业务联合起来,可以共同降低经营风险、经营成本和提高组织的竞争力,有利于与供应链的组织之间建立长期良好的战略合作关系。

4. 有利于采购标准化和信息化的建设

实施批量性的集中采购,有利于归并同类产品需求计划,促进形成同类产品和服务从而建立起一套科学的采购文件标准。通过集中采购更容易实现采购工作的标准化、信息化，提高采购和供应环节的准确性、及时性和匹配性。

5. 有利于采购到高质量的物资和高质量的服务

集中采购可以很大程度上提高组织采购的技术水平，可以采购到优秀的品牌和以后的服务质量，获得高质量、高性能和高效率的产品和服务。

三、集中采购存在的不足和缺陷

集中采购会给组织的经营带来诸多优势，但也不否认集中采购也会有些不足之处，主要体现在以下方面：

（1）集中采购的采购计划是在企业总部汇集了各子公司的采购计划的基础上汇总编制的，很难准确地知道各子公司的第一需求，所以编制的采购计划难免会不够准确。为了避免采购计划的失真，建议集团总部可以安排相应的工作人员到各分子公司进行调研，做到对各分子公司的采购申请心中有数，从而建立更加准确的采购计划。

（2）由于采购的物资数量较多，涉及的资金数额也大，难免会有多方的利益牵扯进来，比如会牵扯到政府部门、企业上级领导和供应商方面等，所以做集中采购的采购员需要有较强的法律观念和组织纪律，廉洁自律。

（3）由于集中采购的采购周期较长，而对于一些价值较低的和一些比较零散的物资来说，集中采购效率很低，并且会因为一些物资的不能及时供应而影响企业的生产运作。

（4）集中采购容易造成集中到货，由此可能出现采购库存周期长、资金周转率下降、采购风险及费用随之增加的缺陷。

四、分散式采购及其适用客体

分散采购是集中采购的完善和补充，有利于采购环节与存货、供料等环节的协调配合，有利于增强基层工作责任心，使基层工作富有弹性和成效。

分散采购适用的采购客体具有以下特点：

（1）小批量、单件、价值低、总支出在产品经营费用中所占比重小的物品。

（2）分散采购优于集中采购的物品，包括费用、时间、效率、质量等因素均有利，而不影响正常的生产与经营的情况。

（3）市场资源有保证，易于送达，较少的物流费用。

（4）分散后，各基层有这方面的采购与检测能力。

（5）产品开发研制、试验所需要的物品。

五、分散采购的优点和缺点

分散式采购是专业化分工的要求。责任明确，易于确定。其优点如下：

(1)能适应不同地区市场环境变化,商品采购具有相当的弹性。

(2)由于分部拥有采购权,可以提高一线部门的积极性。

(3)由于采购权和销售权合一,分部拥有较大权力,因而便于分部考核,要求其对整个经营业绩负责。

(4)可以尽快地满足用户的需要,特别是一些特殊需要。

(5)分散采购比较灵活,拥有快速的决策响应性,且采购人员对本部门的运营环境有很好的理解,能够对产品开发给予支持。

(6)如果一家企业实施分散化采购,那么各部门的管理者会处理其各自的采购业务。这种方法的优点在于物资的使用者比其他人更加了解自己需要什么。

(7)分散采购批量小,过程短,手续简单,决策层次低,问题反馈快,针对性强,方便灵活,占用资金少,库存空间小,保管方便。

分散式采购同时又具有如下缺点:

(1)部门间各自为政,容易出现交叉采购,人员费用较大。

(2)由于采购权力下放,使采购控制较难,采购过程中容易出现舞弊现象。

(3)计划不连贯,形象不统一,难以实施统一促销活动,整体利益控制较难。

(4)由于各部门或分店的采购数量有限,难以获得大量采购的价格优惠。

第五章　采购计划及预算管理

第一节　采购调查

一、采购调查的概念

采购计划是组织管理人员在了解市场供求情况、认识组织生产经营活动过程及掌握物品消耗规律的基础上,对计划期内的物品采购活动所做的预见性安排和部署。采购计划的广义概念是指为保证供应各项生产经营活动的物料需要量而编制的各种采购计划的总称;狭义上是指年度采购计划,即对组织计划年度内生产经营活动所须采购的各种物料的数量和时间等所做的安排和部署。其中,何时、何处取得合适数量的原材料是采购计划的重点所在。

采购调查就是购入原材料的预见性的安排和部署,因此对于整个采购运作的成败有非常重要的作用。

二、采购调查程序

采购调查程序是整个采购运作的第一步,应根据市场需求、组织生产能力和所需的采购量来确定。完整的采购调查包括采购认证调查和采购订单调查两部分。这两部分必须综合平衡,才能保证物料的采购成功。采购调查是组织采购人员对采购环境进行考察并建立采购环境的过程。

(一)准备认证调查计划

1.熟悉认证的物资项目

采购人员在拟订采购计划,与供应商接触之前,要熟悉认证的物料项目。

采购人员在搞清采购项目属于哪个专业范围之后,就应尽快熟悉该领域专业知识,这样才能做到在进行认证工作时得心应手。

2.熟悉采购批量需求

要想制定较为准确的认证计划,要做到以下两点。

(1)必须熟知物料需求计划。物料需求计划确定了采购的规模、范围和时间。

(2)熟悉采购环境。目前物料采购环境有两种：一是在目前采购环境中可以找到的货源供应,另一种是新货源,这种新货源是原来的采购环境无法提供的,需要寻找新的供应商,或者与供应者一起研究新货源提供或生产的可行性。

3．调查余量需求

随着市场需求的增加,旧的采购环境容量不足以支持货源需求;或者随着采购环境呈下降趋势,该货源的采购环境容量在缩小,满足不了需求。以上两种情况产生余量需求,从而要求对采购环境进行扩容,采购人员就要在市场调查的基础上选择新的采购环境。采购环境容量的信息可以由认证人员和订单人员提供。

4．准备认证环境资料

采购环境包括认证环境和订单环境两个部分。认证过程是供应商样件及小批量试制过程,需要有强大的技术力量支持,有时需要与供应商一起开发;订单过程是供应商的规模化生产过程,突出表现是自动化机器流水作业及稳定的生产,技术工艺已经固化在生产流程中,所以它的技术支持难度较前者小。

5．制定认证计划说明书

制定认证计划说明书就是准备好认证计划所需要的资料,主要内容包括认证计划说明书(物料名称、需求数量、认证周期等),并附有需求计划、余量需求计划、认证环境资料等。

(二)评估认证需求

1．分析需求

进行物料开发批量需求的分析,不仅要分析数量上的需求,而且要掌握物料的技术特征等信息。物料批量需求是各种各样的,计划人员应对开发物料需求做详细分析,必要时与开发人员、认证人员一起研究开发物料的技术特征,按照已有的采购环境及认证计划经验进行分类。

2．分析余量需求

余量认证的产生来源:一种是市场销售量的扩大,另一种是采购环境订单容量的萎缩;这两种情况都导致了目前采购环境的订单容量难以满足用户的需求,因此需要增加采购环境容量。对于因市场需求的原因造成的,可以通过市场需求计划得以了解各种货源的需求量及时间;对于因供应商萎缩原因造成的,可以通过分析现实采购环境的总体订单容量与原定容量之间差别得到。两种情况的余量相加即可得到总需求余量。

3．确定认证需求

根据开发需求及余量需求的分析结果,确定认证需求。认证需求是指通过认证手段,获得具有一定订单容量的采购环境。

(三)计算订单容量

1. 分析货源供应资料

企业需要采购的物料往往是多种多样的,如机械、电子、软件、设备、生活日用品等物料项目,加工过程各种各样,非常复杂。作为采购主体的组织,需要认证的物料项目可能是上千种物料中的几种,熟练分析集中物料的人证资料是可能的,但对于规模较大的组织,分析上千种甚至上万种物料的难度要大得多。组织的物料采购计划人员要尽可能熟悉物料采购项目的认证资料。

2. 计算总体订单容量

在采购环境中,供应商的订单容量与认证容量是两个概念。有时可以相互借用,但不是等量的。一般在认证供应商时,要求功能上只做认证项目。在供应商认证合同中,应说明认证容量与订单容量的比例,防止功能上只做批量订单,不愿意做样品认证。把采购环境中所有供应商的认证容量汇总,即可得到采购环境中所有供应商的总体认证容量。

3. 计算承接订单量

订单量即供应商正在履行认证的合同量。商品供应商在指定时间内已经签下的订单量,称之为承接订单量。有时供应商各种物料容量之间进行借用,并且存在多个供应商的情况下,其计算比较复杂,承接认证量等于当前供应商正在履行的认证合同量。承接认证量的计算也是一个复杂的过程,各种物品项目认证周期不同,一般是计算要求的某一时间段的承接认证量。最恰当,最及时的处理方法是借助于电子信息系统,模拟显示供应商以承接认证量,以便进行认证计划决策时使用。

4. 确定剩余订单容量

将某一物料所有供应商群体的剩余认证容量进行汇总得到该物料的剩余认证容量。

物料的剩余认证容量＝物料供应商群体总认证量－承接认证量

例:某电视机厂去年生产的某型号电视机销量达到10万台,根据市场反映情况,预计今年的销量会比去年增长30%(为生产10万台电视,公司需采购某种零件40万件),公司供应此种零件的供应商主要有两家,A的年产能力是50万件,已有25万件的订单,B的年产能力是40万件,已有20万件的订单,求出认证过程。

解:第一步,分析认证需求。

今年销售预测:$10\times(1+30\%)=13$(万件)。

该种零件的需求量:$13\times4=52$(万件)

第二步,计算认证容量。

A 与 B 的供应量:(50－25)＋(40－20)＝45(万件);52－45＝7(万件)。

所以公司再采购7万件才能满足需求。

(四)制定认证计划

1.对比需求与容量

认证需求与供应商对应认证容量之间一般都会存在差异,如果需求小于容量,则无须进行综合平衡,直接按照认证需求制定认证计划;如果供应商容量小于认证需求量,则须进行认证综合平衡,对于剩余认证需求需要制定采购环境之外的认证计划。

2.综合平衡

从全局出发,综合考虑市场、消费者需求、认证容量、商品生命周期等要素,判断认证需求的可行性,通过调节认证计划来尽可能地满足认证需求,并计算认证容量不能满足的剩余认证需求。

3.确定余量认证计划

对于采购环境不能满足的剩余认证需求,应提交采购认证人员分析并提出对策,与之一起确认采购环境之外的供应商认证计划。

4.制定计划

认证物料数量及开始认证时间的确定方法如下:

认证物料数量＝开发样件需求数量＋检验测试需求数量＋样品数量＋机动数量

开始认证时间＝要求认证结束时间－认证周期－缓冲时间

三、采购订单的调查环节

(一)准备物料采购订单计划

1.预测组织的市场需求

市场需求是采购的牵引项,要想制定较为准确的订单计划,首先必须熟知市场需求计划,或销售计划。市场需求进一步分解便得采购需求计划。组织的年度销售计划在上一年末制定,并报送至各个相关部门,下发至销售部门、计划部门、采购部门,以便指导全年的供应链运作;根据年度计划制定季度、月度的市场销售需求计划。

2.确定组织的生产需求

组织的生产需求对采购来说可以称之为生产物料需求。生产物料需求的时间是根据生产计划确定的,生产物料需求计划是订单计划的主要来源。为了有利于理解生产物料需求,采购计划人员需要熟知生产计划以及工艺常识。在 MRP 系统(物资需求计划系统)之中,物料需求计划是主生产计划的细化,它主要来源于主生产计划、物料清单和库存文件;编制物料需求计划的主要步骤包括确定净需求、对订单下达日期及订单数量进行计划等。

3. 准备订单环境资料

在订单商品的认证计划执行完毕之后,便形成该项商品的采购环境(也可称为订单环境),订单环境资料包括订单商品的供应商信息;订单比例信息;最小包装信息;订单周期、订单环境一般使用信息系统管理,订单人员根据市场需求的商品清单,从信息系统中查询了解该商品的采购环境参数及描述。

4. 制定订单计划说明书

制定订单计划说明就是准备好订单计划所需要的资料,主要内容包括订单计划说明书(商品名称、需求数量、到货日期等);附有市场需求计划、采购需求计划、订单环境资料等。

(二)评估物料采购订单需求

1. 分析市场需求

订单计划不仅仅来源于采购计划,因为订单计划除了考虑销售需求之外,还要兼顾市场战略、潜在的需求等,要对市场需求有一个全面的了解,远期发展与近期切实需求相结合。

2. 分析组织生产需求

分析生产需求,首先需要研究生产需求的产生过程,其次再分析生产需求量和要货时间。有些企业每周都有不同的毛需求量和到货量,这样就产生了不同的生产需求,所以对组织不同时期产生的不同生产需求进行分析是很有必要的。

3. 确定订单需求

根据市场需求、销售生产需求的分析结果,确定订单需求。订单需求的内容是通过订单操作手段,在未来指定的时间里,将指定数量的合格商品采购入库。

(三)计算订单容量

1. 分析物品(项目)供应资料

认证人员倾注大量的时间和精力将供应资料牢记在计划人员的头脑中,以便下达订单计划时参照。

2. 计算总体订单容量

在采购环境中,随时关注供应商的总体订单容量。订单容量的含义包括2个方面:一个是可供给的数量,另一个是可供给的到货时间。

例如,甲供应商在1月15日之前可供应4万个开关(A型1万个,B型2万个,C型1万个),乙供应商在1月15日之前可供应5万个开关(A型1.5万个,B型1.5万个,C型2万个),那么在1月15日之前A、B、C 3种开关的总体订单容量为9万个,其中A型2.5万个,B型3.5万个,C型3万个。

3. 计算承接订单量

商品供应商在指定时间内已经签下的订单量,称为承接订单量。有时供应商各种物料容量之间进行借用,并且存在多个供应商的情况下,其计算比较复杂。

仍以上一个例子来说明,若甲供应商在1月15日之前承接A型8000个,B型1.5万个,C型9000个;乙供应商在1月15日之前承接A型1.3万个,B型1.2万个,C型2万个;那么在1月15日之前A、B、C 3种开关的总体承接订单量为7.7万个,其中A型2.1万个,B型2.7万个,C型2.9万个。

4. 确定剩余订单容量

某商品所有供应商群体的剩余订单容量的总和,称为该物料的订单容量。

物料剩余订单容量＝物料供应商群体总体订单容量－已承接订单量

如上例,开关生产订单容量＝9－7.7＝1.3(万个)。

(四)制定订单计划

1. 对比需求与容量

需求小于容量的情况下,依据需求制定订单计划;供应商容量小于需求量情况下,要求物料平衡环节,根据剩余物料需求制定认证计划。

2. 综合平衡

综合考虑市场、销售、订单容量等要素,分析物料订单需求的可行性,必要时调整订单计划,计算容量不能满足的剩余订单需求。

3. 确定余量认证计划

对于剩余需求,要提交认证计划,并确认能否按照需求规定的时间及数量交货,为了保证货源及时供应,此时可简化认证程序,由具有丰富经验的认证计划人员操作。

4. 制定订单计划

订单计划做好后就可以按照计划进行采购了。采购订单计划里,有两个关键指标:下单数量和下单时间。

下单数量＝生产需求量－计划入库量－现有库存量＋安全库存量

下单时间＝要求到货时间－认证周期－订单周期－缓冲时间

制定订单计划是开展该项工作的基础,是采购工作得以及时、有序进行的有利保证,因此应当充分重视。

第二节 采购需求管理

采购需求是指对采购标的物的特征描述。用户将采购需求以采购物品规格的方式向可能的供应商进行传递。一个好的采购需求,能够合理、客观地反映采购标的物的主要特征以及说明供应商应具备的条件,同时符合适用原则、非歧视原则,并能够切合市场实际。

要进行有效的采购管理,首先要分析并明确采购管理组织所代理的全体需求者究竟需要什么、需要多少、什么时候需要等问题,从而明确应当采购什么、采购多少、什么时候采购以及怎样采购的问题,得到一份确实可靠、科学合理的采购任务清单。这个过程就是采购需求分析的过程,而要想科学地对采购需求进行分析,得到相对准确的分析结果,对采购需求现状的分析和未来一段时间内变化情况的管理。

一、采购需求分析概述

1. 传统组织采购存在的问题

物料采购与物料管理为一体,目前绝大多数组织行使采购管理的职能部门为供应部(科),也有组织将销售职能与采购职能并在一起,称为采购部门。在这种模式下,其管理流程如下:需求部门提出采购要求—指定采购计划/订单—询价/处理报价—下发运通知—检验入库—通知财务付款。

上述是一个完整的采购业务流程,在实际操作中有些流程如询价/报价在很多组织中不是每次都进行的,该流程主要缺点是物料管理、采购管理、供应商管理由一个职能部门来完成,缺乏必要的监督和控制机制;同时在这种模式下,采购部门担负着维系生产用原材料供给的重任,为保证原材料的正常供应,必然会加大采购量,尤其是在原材料涨价时,这样容易带来不必要的库存积压和增加大量的应付账款。

业务信息共享程度弱。由于大部分的采购操作和与供应商的谈判是通过电话来完成,没有必要的文字记录,采购信息和供应商信息基本上由每个业务人员自己掌握,信息没有共享。其带来的影响是业务的可追溯性弱,一旦出了问题,难以调查;同时采购任务的执行优劣在相当程度上取决于人,人员的岗位变动对业务的影响大。

采购控制通常是事后控制。其实不仅是采购环节,许多企业对大部分业务环节基本上都是事后控制,无法在事前进行监控。虽然事后控制也能带来一定的效果,但是事前控制能够为企业减少许多不必要的损失,尤其是如果一个企业横跨多个区域,其事前控制的意义将更为明显。

现在很多企业都不再使用这种方法,改用需求分析法。

2. 采购需求分析方法

要进行采购,首先要分析弄清采购管理机构所代理的全体需求者们究竟需要什么、需要多少、什么时候需要的问题,从而明确应当采购什么、采购多少、什么时候采购以及怎样采购的问题,得到一份确实可靠、科学合理的采购任务清单。这个环节的工作,就叫作采购需求分析。

需求分析是采购工作的第一步,是制定采购计划的基础和前提。

(1)在极简单的情况下,需求分析是很简单的。例如,在单次、单一品种需求的情况下,需要什么、需要多少、什么时候需要的问题非常明确,不需要进行复杂的需求分析。

(2)在较复杂的采购情况下,需求分析就变得十分的必要了。例如,一个汽车制造组织,有上万个零部件,有很多的车间、很多的工序,每个车间、每个工序生产这些零部件,都需要不同品种、不同数量的原材料、工具、设备、用品,在各个不同时间需求各个不同的品种。这么多的零部件,什么时候需要什么材料、需要多少,哪些品种要单独采购,哪些品种要联合采购,哪些品种先采购、哪些品种后采购、采购多少,这些问题如果不进行认真的分析研究,就不可能进行科学的采购工作。

进行采购需求分析有多种方法,如统计分析法、推导分析法、ABC分析法等。

二、统计分析法

1. 概念

统计分析法是指运用统计的方法对采购的原始资料进行分析,找出各种物料需求的规律。

2. 原始资料

各单位的采购申请单、销售日报表、领料单和生产计划任务单等。

3. 组织采购采取的模式

(1)对采购申请单位进行汇总统计。目前很多企业都采取这样的模式:要求各下属单位每月提交一份采购申请表,提出每个单位下月的采购品种和数量,然后采购部门对这些表进行统计汇总,即将相同品种的需求数量相加,得出下月总的采购任务表,再根据此表制定下个月的采购计划。

这种模式简单易行,但也存在一些问题:一是市场响应不灵敏;二是库存负担重,风险大。因为一个月采购一次,必然会使采购批量增大,物资供应时间长,如果市场需求变化很快,有可能采购时畅销的物资到达时就变成不畅销的物资了。这样既占用了大量物资资金,又增加了经营成本,影响组织的经济效益。

(2)对各个单位销售日报表进行统计。对于流通企业来说,每天的销售就是用户对企业物资的需求,需求速率的大小反映了企业物资消耗的快慢,因此由每天的销售日报表就可以统计得到企业物资的消耗规律。消耗的物资需要补充,也就需要采购,因此物资消耗规律也就是物资采购需求的规律。

三、推导分析法

推导分析法是根据组织生产计划来进行需求分析,求出各种物料的需求计划的过程。它必须要进行严格的推导计算,不能凭空估计。

步骤如下:

(1)制定主产品生产计划(MPS)。包括数量和时间两个要求,即生产多少和什么时候生产。

(2)零部件的生产计划。零部件主要用来组装产品,但企业生产和采购还有另外一个次要依据,就是社会维修组织对社会上处于使用状态的主产品进行维修保养所需要的零部件的需求计划。这些零部件的生产或采购也需要组织承担。比如,电视机厂商不仅仅要生产整台的电视机,还要生产维修电视机所需要的常用维修零件。

(3)确定主产品的结构文件。求出装配主产品需要哪些零件、部件、原材料;各需要多少;哪些要自制,哪些要外购;自制或外购需要多长时间等。这样逐层分解,一直到最底层的原材料层次。

(4)确定库存文件。所谓库存文件,就是主产品以及主产品所属所有零部件、原材料的现有库存量清单文件,即主产品零部件库存一览表。

(5)求出物料需求计划。设 P_i 是第 i 个零部件下月需求量,P 是主产品下月的计划出产量,n_i 是一个主产品中包含第 i 个零部件的个数。P_{oi} 是第 i 个零部件下月的外订货数量(即社会维修订货数量)。则第 i 个品种下月需求量可以用下式确定:

$$P_i = P \cdot n_i + P_{oi}$$

物料需求计划案例:

如图5-1所示,A、B、C、D、E、F为产品名,括弧内的数字表示一个上级产品中所包含的本产品的件数,而LT表示提前期,单位为天。双线框表示外购件,单线框表示自制件。

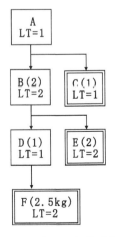

图5-1 主产品零部件分解图

根据主产品结构文件,可以得到主产品零部件数量一览表(见表5-1)。

表5-1 主产品A零部件一览表

零部件名	数量	自制	外购	提前期(天)
B	=2A	+		2
C	=1A		+	1
D	=B=2A	+		1
E	=2B=4A		+	2
F	=2.5D=5A(kg)		+	2

主产品需求计划和零部件外订计划如表5-2所示。

表5-2 主产品出产计划和零部件外订一览表

时期(周)	第1周	第2周	第3周	第4周	月合计
A出产(件/周)	25	15	20	15	75
C外订(件/周)	15		15		30
E外订(件/周)		20		20	40

采购零部件如表5-3所示。

表5-3 采购零部件一览表

零部件名	下月需要数量
C	75×1+30=105
E	75×4+40=340
F	5kg×75=375kg

第三节 采购预算

一、预算的概述

(一)预算的概念

预算是指企业未来一定时期内经营、资本、财务等各方面的收入、支出、现金流的总体计划。它以货币的形式表现各种经济活动。企业中的每一个责任中心都有一个预算,它是为执行本中心的任务和完成财务目标所需各种财资的财务计划。

(二)预算的目的

1. 强制计划

预算迫使管理层预先考虑未来本部门可能发生的各种财务活动,并制定详细的计划以期实现企业每个部门、每项业务甚至每个经理的财务目标并预计可能会出现的问题。

2. 交流思想和计划

预算是企业内一个正式的系统,这个系统确保计划涉及的每个人看清自己应该做的事情。这种沟通可能是单向的,如上级给下属布置任务,也可能是双向的交流。

3. 协调活动

企业需要对不同部门的活动进行整合,以确保所有部门都向着共同目标一起努力。而实际上这种协调很难实现。例如,采购部门应立足于生产要求编著预算,而生产预算应当基于销售预期。

4. 分配资源

预算过程包括识别将来需要以及可以获得的资源。企业应当要求预算编制者根据预计的活动层级或者资源水平估算他们的资源需求,一边最佳地分配和利用资源。为实现利益最大化,通常使用成本—收益分析法分配资源,优先满足利益创造能力强的需求。

5. 制定责任计算框架

预算编制要求预算中心经理对其预算控制目标负责。

6. 授权

规范的预算应当作为对预算经理支出费用的授权。只要预算中包括费用支出项目,就不须在费用发生之前获得进一步的批准。

7. 建立预算控制系统

企业可以通过比较现实结果和预算计划实现对实际业绩的控制。对于背离预算的情况能够被调查,而且应将背离的原因区分为可控和不可控两种因素。

8. 提供绩效评估手段

预算提供了可以与实际结果进行比较的目标,以便评估员工的工作绩效。

9. 激励员工提高工作业绩

预算系统是一个可以让员工了解其工作完成好坏的系统,可以使员工保持对工作的兴趣和投入程度。管理层应识别背离预算的叩控因素,为提高未来绩效提供动力。

然而,现实中存在一些不切实际的预算,有些时候部门经理对预算进行缓冲以保证实现目标的预算,或者仅仅关注目标的实现而没有实际行动,这些预算都不能算是好的预算,因为它们都没有关注长期的影响。

二、采购预算的概念和作用

1. 采购预算的概念

采购预算是指采购部门在一定计划期间(年度、季度或月度)编制的材料采购的用款计划,是采购计划具体化、数字化的表现。在政府采购中,采购预算是指政府采购中政府部门批复的采购部门编制的采购项目的用款计划,当出现投标人的报价超过了采购预算时,该次采购将作为废标处理。

采购预算的内容包括列入采购预算的各种物料的采购数量和金额,以企业进行生产和经营维修所需的原材料、零部件、备件等为主。设备更新和基本建设所需的机器设备和工程材料应另编单项采购预算,不包括在计划期间的采购预算。

2. 采购预算的作用

采购预算具有以下作用:

(1)保障企业战略计划和作业计划的执行,确保企业组织目标一致。

(2)协调企业各部门之间的合作经营。

(3)在企业各部门之间合理安排有限的资源,保证资源分配的效率性。

(4)对企业物流成本进行控制和监督。

三、采购预算的编制

(一)采购预算的基本要求

采购预算应当遵循以下一些基本要求:

(1)企业应根据自身实际收支情况和资金状况安排预算,做到量力而行、收支平衡。

(2)企业内部应切实做到采购预算方案符合企业实际,坚决杜绝瞒报、虚报的现象。

(3)企业应对预算实施时涉及的企业内外部资金供求情况进行统筹安排。

(4)企业应确保采购预算能够满足企业各部门、下属单位及项目的采购需求。

(5)企业和各部门的支出预算确定以后,除突发性事件和政策因素增加的必不可少的开支外,其他支出项目当年预算不予追加,一律在编制下年度预算时考虑。

(二)采购预算编制的类别

采购部门中主要有 4 个领域受到预算控制:原材料/库存,维护、修理和操作(MRO)供应,资本预算,采购运作预算。

1. 原材料/库存

原材料预算的主要目的是:确定用于生产既定数量的成品或者提供既定水平的服务的原材料的数量和成本。原材料预算的时间通常是一年或更短。预算的钱数是基于生产或销售的预期水平以及来年原材料的估计价格来确定的。这就意味着实际有可能偏离预算,这使得在很多组织中详细的年度原材料预算不是很切合实际。因此,很多组织采用灵活的预算来调整实际的生产和实际的价格。

准备充分的原材料预算为组织提供:

(1)使得采购部门能够设立采购计划以确保原材料需要时能够得到。

(2)用以确定随时备用的原材料和成品部件的最大价值和最小价值。

(3)建立一个财产或财政部门确定与评估采购支出的财务需求的基础。

尽管原材料通常基于估计的价格和计划的时间进度,但原材料预算需要做如下工作:

(1)为供应商提供产量计划住处和消耗速度计划信息。

(2)为生产和材料补充的速度制定恰当的计划。

(3)削减运输成本。

(4)提供工作量计划的基础。

(5)帮助提前采购。

另外,原材料预算还可以提前通知供应商一个估计的需求数量和进度,从而改进采购谈判。

2. MRO 供应

MRO 供应包含在运作过程中,但其并没有成为生产运作中的一部分。MRO 项目的例子有办公用品、润滑油和机器修理等。MRO 项目的数目可能很大,对每一项都做出预算并不可行。MRO 预算通常由以往的比例来确定,然后根据库存和一般价格水平的预算变化来调整。

3. 资本预算

固定资产的采购通常是支出较大的部分。好的采购活动和谈判能为组织节省很多钱。通过研究可能的来源以及与关键供应商建立密切的关系,可以建立既能对需求做出积极响应又能刚好满足所需花费的预算。固定资产采购的评估不仅要根据初始成本,还要根据包括维护、能源消耗以及备用部件成本等的生命周期总成本。由于这些支出的长期性质,通常用净现值算法进行预算和做出决策。

4. 采购运作预算

采购职能的运作预算包括采购职能业务中发生的所有花费。通常,这项预算是根据预期的业务和行政的工作量来制定的。这些花费包括工资、空间成本、供热费、电费、电话费、邮政费、办公设施、办公用品、技术花费、差旅与娱乐花费、教育花费以及商业出版物的费用。职能的运作预算应该反映组织的目标和目的,例如,如果组织的目的是减少间接费用,那么运作预算中的间接费预算就应该反映这一点。高级采购研究中心(CAPS)提供的来自各产业的业务费用比例,可能会成为有用的标杆信息。

(三)采购预算编制的流程

编制预算涉及企业的各个方面。对整个企业而言,预算管理的最高组织协调者为企业的预算管理委员会或总经理,预算协调员可以是企业的部门经理。采购预算编制工作可以由整个采购部门、一个采购组或一个采购员来负责。

采购预算编制一般包括 7 个步骤,如图 5-2 所示。

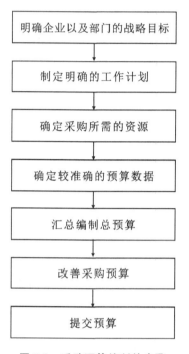

图 5-2 采购预算编制的步骤

1. 明确企业以及部门的战略目标

采购部门作为企业的一个部门,在编制采购预算时要从企业总体战略规划出发,审查本部门和企业的目标,确保两者协调一致。

2. 制定明确的工作计划

采购主管必须了解本部门以及相关部门(如生产部等)的业务活动,明确采购的要责和范围,制定出详细的工作计划。

3. 确定采购所需的资源

依照详细的工作计划,采购主管要对采购支出做出切合实际的估计,预测为实现目标所需要的人力、物力和财力等资源。

4. 确定较准确的预算数据

(1)确定预算数据是企业编制预算的难点之一。目前企业普遍的做法是将目标与历史数据相结合来确定预算数,即对过去历史数据和未来目标逐项分析,使收入和成本费用等各项预算切实、合理、可行。对过去的历史数据可采用比例趋势法、线性规划、回归分析等方法找出适用本企业的数学模型来预测未来。

(2)有经验的预算人员也可以通过以往的经验做出准确判断。

5. 汇总编制总预算

财务部对各部门预算草案进行审核、归集、调整,汇总编制总预算。

6. 改善采购预算

(1)确定预算偏差范围。由于预算总是或多或少地与实际有所差异,因此企业必须根据实际情况选定一个偏差范围。偏差范围的确定可以根据行业平均水平,也可以根据企业的经验数据。

(2)计算偏差值。为了控制和确保采购业务的顺利开展,采购主管应该定期比较采购实际支出和采购预算支出的差距,计算预算偏差值(采购实际支出金额减去采购预算支出金额)。

(3)调整不当预算。如果预算偏差值达到或者超过了允许的范围,采购主管就需要分析原因,对具体的预算提出修改建议,进行必要地改善。

7. 提交预算

编制好的采购预算提交给企业负责人批准,批准后方可执行。

(四)采购预算编制的方法

采购预算编制的方法有多种,预算编制的方法多种多样,有固定预算、弹性预算、滚动预算、零基预算和概率预算等。由于各种预算编制方法的特点和编制原理不同,企业应根据实际的采购业务情况及采购的物资项目特点选择合适的方法编制采购预算。相关人员在选择采购预算编制方法时可以参照表5-3。

表5-3 采购预算编制的优缺点及适用范围

方法名称	优点	缺点	适用范围
固定预算	简便易行、较为直观	①机械呆板,可比性差; ②不利于正确地控制、考核和评价采购预算的执行情况	适用于在一定范围内相对稳定的采购项目,如采购金额变化很小,或者金额固定的采购项目
弹性预算	①克服了传统预算编制方法的缺陷,扩大了预算的适用范围; ②有利于客观地对预算执行情况进行控制、考核、评价; ③避免了由于业务量发生变化而预算的频繁修订	操作复杂,工作量大	①适合于采购数量随着业务量变化而变化的采购; ②适用于市场价格及市场份额不确定的企业

续表

方法名称	优点	缺点	适用范围
滚动预算	①有利于根据前期预算的执行情况及时调整和修订近期预算；②有助于保证采购支出的连续性和完整性；③能够充分发挥预算的指导和控制作用	操作复杂，工作量大	适用于规模较大、时间较长的工程类或大型设备采购项目预算
增量预算	预算编制方法简便、容易操作	①使预算中的某些不合理因素得以长期沿袭；②容易使基层预算单位养成资金使用上"等、靠、要"的思维习惯	适用于由于某些计划采购项目的实现而相应增加支出的采购项目
零基预算	①确保重点采购项目的实现；②有利于合理配置资源，切实提高企业采购资金的使用效益	预算工作量大，需要投入大量的人力资源	适用于各种采购预算
定期预算	预算期间与会计年度相配合，便于考核和评价预算的执行结果	①跨期长；②具有一定的盲目性和滞后性	适用于服务性质的经常性采购项目预算，如会议采购预算

第六章 供应商的评估与选择

【经典案例】

丰田工业设备公司选择美国本土供应商

丰田工业设备制造公司(TIEM)在美国印第安纳州哥伦布市为美国市场生产叉车。主要依赖美国供应商提供钢铁、塑料及其他配件,哥伦布工厂有60%的供应商是美国供应商。日本的TIEM母公司丰田工业公司(TICO)提供关键配件,如为亚洲、欧洲、美国的工厂提供发动机。

采购部门副总裁布鲁斯·诺尔亭认为,在生产控制、物流及采购管理过程中,美国65家关键供应商为在哥伦布生产的叉车提供75%的原材料及配件。这些关键供应商也提供给TIEM关键配件,每天向TIEM工厂运输供应商装备配件。布鲁斯·诺尔亭解释道:"一家供应商可能供应15种不同的配件——相同类型但可能应用于不同型号的卡车的配件。为了支持我们的水平生产计划,我们指挥供应商按顺序配送零部件,以便与我们的型号组合匹配。这样,配件组合就可以按顺序到达车间,然后直接进入生产线。"

6位采购专家共同管理相关原材料或零配件,如钢铁及钢铁制品,这些专家负责供应商选择、供应商评估及开发、质量确认、削减成本。

诺尔亭说:"一个小的供应库可以100%支持我们对特定部件的需求。我们几乎不从两家供应商采购同一种部件,我们的想法是保留少量的供应商,支持他们,并确定我们能提供给对方准确预测信息以使他们有足够的产能来满足我们的需要。如果供应商需要设备或工具来承担额外要求,那么TIEM会提供资源。"

如果一家本地供应商想获得供应资格,采购与质量确认部门就要走访供应商工厂并做细致地审查,包括针对130个问题进行调查。例如:你怎么管理生产过程?你怎么评估内部质量?在你工作过程中使用标准化流程吗?审计小组也可以询问供应商的财务情况。

一旦选定供应商,就要与供应商共同致力于持续的改进活动。采购与质量保证部门使用质量、成本、交货指标来评估供应商的业绩。该部门每月发布成绩单,评出最佳供应商,并给给予奖励。采购专家与供应商合作解决可能产生的任何问题。诺尔亭说:"我对我们选择的供应商有承诺,一旦我们做出承诺,我们会做一切可以使供应商达到我们期望水平的事情,我们不会对供应库做大幅度改变。"

企业采购管理中一个最重要的步骤,是供应商的评估、选择和持续测评。按照惯例,竞争性投标是获得采购合同的主要方法。在过去,只需要有3个投标,然后从中选择最低报价并签订合同,这就足够了。现在,明智的采购者会利用大量资源对供应商在许多不同领域的绩效和能力进行评估。供应商选择过程变得如此重要,以至于跨部门团队的成员们经常要负责走访供应商并对其做出评估。一个合理的选择决策可以减少或避免许多问题。

如今,供应商评估和选择的重要性日益增长。如果企业合理减少供应基地,而与留下来的供应商签署长期协议,那么其更换供应商的意愿和能力都会减弱,这就使得选择合适的供应商成了一个重要的企业决策。

本章将集中探讨有关供应商评估和选择的相关问题。第一节将对供应商调查与开发相关概念及流程进行阐述;第二节会叙述供应商审核的概念、类别、内容、程序及评估指标构成;第三节着重介绍供应商选择流程及所使用的工具和方法;第四节介绍供应商评估、选择的检验。

第一节　供应商调查与开发

供应商管理的首要工作就是要了解资源市场,调查供应商。进行供应商调查就是为了了解并掌握供应商的相关情况。在实际的供应商调查过程中,采购人员应分阶段就不同的目的按要求进行。

一、供应商调查

供应商调查包括初步供应商调查、资源市场调查、深度供应商调查。

(一)初步供应商调查

1. 初步供应商调查

初步供应商调查,是对供应商的基本情况的调查,主要是了解供应商的名称、地址、生产能力、能提供什么产品、能提供多少、价格如何、质量如何、市场份额有多大、运输进货条件如何。

初步供应商调查的目的是了解供应商的一般情况。而了解供应商的一般情况的目的一是为选择最佳供应商做准备;二是了解、掌握整个资源市场的情况。因为许多供应商基本情况的汇总就是整个资源市场的基本情况。

初步供应商调查的特点,一是调查内容浅,只要了解一些简单的、基本的情况即可;二是调查面广,最好能够对资源市场中所有供应商都有所调查、有所了解,从而掌握资源市场的基本状况。

在初步调查供应商的实际操作中,一般可以采用访问调查法,通过访问有关人员而获得信息。例如,可以访问供应商市场部的有关人员,或者访问有关用户,或有关的市场主管人员,或者其他知情人士,并通过访问建立起供应商卡片。

供应商卡片是采购管理的基础工具。在采购工作中,经常要选择供应商,因此可以利用供应商卡片来进行选择。当然,供应商卡片也要根据情况的变化,经常进行维护、修改和更新。

2. 供应商分析

在初步供应商调查的基础上,要利用初步供应商调查的资料进行供应商分析,比较各个供应商的优劣,以便于企业选择适合实际情况的供应商。供应商分析通常应包括以下几项内容:

(1)产品的品种、规格、质量以及价格。

(2)企业的实力、规模、生产能力和技术水平。

(3)企业的信用度以及管理水平。企业的信用度是指企业对客户、对银行等的诚信程度,表现为供应商对自己的承诺和义务认真履行的程度。

(4)产品是竞争性还是垄断性商品。

(5)供应商相对于本企业的地理位置、交通状况等。进行运输方式分析、运输时间分析、运输费用分析,比较运输成本是否合适。

(二)资源市场调查

1. 基本内容

资源市场调查至少应该包括以下基本内容:

(1)资源市场的规模、容量和性质。例如,资源市场的范围有多大,有多少资源、多少需求量,是卖方市场还是买方市场,是完全竞争市场还是垄断市场。

(2)资源市场的环境如何。例如,市场的管理制度、法制建设、市场的规范化程度、市场的经济环境、政治环境等外部条件如何,市场发展前景如何。

(3)资源市场中各个供应商的情况如何。把众多的供应商的调查资料进行分析,就可以得出资源市场自身的基本情况,如资源市场的生产能力、技术水平、管理水平、质量水平、价格水平、需求情况及竞争性质等。

2. 目的及要求

资源市场的调查目的,就是要进行资源分析,以帮助企业制定采购策略以及产品策略、生产策略等。在实际操作中,至少应落实以下问题:

(1)确定资源市场是紧缺型市场还是富余型市场,是垄断性市场还是竞争性市场。

(2)确定资源市场是成长型市场还是没落型市场。

(3)确定资源市场总体水平,并根据整个市场水平来选择合适的供应商。

3. 深入供应商调查

深入供应商调查,是指对经过初步调查后,准备发展为自己的供应商的企业进行更加深入仔细的考察活动。这种考察,是深入供应商企业的生产线、各个生产工艺、质量检验环节甚至管理部门,对现有的设备工艺、生产技术、管理技术等进行考察。考察所采购的商品能不能满足本企业所应具备的生产工艺条件、质量保证体系和管理规范要求。有的甚至要根据所采购的产品的生产要求进行资源重组,并进行样品试制,试制成功以后,才算考察合格。只有通过这样深入的供应商调查,才能发现可靠的供应商,建立起比较稳定的物资采购供需关系。

进行深入的供应商调查,需要花费较多的时间和精力,调查的成本非常高,因此并不是所有的供应商都是必需的。它只是在以下 2 种情况下才需要:

(1)准备发展成为紧密关系的供应商。

(2)寻找关键零部件的供应商。

二、供应商开发

(一)定义

供应商开发就是要从无到有地寻找供应商,建立起适合于企业需要的供应商队伍。供应商开发是为了满足采购商的供应需求,采购商所采取的改善供应商运营状况和能力的措施以及行为。供应商开发需要采购商和供应商双方在资金、人力和技术上的投入,包括供应商员工的培训、供应商运营方面的投入和绩效评定等措施以及行为。

(二)供应商信息的来源

供应商信息主要来源于现有供应商、销售代表、信息数据库、经验、商业期刊、企业名录、贸易展销、其他供应管理部门、公司员工、互联网搜索及考虑其他供应源等。

1. 现有供应商

供应商很大一部分信息来自现有的供应商。买方通常指望现有供应商来满足其新的采购需求。这一方法的好处是,买方不用额外增加或负担一个新的供应商。而且,买方与已经熟悉的供应商合作,这可以削减评估新供应商能力所耗的时间和资源。使用现有供应商也有不好的一面,即尽管它比较容易也比较快速,但从长期来看可能并不是最好的方法。如果没有其他消息来源的话,采购经理可能永远也不知道还有其他更好的供应商可以利用。正是由于这个原因,绝大多数企业仍然在寻找新的供应源,并将搜索范围扩大到全世界。如果已经有一批首选供应商的候选名单,那么为新的采购需求选择一个现有供应商可能是个令人满意的选择。选派优秀的供应商意味着这家供应商能够持续满足采购者定义的绩效和服务标准。一个"首选供应商"的称号表达了关于供应商全面成绩和能力的即时信息。然而,买方仍然必须决定这个首选供应商是否能够提供特殊的采购需求。

2. 销售代表

所有的采购者都是从他们的销售代表那里获得销售及市场信息的。这些联系被证明是非常有价值的潜在供应源的信息来源。即使目前不需要供应商的某些服务,这些采购者也会把这些信息收藏起来以备不时之需。随着技术的进步,以前存储在纸质文件中的销售信息和产品的大部分信息现在通过扫描或信息录入就能被保存在数据库中,以便人们随时查阅。

3. 信息数据库

一些企业一直保存着那些有能力的供应商的数据,如 NCR 公司保存了大约 30000 家服务于计算机行业的企业数据。自动化数据库或数据仓库的使用可以很快地识别潜在的合格供应商以满足采购需求。在技术发展迅猛的行业中,保存供应商数据库是非常重要的。数据库可以包含现有产品、供应商未来技术发展规划图、工艺能力比率和过去的绩效等信息。潜在供应源的数据还可以用于从外部采购。当搜寻国外供应源的时候,这会非常有价值。

4. 经验

有经验的采购人员通常能对潜在供应商做出判断。一个采购人员在一个行业多年,对供应商(可能还包括国际供应商)也相当熟悉了。不建议频繁地更换产品线或采购类别,那样会失去采购员多年培养出来的专业经验。这些经验和知识是非常有价值的,因为很少有采购组织开发关于供应商的智能数据库。

5. 商业期刊

大多数行业都由一个组织机构来出版一些商业期刊,定期发表一些报道各类公司的文章。这些文章通常侧重于某家企业的技术或物料、零部件、产品、流程或服务的创新发展。供应商也利用这些期刊来刊登一些产品及服务的广告。大多数采购企业都密切关注这些商业期刊。

6. 企业名录

几乎所有行业都出版过生产产品或所提供服务的企业名录。因为这样的名录对该行业或其他供应商不熟悉的采购方来说,是非常有价值的基本信息来源。例如,美国买方最流行的网站是托马斯网,它的任务是传播行业产品信息。

7. 贸易展销

贸易展销是与众多供应商接洽的好机会。展销会通常由诸如化工制造联合会、美国汽车供应商协会等组织投资举办。芝加哥的国家机床制造商展示会是美国最大的贸易展销会之一。参加展销会的采购方可以收集潜在供应商的信息,同时了解最新的技术发展。许多买卖双方的合同都是在贸易展销会上签订的。

8. 其他供应管理部门

这一信息来源包括与非直接采购部门的广泛接触。采购方可以从其他供应商那里收集信息,如有价值的非竞争对手的消息。另一个信息来源是其他采购者。出席国家供应管理协会会议的企业可以建立非正式的信息网络,提供潜在供应源的相关信息。其他专业组织还包括美国产品和库存控制协会、物流管理委员会、美国制造工程协会和美国质量控制社团等。一些采购企业公开认可他们的优秀供应商。这种认可可能以报纸广告的方式发布出来,以突出优秀供应商的成就。比如,美国电话电报公司(AT&T)会定期在《华尔街日报》买下半个版面广告来发布他对最优供应商的评价和赏识。AT&T在广告中从总共5000家供应商中选出6家出色的供应商。因为这些供应商在过去一年里提供给A&T平均水平更好的产品、极好的服务、改进的成本结构,对AT&T做出了非常大的贡献。这种表彰优秀供应商的方法,使更多的采购企业对这些优秀供应商有所认识。

9. 公司员工

许多大型企业将自己划分成若干小单位,每个单位都有一个独立的采购操作部门。各种信息可以通过非正式的会议、战略发展研讨会、采购报表或包含潜在供应源信息的综合数据库的开发等方式得到共享。内部来源,即使是来自完全不同的业务单元,也可以提供大量的潜在供应源的信息。

10. 互联网搜索

买方逐渐开始利用互联网来对可能符合进一步评估的潜在供应源进行定位。而卖方则逐步采用互联网作为其直接推销的重要组成部分。在收集了潜在供应源的信息之后,采购经理必须开始筛选并整理信息。这是一项大工作量的任务,取决于供应商的数目和已获得的信息。Mack Trucks(沃尔沃的子公司之一)为了一项产品搜寻全球供应商,可能会收集500家供应商的信息。然后公司将这些信息分类,并输入到全球数据库,为现在及将来做参考用。从某种意义上说,公司必须删除那些不符合采购方要求的供应商信息。

11. 考虑其他供应源

一旦潜在供应商及现有供应商被放进数据库中,还要根据最初采购战略考虑企业希望与之交易的供应商类型,做出进一步调整。主要的采购来源选择包括制造商或分销商;本地、国内或国际供应商;小的或大的供应商;就采购项目、商品或服务选择多个或单一供应商,即多元或单一采购。

(1)制造商或分销商。决定直接从分销商购买产品取决于4个标准:采购规模;制造商对直销的态度;买方工厂的存储空间;要求的服务水平。

(2)本地、国内或国际供应商。国际和国内供应商可能会提供更好的价格和更高的技术服务。而本地供应商能更好地对买方公司的需求变化及时做出反应,而且可以更加经济的进行频繁的小规模运输。准时制及快速补供系统的发展倾向于使用本地供应商。本地供应商允许买方通过提高当地经济水平形成商品商誉,国际供应商提供的大幅降低价格的机会。这些成本降低要与额外成本、沟通及物流成本相比较。

(3)小的或大的供应商。所有的供应商都曾是小供应商。随着时间成长为与竞争者相比能提供优秀的价格、质量及服务的大供应商,很多买方更喜欢看重"工作的能力"而不是规模。当一家公司决定从一家或少数几家供应商购买产品时,规模就成了重要因素。这意味着供应商必须有多样性的产品及服务,另外还要有服务位于不同地理位置的能力。

买方不希望卖方依赖自己的业务而生存,因此买方要确定其购买量不能达到供应商总业务的一定比例(如35%~45%)。最后,建立多样化供应基地的采购部门经常要处理不断增加的小供应商问题。

(4)多元或单一采购。一旦供应商数目减少到仅包括有资格的供应商,就需要制定供应基地的最优供应商数目。当前趋势是减少整家供应商数,尽管单一供应商可以提供最优条件,但是多元供应商可以提供供应保证。

(5)其他因素。除了考虑采购来源选择性问题,还有其他关键问题,这可以针对上文讨论的采购选择决策进行补充,包括规模、国际供应商、对等贸易要求、选择竞争对手作为供应商、社会多样性目标及风险回报问题。

①规模。采购方通常会选择拥有相对规模优势的供应商。买方会仅仅因为拥有相对规模优势,或者因为其在供应商的整个业务中占有较大的份额而对供应商产生较大影响。一些买方追踪其每年的采购额占供应商总销售收入的比重,这也是影响其采购选择的一个因素。相反,当买方仅是供应商业务中一小部分时,该买方可能只会得到很少的关注,例如,Allen-Edmonds鞋业公司是一个有着百年历史的优质鞋制造商。它试图采取零库存措施来提高生产效率,提升客户满意度,并且节省资金,然而却没有成功,因为Allen-Edmonds公司很难让供应商同意其对零库存的要求,即同时满足对交货和生产的需求。国内一家皮革鞋底的供应商同意将每月交货改成每周交货,而欧洲供应小牛皮的制革厂却拒绝合作。原因是什么呢?因为该公司的产量规模还没有大到能够影响其供应商的地步。

②利用国际供应商。在供应商评估和挑选过程中,选择国际供应商有着重要的意义。其一,国际采购一般来说都比国内采购更加复杂。因此,评估和选择国际供应商就增添了更多复杂性。其二,由于其提前期通常是国内供应商的2~3倍,所以,跟

国际供应商一起实施零库存策略比较困难。一般来说,在选择国际供应商时会要求较高水平的库存。

③对等贸易的要求。许多国际销售合同都规定买方在对方处购买产品,这同样会对供应商选择决策产生影响。对等贸易是一个宽泛的术语,适用于所有贸易,指买卖双方至少有一部分产品是相互交易的商品。商业飞机的制造商波音公司,就在它希望的销售市场上采购了生产中的部分配件。一家在全球市场上经营业务的企业,在向跨国客户销售产品前,必须对对等贸易的要求进行谈判,而这一点对供应商评估和选择流程会产生直接影响。

④利用竞争对手作为供应商。另一个重要的问题就是,采购方愿意直接从竞争对手那里采购,这会限制双方之间的信息共享。采购交易通常是直接的,而且买卖双方不会建立一种互相承诺且共享机密信息的工作关系。社会/多样性目标绝大多数采购者试图同传统的非优势供应商合作,以增加自己的业务。其中包括拥有女性、少数民族及残障人士的供应商。买方还会和拥有最高环境标准的供应商开展合作,这些社会目标对采购的影响还将继续保持强劲的势头。

⑤风险/回报问题。买方总是选择有利可图的、正在成长中的供应商。然而,供应商世界也是不平等的。一些最低成本的供应商可能有较大的风险。例如,一家有很大价格/成本竞争力的小的供应商没有能力快速扩大规模以满足买方增长的需求,它们大多数的业务依赖少数大型客户。评估风险是采购工作的必要环节,在选择过程中一定要考虑。在这方面提供第三方服务的企业有很多,它们可以提供数据来支持或反对买方对供应商未来走势的估计。传统上,采购是厌恶风险的,激进的买方权衡风险/回报,用更好的管理方法来获得整体的低成本。

【经典案例】

选择供应商开始的供应商风险管理

邓白氏的副主席吉姆·劳顿认为好的风险管理始于供应商选择阶段,那些发展整体供应商管理策略的公司不仅更有可能比竞争者洞察到潜在风险,而且它们更有可能减少干扰业务的供应商财务问题和运营挑战问题。现在,大多数公司要么忽略供应采购风险,要么仅阶段性地监督供应商,给采购过程留下了较大隐患。

我们可以采取更加积极的方式,即由最初的合格供应商来完成风险计分卡,然后不断考核、监督、评估供应商及整个供应关系的健康状况。在选择阶段早期,即供应商注册及资格认证时,买方可以通过供应商的产量或走访供应商获取供应商的关键信息。

买方可通过第三方数据来检查从供应商处获得的信息是否准确,如果买方收集数据与第三方数据有差异,就要收集更多信息。在早期选择阶段,第三方数据(如具体的供应风险分数、多样性信息等)可丰富买方数据,为改进采购选择决策扩展知识库。例如,在初始选择及评估后,企业会关注特定供应商。通过加强多家供应商的采购策略能减少风险,创造未来。

整体供应商风险管理的下一步是尽可能紧密地实时监督供应基地,在没有额外资源的情况下,完成这项工作的最好方式是进行自动化监督。

数据分析应该集中于真正需要关注的那些供应商,在这个阶段,成功的分析会结合第三方供应商自身一段时间内的内部指标和趋势数据。这使得公司可以实时进行深度分析并形成战略。

最后,企业必须减少任何潜在风险,供应商风险管理的第四阶段也是最终阶段是加速自动化管理。具体包括快速调查特定商品的新供应商以调整开支(或根据内部数据或第三方数据),或者根据绩效跟踪工具来评估供应商的行动及相关开发项目。如果企业决定调整支出,则采购选择过程要重新开始。

资料来源：Lawton J. The Supply Risk Management Lifecycle Mandate：From Ramp to Retirement. Why You Need a Holistic Supplier Management Stragegy. D&B Supply Management Solutions, 2009：20.

(三)供应商开发的流程

供应商的开发工作应有计划地进行,并应在预定的日期之前开发成功。开发新供应商流程包括明确需求、编制供应商开发进度表、寻找新供应商的资料、初步联系、初步访厂、报价、正式工厂审核、产品质量认证和最后确定合格供应商等环节,如图 6-1 所示。

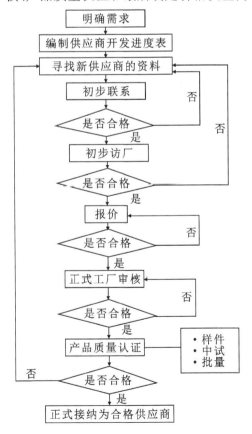

图 6-1　供应商开发流程图

供应商开发的一般步骤按先后顺序如下。

1. 明确需求

这里所说的需求主要包含对供应商销售的产品、供应商满足供货要求的能力与质量状况以及需要供应商具备哪些能力等。

2. 编制供应商开发进度表

供应商开发进度与生产需求计划、新产品开发与配套要求及供应商开发难易程度直接有关。一般可按开发供应商的步骤编制一份时间进度表,这样不仅可以使开发供应商的具体工作明确化,而且也可以尽量减少计划日期被拖延的可能性,如表 6-1 所示。

表 6-1 供应商开发进度表

项目组长: 日期

序号	内容	进度日期										
		1周	2周	3周	4周	5周	6周	7周	8周	9周	10周	11周
1	寻找新供应商的资料	→										
2	提供资料与面试会谈		→									
3	资质评审			→								
4	报价				→							
5	确定供应商考察对象					→	→					
6	制作并送交工装样品							→				
7	评估首批产品								→			
8	评估小批量产品									→		
9	评估中批量产品										→	
10	合格供应商评估											→

3. 寻找新供应商的资料

明确对新供应商的需求后,便可依照编制的进度表进行开发的具体工作,寻找新供应商的资料或信息是第一步。获得所需信息的方式有很多,如访问国际互联网、参加各种展览会、通过别人介绍等寻找新供应商信息。一般来说,通过不同方式可同时获得好几家新供应商信息,可根据企业对欲开发的新供应商的各方面要求进行初步筛选,最终留下 3~5 家供应商进一步接触。

4. 初步联系

应使用适当的联系方法去跟供应商取得联系。一般来说,第一次尽可能采用电话联系,应跟供应商的相关业务人员清楚地表达与他们联系的目的、自己的需求并初步了解该供应商的产品。跟供应商电话联系取得初步的信息后,应根据筛选出的供应商所在地的远近来采取不同的行动。可以要求距离较近的供应商来企业面谈,应让供应商带上企业简介、相关的样品以增加会谈效果。面谈时不仅要尽可能多地从供应商那里得到信息,同时也要将企业对预购原材料的要求尽可能向供应商表达清楚,如果有必要的话,可带供应商到生产现场看一看,有利于增加供应商对预购产品要求的进一步理解。若因涉及技术与工艺保密的问题时,则应避免带供应商到生产现场参观。如果是远距离供应商,那么草率地让供应商千里迢迢赶来显然是不合适的。合适的做法是让供应商寄一些资料和样品过来,从供应商的资料和样品中可以在一定程度上了解供应商的实力;也可以通过访问供应商的网页去了解供应商。无论供应商距离远近,都需要填写一份"供应商调查问卷"。表6-2是一份供应商调查问卷,它用于在初步联系阶段了解供应商的一些基本情况。

表6-2　供应商调查问卷

```
日期_____
调查员_____        编号_____
1.厂商名称_____    电话电报_____
  厂址_____        邮政编码_____
2.负责人_____      总经理_____      副总经理_____
3.联络人_____      职称_____
4.厂商规模:
  ①职员_____;②总雇用人数_____;③资本_____;④厂房面积_____。
  ⑤总动力_____;⑥已设立_____(年)。
5.编制:
  ①技术部门:□有  □无  工程师_____人,技术员_____人。
  ②生产部门:直接人员_____人,管理人员_____人,间接人员_____人。
  ③品质管理部门:□有,□无,技术人员_____人,检验员_____。
  ④主管部门:□有,□无,职员_____人,对_____负责。
6.财务状况:
  ①往来银行_____,_____,_____。
  ②估计营业额,去年_____,今年_____,明年_____。
  ③主要客户:_____,_____,_____。
7.生产能力与承制本公司产品能力:
  ①有无生产设备:□有  □无
  ②是否足以生产:□是  □否
  ③模具可否自行设计:□可  □否
  ④是否自行制作模具:□可  □否
  ⑤制作能力如何:□足够自用  □尚可代他厂加工  □不足自用
  ⑥精确性:□良  □不佳
8.主要产品制造及设备:
9.厂房平面图:
```

5. 初步访厂

初步访厂这一步骤不一定要执行。如果方便且有必要的话，由采购人员在对供应商正式审核工厂之前去"踩踩点"还是有益的。因为越来越多的企业的供应商开发工作是由一个包括工程、品质管理人员在内的开发团队去完成，如果采购人员不提前对供应商的工厂有一个初步了解，万一供应商的实际生产状况很差，那么毫无疑问采购人员会遭到开发团队内其他部门人员的抱怨甚至责难。初步访厂的目的是要得到一个对该供应商的初步总体印象，为该供应商是否有必要采取下一步行动的决策打好基础。

6. 报价

在对供应商资质审核及初步掌握供应商的一些基本情况后，可要求供应商报价。供应商一般根据其以往经验或同类产品的生产成本及市场价格水平进行报价。在供应商报价前，应发一份询价单给所有要报价的供应商。询价单内容包括物料名称、币种、价格术语、交货周期、最小交货量、交货地、付款条件等，以便让供应商进一步得到此物料的一些基本情况，并可让供应商以相同的报价条件来报价格，为采购人员比价创造有利条件。

7. 正式工厂审核

对符合资质、价格和交货条件的潜在供应商，采购方组织采购、质保和工程技术人员前往供应商工厂进行现场考察和审核。审核内容包括质量保证能力、产品开发能力、供货能力、价格水平、服务水平和管理水平6大模块进行审核。供应商审核表见表6-3。

8. 产品质量认证

产品质量认证是供应商评估的关键环节，产品质量认证包括样品试制认证、中试认证和批量认证3个环节。

(1) 样品试制认证。样品试制认证的目的是验证系统设计方案的可行性，同时达成在企业与供应商之间的技术折中方案。其内容主要包括签订样品试制认证合同、向初选供应商提供认证项目试制资料、供应商准备样件、认证人员对过程进行协调监控、调整技术方案、供应商提供样件、样件评估、确定物料项目样件供应商。

①签订样品试制认证合同。与初选供应商签订样品试制认证合同，目的是确保初选供应商在规定的时间内提供符合要求的样件。试制合同中应包括保密内容，即供应商应该无条件遵守企业的保密规定。

②向初选供应商提供认证项目试制资料。签订试制合同后，要向供应商提供更为详尽的资料，其中可能会包括企业的一些机密材料。

③供应商准备样件。供应商获得试制资料以后就应开始着手进行样件的准备工作。样件的准备工作需要一个周期，不同认证项目其周期不同，对于那些要求较高或全新产品的样件准备往往需要几个月甚至一年的时间，而对于那些只是稍做改动的

产品,其样件的准备则需要时间较少。一般来说,同样情况下,电子件、机械件的准备周期相对较短,组合设备的准备周期相对较长。

表6-3 供应商审核表

供应商审核表																			
厂家资料	公司名称				公司地址						电话								
	工厂地址				负责人						电话								
	员工人数	管理: 人,生产: 人																	
调查及评分																			
调查内容	质量保证能力(30%)			产品开发能力(20%)			供货能力(20%)				价格水平(20%)				服务水平(5%)			管理水平(5%)	
	质量管理体系	进料质量控制	生产过程质量控制	检测标准及检测手段	技术人员素质	设备技术的先进性	新产品开发成果	与其他企业配套创新能力	设备规模、生产能力	交货稳定性应变能力	设备维护	运输条件、配套距离	价格竞争能力	原材料、制造成本	降低成本的潜力	结算期限	流通加工能力	信息服务	售后服务	组织制度	现场管理	财务状况、经营状况
总分	10	10	5	5	5	10	2	3	10	5	2	3	10	3	2	5	2	1	2	2	2	1
评审组长:															日期: 年 月 日							

④认证人员对过程进行协调监控。对于一些准备周期较长的认证项目,认证人员应该对过程进行协调监控,并且遇到突发事件时应及时提出解决对策。

⑤调整技术方案。在有些情况下,可能需要企业与供应商之间进行技术方案的调整。设计人员的设计方案与实际加工过程出现要调整的地方是正常的,认证人员不能因为供应商提出技术方案调整而怀疑供应商的能力。

⑥供应商提供样件。供应商把样件制造出来之后,应把样件交送采购认证部门进行认证,体积较小的样件只需随身携带,体积巨大的样件需要借助其他方式带给认证人员或由认证人员前往供应方进行检查。

⑦样件评估。样件送到认证部门之后,由认证人员组织,并协调相关部门一同制定认证项目的评估标准,对样件进行综合评估。样件的评估内容包括性能、质量、外观等。一般需要参加的评估人员包括设计人员、工艺人员、质管人员、认证人员、订单人员和计划人员等。

⑧确定物料项目样件供应商。经过以上工作,就可以由集体决策,确定样件供应

商并报上级主管批准。为保证所采购产品的质量,一般应选择3家以上的样件供应商。

(2)中试认证。经过样品试制认证之后,接着要进行中试认证,它一般包括8个环节:签订中试认证合同、向样件供应商提供认证项目中试资料、供应商准备小批件、认证人员对过程进行协调监控、调整技术方案、供应商提供小批件、中试评估和确定物料项目中试供应商。

①签订中试认证合同。样件试制过程结束以后,需要与样件供应商签订中试认证合同,使样件供应商在规定的时间内提供符合中试要求的小批件。

②向样件供应商提供认证项目中试资料。项目的中试资料是经过试制以后修改了的试制项目技术资料,如经过修改的机械图纸、电子器件参数、软件方案等。

③供应商准备小批件。准备小批件也需要一个周期,一般来说,小批件的生产周期要比样件周期短,因为供应商经过试制过程之后,在技术、生产工艺、设备以及原材料等方面都有一些积累和经验。

④认证人员对过程进行协调监控。在中试过程中,认证人员对过程仍需进行跟踪和协调监控。认证人员可以和供应商一起研究如何提高质量并且降低成本的方法,使批量生产具有可能性并最大限度地带来收益。

⑤调整技术方案。技术方案一般需要经过多次实验和对比,才能确定性价比最优方案。

⑥供应商提供小批件。供应商把准备好的小批件送到生产或认证部门,有时小批件要送到生产组装现场,有时需认证人员上门验查。

⑦中试评估。由认证人员组织,对小批件的质量、成本供应情况等进行评估。认证人员进行中试评估时也应协调其他部门共同制定认证项目的中试评估标准。需要参加的评估人员包括设计人员、工艺人员、质管人员、认证人员、订单人员、计划人员等。

⑧确定物料项目中试供应商。中试认证的要求比样件试制认证要高,因此通过中试认证确定的供应商成为最后赢家的可能性大。

(3)批量认证。批量认证一般包括8个方面:签订批量认证合同、向中试供应商提供认证项目批量生产技术资料、供应商准备批量件、认证人员对过程进行协调监控、调整技术方案、供应商提供批量件、批量评估和确定物料项目批量供应商。

①签订批量认证合同。与选定的中试供应商签订批量认证合同,使中试供应商能够在规定的时间内提供符合批量认证要求的批量件。

②向中试供应商提供认证项目批量生产技术资料。项目批量生产技术资料是经过中试期间修改的技术资料,如可以大规模投放生产的机械图纸、电子器件参数、软件方案等。

③供应商准备批量件。准备批量件需要一定的时间,供应商要想生产批量件就要提高自动化水平,配备相应的批量生产机械,如机械行业中的冲床、专业机械、电子行业的自动化设备等。

④认证人员对过程进行协调监控。批量过程也需要进行跟踪,认证人员与订单人员应随时跟踪生产中可能出现的异常情况。

⑤调整技术方案。认证机构应该对产品的稳定性和可靠性负责,及时跟踪技术方案的实施情况,根据实际情况对技术方案进行适当的修改。

⑥供应商提供批量件。供应商把准备好的批量件送交到生产部门,有时批量件也需要运送到生产组装线。

⑦批量评估。采购方向供应商索要或订购适当数量的物料来进行批量试产,只有较大数量的样品能通过评估,样品评估这个环节才算真正结束。试生产用的第一批订货的数量不宜太大,一般为4000～5000件比较合适,不同的企业对此有不同的规定。

⑧确定物料项目批量供应商。即根据批量评估结果,选择合适的物料项目批量供应商。

9. 正式接纳为合格供应商

如果对新供应商的工厂审核及样品评估达到采购方的要求,那么该供应商便可被接纳为合格供应商,将被加入合格供应商的清单中去。合格供应商清单应包括供应商名称、采购类别及项目、产能、采购周期、最小采购批量、最小包装数、联系电话、联系人和备注等。合格供应商清单是采购部门下订单的依据,内容列项应尽量详细,具体如表6-4所示。

表6-4 合格供应商清单

序号	供应商名称	采购类别及项目	产能	采购周期	最小采购批量	最小包装数	联系电话	联系人	备注

第二节 供应商审核及评估

一、供应商审核

1. 概念

供应商审核是对现有供应商进行表现考评及年度质量体系审核,是供应商管理过程中的重要内容。它是在完成供应市场调研分析、对潜在的供应商已做初步筛选的基础上对可能发展的供应商进行审核。供应商质量体系审核则是供应商审核的一个重要方面,由于质量管理在企业管理中占据着特殊的重要地位,因而一般的企业往往将供应商质量体系审核单独列出,当然也可视情况要求将它当成是供应商审核的一部分与供应商审核一起进行。

2. 目的

由于各物料供应商的成熟程度不同,供应商审核可以安排在供应商认证的前、中、后进行,目的是确认、筛选出最好的供应商,优化供应商结构,提高竞争优势。

3. 分类

就采购供应的控制层次来说,供应商审核可局限在产品层次、工艺过程层次,也可深入到质量保证体系层次,甚至深入到供应商的公司整体经营管理体系层次(企业层次)。

(1)产品层次。主要是确认、改进供应商的产品质量。实施办法有正式供应前的产品或样品认可检验,以及供货过程中的来料质量检查。

(2)工艺过程层次。这一层次的审核主要针对那些质量对生产工艺有很强依赖性的产品。要保证供货质量的可靠性,往往必须深入到供应商的生产现场了解其工艺过程,确认其工艺水平、质量控制体系及相应的设备设施能够满足产品的质量要求。这一层次的审核包括工艺过程的评审,也包括供应过程中因质量不稳定而进行的供应商现场工艺确认与调整。

(3)质量保证体系层次。这是就供应商的整个质量体系和过程,参照ISO9000标准或其他质量体系标准而进行的审核。

(4)企业层次。企业层次的审核是对供应商进行审核的最高层次,它不仅要考察供应商的质量体系,还要审核供应商经营管理水平、财务与成本控制、计划制造系统、信息系统和设计工程能力等各主要企业管理过程。

在实际情况中,对于那些普通商业型供应商,采购商一般只局限于产品层次和工艺过程层次的审核,但是如果采购商要挑选合作伙伴,情况就不一样了,特别是那些管理严格、技术先进的国际企业,它们通常会大量采用质量保证体系和企业层次的审核来控制供应链管理体系。

4. 方法

供应商审核的主要方法可以分为主观判断法和客观判断法。所谓主观判断法,就是依据个人印象和经验对供应商进行判断,这种评判缺乏科学标准,评判的依据十分笼统、模糊;客观判断法是指依据事先制定的标准或准则对供应商进行量化的考核和审定,包括调查法、现场打分评比法、供应商绩效考评、供应商综合审核、总体成本法等方法。

(1)调查法。调查法是指事先准备一些标准格式的调查表格发给不同的供应商填写,收回后进行比较的方法,这种方法常用于招标、询价及供应情况的初步了解等。

(2)现场打分评比法。现场打分评比法是预先准备一些问题并格式化,然后组织不同部门的专业人员到供应商的现场进行检查确认的方法。

(3)供应商绩效考评。供应商绩效考评是指对已经供货的现有供应商的供货、质量、价格等进行跟踪、考核和评比。

(4)供应商综合审核。供应商综合审核是针对供应商公司层次而组织的包括质量、工程、企划、采购等专业人员参与的全面审核,它通常将问卷调查和现场审核结合起来。

(5)总体成本法。总体成本法是一种为了降低供应商的总体成本达到一个新的水平,从而降低采购价格为目的一种方法。它需要供应商的通力合作,由采购商组织强有力的综合专家团队对供应商的财务及成本进行全面、细致的分析,找出可以降低成本的方法,并要求供应商付诸实施与改进,改进后的受益则由双方共享。

5. 内容

由于供应商自身条件的差别(各有优劣),必须有客观的评分项目作为选拔合格供应商的依据。因此,供应商审核应该制定详细的审核内容,通常包括下列各项。

(1)供应商的经营状况。主要包括供应商经营的历史、负责人的资历、注册资本金额、员工人数、完工记录及绩效、主要的客户、财务状况等。

(2)供应商的生产能力。主要包括供应商的生产设备是否先进,生产能力是否已充分利用,厂房的空间距离,以及生产作业的人力是否充足。

(3)技术能力。主要包括供应商的技术是自行开发还是从外引进,有无与国际知名技术开发机构的合作,现有产品或试制品的技术评估,产品的开发周期,技术人员的数量及受教育程度等。

(4)管理制度。主要包括生产流程是否顺畅合理,产出效率如何,物料控制是否电脑化,生产计划是否经常改变,采购作业是否对成本计算提供良好的基础。

(5)质量管理。主要包括质量管理方针、政策,质量管理制度的执行及落实情况,有无质量管理制度手册,有无质量保证的作业方案,有无年度质量检验的目标,有无政治机构的评鉴等级,是否通过ISO9000认证。

6.程序

(1)市场调研,搜集供应商信息。供应商审核是在对供应市场进行调研分析的基础上进行的。对供应市场调研,搜集供应商的信息、资料是审核的前提,只有掌握了供应商翔实的资料,才能对供应商做出客观、公正的审核。在市场调研阶段,主要应该从供应商的市场分布,采购物品的质量、价格,供应商的生产规模等方面收集供应商的情况。

(2)确定供应商审核的主要指标。不同的供应商,其审核的指标也不同,因此应该针对供应商的实际情况和本单位所采购物品的特性,对所要审核的供应商制定具体的审核指标。

(3)成立供应商审核小组。对供应商的审核应视不同的采购物品成立相应的审核小组。对于一些标准品及金额比较低的物品,可以用采购人员自行决定的方式,由采购人员组成审核小组。这种方式最简单,也最为快速、方便;对于非标准品、价值金额较大的物品,则可以成立跨功能小组或商品小组来执行审核的任务。所谓跨功能小组,是指依据采购物品的性质,由采购部门、质量部门、物料管理部门、工程及研发部门、主管或财务部门的人员共同组成的临时性的供应商审核组织。

(4)综合评分。供应商审核的最后一个环节是对供应商进行综合评分。针对每个审核项目,权衡彼此的重要性,分别给予不同的分数,审核小组决定了供应的审核内容及权重后,可根据供应商反馈的调查表及实地调查的资料,编制出供应商的资格评分表。

二、供应商评估

采购部门对实际供应商和潜在供应商的评估是一个连贯的过程。与实际供应源有常规业务往来的人主要通过追踪记录(依据与其合作的实际经历)对其进行评估。对潜在供应源的评估,只能通过对其能力的判断来实现。对供应商的调查范围将会受到可能的数量和支出价值的影响。大多数组织将80%的年度预算花费在20%的供应商身上,而且可能花费在只占采购物品20%的范围上,所以对这些高支出的商品应当进行透彻的调查。而对于非常规采购或首次采购,即采购方几乎或完全没有可以借鉴的经验时,则应对供应商从各个方面进行广泛调查。对于标准零件,可能由数个优秀供应商现货供应;但根据采购方的规格定制的零件则要求对供应商的能力做更细致的评估。传统上将决定供应商选择的任务变量规定为质量、数量、时间、服务及价格。服务包括一些产品的售前服务及另一些产品的售后服务;及时且准确的报价、可靠的交付时间、与负责人便捷的联系、技术建议和服务、试验设备的可用性、保持库存的意愿,正是这些不同类型的事项构成了所谓的服务包。供应商的良好服务会减少采购人员的工作量,增加产品的有效性或可用性,并减小与采购决策相关的不确定性。

质量、数量、时间、服务及价格等考量具体可以转化为如下的指标。

(一)评估指标

1. 质量指标

质量是用来衡量供应商的最基本的指标。每一个采购方在这方面都有自己的标准,要求供应商遵从。供应商质量指标主要包括来料批次合格率、来料抽检缺陷率、来料在线报废率、供应商来料免检率等。

$$来料批次合格率 = \frac{合格来料批次}{来料总批次} \times 100\%$$

$$来料抽检缺陷率 = \frac{抽检缺陷总数}{抽检样品总数} \times 100\%$$

$$来料在线报废率 = \frac{来料总报废数(含在线生产时发现的)}{来料总数} \times 100\%$$

$$来料免检率 = \frac{来料免检的各类数}{该供应商供应的产品总类数} \times 100\%$$

常用指标为来料批次合格率。此外,也有一些公司将供应商质量体系、供应商是否使用以及如何运用SPC(统计过程控制)与质量控制等也纳入考核。例如,如果供应商通过了ISO9000质量体系认证或供应商的质量体系审核达到某一水平则为其加分,否则不加分。还有一些公司要求供应商在提供产品的同时也要提供相应的质量文件如过程质量检验报告、出货质量检验报告、出货质量检验报告、产品成分性能测试报告等,并按照供应商提出信息完整、及时与否给予考评。

2. 供应指标

供应商的供应指标又称企业指标,是同供应商的交货表现以及供应商企划管理水平相关的考核因素,其中最主要的是准时交货率、交货周期、订单变化接受率等。

(1)准时交货率。

$$准时交货率 = \frac{按时按量交货的实际批次}{订单确认的交货总批次} \times 100\%$$

(2)交货周期。交货周期是指自订单开出之日到货之时的时间长度,一般以天为单位来计算。

(3)订单变化接受率。订单变化接受率是衡量供应商对订单变化反应灵敏度的一个指标,是指在双方确认的交货周期中供应商可接受的订单增加或减少的比率。

$$订单变化接受率 = \frac{订单增加或减少的交货数量}{订单原定的交货数量} \times 100\%$$

值得注意的是,供应商能够接受的订单增加接受率与订单减少接受率往往并不相同。其原因在于前者取决于供应商生产能力的弹性、生产计划安排与反应快慢、库存大小与状态(原材料、半成品或成品)等,而后者则主要取决于供应商的反应、库存(包括原材料与在制品)大小以及因减少订单带来可能损失的承受力。

此外,有些公司还将本公司必须保持的供应商供应的原材料或零部件的最低库存量、供应商的企划的体系水平、供应商所采用的信息系统如 MRP、MRP2 或 ERP 以及供应商是否同意实施"即时供应"(JIT 供应)等也应纳入考核。

3. 经济指标

供应商考核的经济指标主要是考虑采购价格与成本。同质量与供应商指标不同的是,质量与供应考核按月进行,而经济指标则常按季度考核。另一个与质量和供应指标不同的是经济指标往往都是定性的,难以量化,而前者则是量化的指标。

(1)价格水平。企业可以将自己的采购价格同本公司所掌握的市场行情比较,也可以根据供应商的实际成本结构及利润率等进行主观判断。

(2)报价行为。主要包括报价是否及时,报价单是否客观、具体、透明(分解成原材料费用、加工费用、包装费用、运输费用、税金、利润以及相对应的交货与付款条件)。

(3)降低成本的态度与行动。供应商是否自觉自愿地配合本公司或主动地开展降低成本活动、制定成本改进计划、实施改进行动,是否定期与本公司审查价格等。

(4)分享降价成果。供应商是否愿意降低成本的利益与众分享。

(5)付款。供应商是否积极配合响应本公司提出的付款条件、付款要求以及付款方法,供应商开出付款发票是否准确、及时,是否符合有关财税要求。有些单位还将供应商的财务管理水平与手段、财务状况以及对整体成本的认识也纳入考核范围。

4. 支持、合作与服务指标

同经济指标一样,考核供应商在支持、合作与服务方面的表现通常也都是定性的考核,一般来说可以每季度一次。考核内容如下:

(1)投诉灵敏度。供应商对订单、交货、质量投诉等反应是否及时、迅速,答复是否完整,对退货、挑选等要求是否及时处理。

(2)沟通。供应商是否派出合适的人员与本公司进行定期沟通,沟通手段是否满足本公司的要求(电话、传真、电子邮件以及文件书写所用软件与本公司的匹配程度等等)。

(3)合作态度。供应商是否将本公司看成是其重要客户,供应商高层领导或关键人物是否重视本公司的要求,是否经常走访本公司,供应商内部沟通协作(如市场、生产、计划、工程、质量等部门)是否能整体理解并满足本公司的要求。

(4)共同改进。供应商是否积极参与或主动提出与本公司相关的质量、供应、成本等改进项目或活动,是否经常采用新的管理做法,是否积极组织参与本公司共同召开的供应商改进会议、配合本公司开展的质量体系审核等。

(5)售后服务。供应商是否主动征询顾客意见,是否主动走访本公司,是否主动解决或预防问题发生,是否及时安排技术人员对发生的问题进行处理。

(6)参与开发。供应商是否主动参与本公司的各种相关开发项目,如何参与本公司的产品或业务开发过程,表现如何?

(7)其他支持。供应商是否积极接纳本公司提出的有关参观、访问、实地调查等事宜,是否积极提供本公司要求的新产品报价与送样,是否妥善保存与本公司相关的机密文件等不予泄露,是否保证不与影响本公司切身利益的相关公司或单位进行合作等。

供应商的考核应该当作一个大事来抓,因为我们采购员打交道多的是供应商,供应商的好坏直接影响到我们采购的质量,因此,对供应商的考核应"硬"不应软。

(二)卡特的10C模型

供应商评估还可以参照卡特模型。这一模型被称为供应商评估的10C模型,概述如下。

1. 能力(competency)

采购需要确认供应商的员工具有相应的能力,如技术培训资质或经验;确认供应商是否有自己的体系来保证其雇用有能力的员工和分包商,如员工评估、培训计划和个人发展计划等。

2. 产能(capacity)

供应商必须在人员、设备、流程和知识方面拥有充足和合适的资源,不仅能满足现在的需求,还能满足未来的需要。

(1)该合同占该供应商的年营业额的百分比?

(2)他们还有备用产能吗?

(3)该供应商是否将大部分工作分包,结果造成你外包给一家公司而实际上是分包给另一家公司?

(4)他们达到的前置期是多长。

3. 一致性(consistency)

供应商能否准时充分(on time and in fall, OTTF)地达到一致的要求?

(1)是不是规格本身就不安全、不合适、不断更改、使用过时技术?

(2)他们有过交付次品或需要返工的情况吗?

4. 过程控制(control of process)

供应商是否自己掌控自己的系统,如资源控制、库存、成本和预算、采购和生产?应评估该供应商是否:①能够应对需求数量和类型的变化。②拥有现成的适当的应急和业务持续性计划。③能够对照过程来监控实际绩效并纠正行动方案。

5. 价格(cost)

除成本价格之外,公司必须计算总拥有成本(total cost of ownership,TCO):

(1)必须考虑运营、维护和维修成本,以及管理费用回收率、盈亏平衡点和学习曲线计算。

(2)特别是处理电子拍卖时,必须注意那些从长期看不可持续的价格成本。

6. 对质量的承诺(commitment to quality)

对质量承诺的证据包括:

(1)ISO9001认证、质量手册、质量计划、图纸和程序、检验测试或制造过程的监控、统计过程控制(SPC)、故障模式与影响分析(FMEA)、六西格玛、全面质量管理(TQM)、PPM和现场作业监控。

(2)重点应放在预防而不是检测上。

7. 廉洁/企业社会责任(clean/CSR)

是否有企业社会责任(corporate social responsibility,CSR)政策,以及与利益相关者就该政策进行沟通的证据及监控体系。示例如下:

(1)健康与安全政策。

(2)可持续性政策。

(3)多样化和平等政策。

(4)IPS道德准则。

8. 文化与关系(culture and relationship)

(1)该供应商是否致力于沟通和建立在信任基础上的坦诚工作关系。

(2)你是否能够与该供应商的员工建立良好的工作关系。

(3)该供应商是否理解你所追求的利益及他们能增加哪些价值。

(4)该供应商是否能够理解自身的文化障碍并能够在其中工作,如内部官僚作风、欧盟采购指南的限制、政府对健康安全的法规等。

9. 现金(cash)

应当对损益表和资产负债表进行财务比率分析。例如,盈利趋势和流动性比率就是需要评价的财务KPI(关键绩效指标)。

10. 沟通(communication)

该供应商是否已经完全和信息与通信技术(ICT)集成。

正如卡特所说,"如果你仅仅依靠供应商调查和问卷调查,那么你不太可能了解他们的实际状况。为此,我提出了一个简单的系统,打分者可以对那些提供高度可靠和有效的响应者设定某个权重/奖励。"这种方法使用关键说明法,有3个层次的证据:

(1)高水平的。证据是完整的、得到验证的、最新的、全面的、被观察到的、被测量的、由第三方提供的、独立的。

(2)满意的。基本上完成,得到验证,有一些观察记录,有些来自案头研究和观察,有些采用以前的记录。

(3)不可靠的。依靠过去的记录,缺乏观察,完全基于案头研究,不完整,仅有一些验证。

总之,如卡特所述:"我们可以说有效的供应商选择是采购人员的一项基本任务,成功的总采购过程来自投入供应商评估过程的时间和精力"。

第三节 供应商选择

大多数采购专家认为,没有一种公认的最好的选择供应商的方法,而企业一般会采用多种不同的方法。不管采用什么方法,评估及选择流程的总体目标,就是降低采购风险,并使采购方的整体价值最大化。

一、影响供应商选择的因素

企业选择供应商,首先是对市场上供应商提供的产品进行选择。由于满足一定的产品功能要求的材料并不是唯一的,它有多种替代方案,因此在众多方案的比较中,根据功能成本分析,可以取得一种既可以满足功能要求,又费用相对较小的方案。首先可以通过价值工程分析方法来选择材料,然后再对能够提供适合自己产品需要的材料的供应商进行选择,这样可以寻找到真正适合自己企业需要的供应商,又同时可以避免采购的物资出现功能过剩,为不必要的功能付出额外的代价。当然,选择供应商还要考虑其他方面因素,如产品质量、供货能力、价格、交货时间、信誉、供应商实力、售后服务等因素。确保选择真正适合自己需要的供应商,建立相对稳定的供求关系,确保企业利益的最大化。

1. 产品质量

供应商提供的原材料质量及其相应的技术水平是采购方选择的重要因素。作为原材料供应商必须具有良好和稳定的货物生产过程和标准,并配置质量控制体系保证其连续性。

2. 供货能力(产量、运输)

供货能力,即潜在供应商的设备和生产能力、技术力量、管理与组织能力以及运行控制等(比如,供货商持有的纺织品服装配额等)。这些因素旨在考虑供应商提供所需物资的质量与数目的能力以及供应商能否持续、稳定地提供相关服务的能力。

3. 企业信誉及历来表现

信誉是供应商在执行业务时所表现的形象,包括货物本身、经营作风、管理水平、口碑等。为了使采购任务顺利完成,企业应选择一家信誉好的供应商。

4. 质量保证及赔偿政策

原材料产品在检验的时候,由于抽样不科学或者检验技术、方法有问题,难以发现问题。在生产过程中,如果发现原材料存在严重问题,往往就会退货和要求赔偿。此时便要考虑对方的质量保证策略和赔偿政策。

5. 产品价格

原材料的价格会影响到最终产品的成本,是选择供应商的主要因素,但不是最重要的因素。综合来看,质量、可靠性以及相关的成本则更为重要。采购的目的之一是以适当的成本来获取满足,但价格不一定是越低越好。

6. 技术力量

原材料供应商的技术力量也是一个要考虑的因素,尤其是对于那些大中型的纺织服装生产企业来说。如果原材料供应商能够将产品技术更新、新技术开发应用好的话,采购方也会因此受益无穷。同时,对于那些愿意并且能够回应需求改变、接受设计改变的供应商,应予以重点考虑。

7. 财务状况

一般来说,原材料采购资金都比较大,而且并不是货到付款。如果供应商财务出现问题,很可能会要求提前付款或者停产。这对于长期采购是不利的。

8. 供应商的内部组织和管理

供应商内部组织和管理关系到日后供应商的服务质量。如果供应商内部组织机构设置混乱,将直接影响着采购的效率及其质量,甚至由于供应商部门之间的相互矛盾而影响到供应活动能否及时、高质量地完成。另外,供应商的高层主管是否将采购单位视为主要客户也是影响供应质量的一个重要因素,否则在面对一些突发事件时,就无法取得优先处理的机会。

9. 供应商地理位置

地理位置是构成采购成本的直接因素。供应商所处的位置对送货时间、运输成本、紧急订货与加急服务的回应时间等都有影响。除此之外,从供应链和零库存的角度考虑,在同等条件下,应尽量选择距离较近的供应商。

10.售后服务

售后服务是采购工作的延续环节,是保证采购连续性的重要方面。一般的售后服务包括提供零部件、技术咨询、保养修理、技术讲座、培训等内容,如果售后服务只流于形式,那么被选择的供应商只能是短时间配合与协作,不能成为战略伙伴关系。

二、供应商选择原则

选择供应商的原则如下:

(1)系统全面性原则:全面系统评价体系的建立和使用。

(2)简明科学性原则:供应商评价和选择步骤、选择过程透明化、制度化和科学化。

(3)稳定可比性原则:评估体系应该稳定运作,标准统一,减少主观因素。

(4)灵活可操作性原则:不同行业、企业、产品需求、不同环境下的供应商评价应是不一样的,保持一定的灵活操作性。

(5)门当户对原则:供应商的规模和层次和采购商相当。

(6)半数比例原则:购买数量不超过供应商产能的50%,反对全额供货的供应商。

(7)供应源数量控制原则:同类物料的供应商数量2~3家,主次供应商之分。

(8)供应链战略原则:与重要供应商发展供应链战略合作关系。

(9)学习更新原则:评估的指标、标杆对比的对象以及评估的工具与技术都需要不断地更新。

(10)全面了解原则:供应商的生产状况、商业信誉、交货能力直接决定着与供应商合作的深度与广度。

三、选择供应商的标准

在确定选择供应商的标准时,一定要考虑短期标准和长期标准,把两者结合起来,才能使所选择的标准更全面,进而利用标准对供应商进行评价,最终寻找到理想的供应商。

1.短期标准

(1)商品质量合适。

(2)采购成本低。

(3)交货及时。

(4)整体服务水平好(安装服务、培训服务、维修服务、升级服务、技术支持服务)。

(5)履行合同的承诺与能力。

2.长期标准

选择供应商的长期标准主要在于评估供应商是否能保证长期而稳定的供应,其生产能力是否能配合公司的成长而相对扩展,是否具有健全的企业体制、与公司相近的经营理念,其产品未来的发展方向能否符合公司的需求,以及是否具有长期合作的意愿等。其长期生产能力主要体现以下几个方面:

(1)供应商的财务状况是否稳定。
(2)供应商内部组织与管理是否良好。
(3)供应商员工的状况是否稳定。
(4)供应商质量管理体系是否健全。
(5)供应商内部机器设备是否先进以及保养情况如何。

四、供应商选择流程

企业必须选择一个可以在较长时间内与之合作的供应商。对选择做出的努力程度与所要求的产品或服务的重要程度相关。图6-2列出了供应商选择流程的关键步骤。

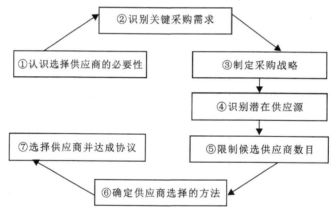

图6-2 供应商选择流程的关键步骤

1.认识选择供应商的必要性

选择过程的第一步通常包括了解评估和选择特定产品或服务的供应商的需求。采购经理很可能按照对将来采购活动的预期来开展供应商评估流程,通过参与产品开发团队,采购人员可能会对新产品开发计划有较早地了解。在这种情况下,工作人员可能会提供一些初步的有关原材料类型、服务或流程的规定,但不会提供具体细节。不过,对初步判别潜在供应资源来说,这些基本信息就已经足够了。

认识供应商评估存在的必要性,可以有多种不同的途径。表6-5就说明了评估供给产生资源的必要性的最普通的几种方式。一些先进的采购小组正逐步开始参与供应商的选择,而不再只是对需求做出反应。所需采购物品的综合性和价值,将会影响买方评估潜在供应源的范围。

表 6-5 供应商评估和选择决策何时产生

序号	决策发生时段
情形 1	新产品开发阶段
情形 2	源于内部或外部供应商的不良绩效
情形 3	合同结束时
情形 4	采购新设备时
情形 5	拓展新市场或产品生产线时
情形 6	内部使用者提交产品和服务请求时
情形 7	面对抵消贸易的请求时
情形 8	在外包分析时
情形 9	整理跨业务总量时
情形 10	指挥逆向拍卖时
情形 11	现有供应商能力不足时
情形 12	供应基地规模缩减时

2. 识别关键采购需求

综观整个供应商评估和选择流程,理解相关需求是非常重要的,而这对采购来说也是非常重要的。这些需求通常是由价值链上的内部和外部客户来决定,可能对每个产品都不一样。"下面的关键供应商评估标准"这部分,将讨论多种供应商绩效方面,在这些方面采购方决定它的关键采购需求。虽然每项评估都有着不同的需求,但一些特定的类别如供应商品质、成本及交货绩效在每项评估中都有。

3. 制定采购战略

没有任何一种单一的采购战略能够满足所有的采购需求。因此,应用于特定产品或服务的采购战略会影响供应商评估和选择流程中所采用的方法。在形成采购战略时,采购者最初可以制定很多决策。然而,由于市场行情、使用者偏好及公司目标的变化,这些决策也经常改变。在战略阶段形成的想法在选择阶段需要重新评估。战略决策的选择将会大大影响供应商选择和评估流程。

这些关键决策有单一的与多个供应源的对比、短期与长期采购合同的对比、选择提供设计支持的供应商与缺乏设计能力的供应商的对比、提供全面服务的供应商与非提供全面服务的供应商的对比、国内供应商与国外供应商的对比、密切合作关系的预期与正常的疏远的采购合作的对比。

4. 识别潜在供应源

当识别潜在供应源的时候,采购方往往依赖多种信息源。买方必须寻找信息或努力搜索的程度是一个多变量函数,包括现有供应商如何满足成本要求、质量要求及其他绩效变量。战略的重要性或采购需求的复杂性,同样也影响着搜索的强度。以下是供应商评估过程中有关搜索的作用及强度的准则。

(1)现有供应商能力高——需求的战略重要性高;低到中级的信息搜索。

(2)现有供应商能力高——需求的战略重要性低;低级的信息搜索。

(3)现有供应商能力低——需求的战略重要性高;高级的信息搜索。

(4)现有供应商能力低——需求的战略重要性低;低到中级的信息搜索。

5.限制候选供应商数目

根据信息收集的结果,采购方可能有许多潜在供应源可以选择。可惜的是,供应商的绩效能力变化很快。限制供应源还可以避免对所有潜在供应源进行深入评估。采购方通常会通过第一轮筛选或对潜在供应商进行初步评估,来缩小正式深入评估的供应商范围。在裁减供应商名单的时候可以用到以下标准。

(1)财务风险分析。绝大多数采购者至少会对预期的供应商做一个粗略的财务分析,虽然财务条件并不是评估供应商的唯一标准,但是不良的财务状况反映出很严重的问题。在这一阶段实施的财务分析,比最终供应商评估阶段实施的财务分析要缺少综合性。这个阶段,采购方尽力去了解供应商的整体财务情况。买方通常会查阅各种外部信息来源以辅助评估,如每年报告、万字报告及 Dun&Bradstreet 公司的报告等。一旦选择了供应商,很多第三方提供者就会提醒买方任何可能影响供给的财务变化。

(2)供应商绩效评估。买方可能会为一个预期的供应商建立绩效记录。买方可能曾经与该供应商合作过,也可能供应商现在正为买方的另一个部门提供物料。除了那些在考虑中的商品或服务,供应商可能也会向买方提供其他类型的商品或服务。基于以前的经验,采购经理可能会考虑让这家供应商负责不同种类的商品或服务。

(3)评估供应商提供的信息。买方通常要直接从潜在供应商那里得到详细的信息。提案请求涉及供应商发放初步调查问卷等。买方利用这些信息筛选供应商,然后确定供应商的能力是否符合采购需求。买方可以要求获得供应商的相关信息,如成本结构、加工技术、市场份额数据、质量绩效,或者其他任何对采购决策有重要影响的方面。美国一家主要的化学药品制造商要求供应商必须在接受更详化的调查之前完成提案请求(也称为调查前问卷)。除了所有权、财务信息及经营类型之外,该公司还试图确定供应商目前的业务熟练程度,以及他离全面品质目标的差距。在进一步评估之前,供应商必须满足某种准入资格。准入资格是供应商进入评估和选择过程的下一阶段必须具备的基本要素。一项研究指出,供应商必须满足5种资格:财务能力、合适的经营战略、强有力的管理支持、认证的制造能力和设计能力。评估供应商耗费的时间和成本使得有必要限制满足这些资格的候选名单上的供应商数目。

6.确定供应商选择的方法

一旦第一批筛选删除了部分不能胜任的供应商,买方或采购团队就必须决定如何评估剩下的相对合格的供应商。这就需要有比最初评估方法更高水平的评估细节了。从剩下的候选名单中评估并挑选供应商有很多可行的方法,包括评估供应商提供的信息、走访供应商、利用首选供应商名录及利用外部或第三方信息等。

(1)评估供应商提供的信息。买方经常直接从潜在供应商那里获得详细的信息,并对其评估,以获得一份采购合同。这些信息会从报价请求或提案请求中得到。从前买方几乎在所有的决策中都采用这种方法。不过,近年来,许多企业开始用更加直接且彻底的方法来评估潜在供应商。渐渐地,企业也要求供应商提供他们报价中与报价请求相对应的成本明细,包括劳务、物料、管理及利润等方面的细节。

(2)走访供应商。跨部门专家组成的团队会走访潜在供应商。下一部分讨论在走访供应商时跨部门专家使用的标准。尽管企业会调查潜在供应商的情况,但是实际走访形式更能准确评估供应商。走访供应商的成本很高,包括买方差旅成本和信息收集成本。买方要很警惕,要收集所有与供应商供应信息有关的必要信息。表6-6罗列了走访供应商时需要注意的关键评估标准。在随后的供应商选择阶段,管理、运营及市场营销的核心人员是非常有用的信息来源。

表6-6 供应商关键评估标准

序号	标准
关键评估标准1	管理能力
关键评估标准2	全面质量管理
关键评估标准3	技术能力
关键评估标准4	运营及计划能力
关键评估标准5	财务优势
关键评估标准6	人力资源关系
关键评估标准7	电子系统能力
关键评估标准8	设备的技术复杂性及有效性
关键评估标准9	ISO认证
关键评估标准10	监督检查人员的水平
关键评估标准11	好的管理方法和实际表现
关键评估标准12	库存系统的类型
关键评估标准13	接收、储存及货运方面的特性
关键评估标准14	质量控制理论
关键评估标准15	环保实施
关键评估标准16	白领及蓝领工人的代表
关键评估标准17	员工合同终结日期
关键评估标准18	关键决策者的名字和联系方法

无论是当前供应商还是潜在供应商,买方都要把相关数据输入数据库或文件中,以方便跨部门成员检索。

利用关键评估标准对供应商进行评估和选择的企业越来越多,尤其是大型企业,他们有能力采用这样一种方式,这样做的优势是,每个团队成员都能够为全面的供应商评估提供自己独特的见解。这个团队中的各个成员可能在质量、生产能力或者制造技术等方面有专门的技能,也有资格在这些方面对供应商进行评价。

(3)采用首选供应商。买方越来越多地将他们的优秀供应商列入首选供应商名录,以此作为对供应商的奖赏,而这也会简化供应商评估和选择的流程。首选供应商应该是能够不断满足严格的绩效标准要求的企业。买方可以参考采购数据库,确定是否存在满足采购需求的现有供应商。这样,买方就不必实施耗时的评估。买方还可以利用首选供应商名录来刺激现有供应商提高绩效。只有最好的供应商才能在首选供应商名录中获得一席之地。

【经典案例】

苹果 iPad:供应商选择过程中的相似名字

根据来自专业分析电子硬件的公司资料显示,苹果 iPad 为硅谷巨人中一些相似组件的供应商带来了更多业务,包括 iFixit 公司和 UBM TechInsight 在内的一些企业,在 iPad 产品首次销售后开始短期分离 iPad。

苹果平板电脑长期使用流行的 iPhone 和 iPod 设计技术。公司也依赖一些同类供应商。苹果闪存的主要供应商是韩国公司和日本的东芝。三星主要供应闪存芯片,这也是系统中价格最贵的部件。

苹果曾使用三星的微处理器,根据 ARM Holdings PLC 的设计来提供 iPhone 和 iPod Touch 的计算装置。对于 iPod,苹果坚持内部设计,第一次设计了公司自己的 ARM 芯片,称为 A4。A4 芯片叠加了三星的另一类记忆芯片。这些记忆芯片称为 DRAM,为动态随机处理记忆芯片。iFixit 的首席执行官卡尔·韦恩斯说芯片的相似性说明三星也为苹果生产 A4。

UBM TechInsight 技术情报部的副主席大卫·凯里说,iPod 读写数据使用的 DRAM 是 64 位操作系统,这也是 Pod 运行如此快的潜在原因。凯里说:"这可以帮助数据运行得更快。"

韦恩斯说与苹果的 MacBook pro 相似,大多数 iPod 都是由固体块状的铝制成的,轻微增加了重量,但是要比很多手提电脑坚硬。苹果在其他大多数设备上使用更多的环氧树脂粘晶片电路板来增加评 iPod 的耐用性。

iPod 的电池是机身,有 15 磅,这种电池小于传统的手提电脑的电池,但是待机时间超过一些电子阅读器(如亚马逊公司的 Kindle)。一些使用者称赞 iPod 电池的待机时间长于苹果声称的 10 小时,韦恩斯说实际使用的是平行连在一起的两块电池,使它的电容量是 iPhone 的 5.5 倍。凯里说电池供应商是日本东京电气化学工业公司旗下的一家位于香港的公司 Amperex Technology Ltd.。

凯里说 iPod 的其他部件供应商包括美国博通公司(Broadcom)公司,该公司提供芯片来管理机器的触摸屏,同时允许通过 Wi-Fi 及蓝牙技术交流;得克萨斯州设备公司提供另一种触摸屏的芯片;美国凌云科技(Cirrus Logic)公司提供管理录音机的芯片。

iSuppli(一家市场调查公司)2 月发布了主要数据,评估了价格 499 美元的低端 iPad 的物料及生产过程共花费 229.35 美元。

资料来源:Clark D. iPad Taps Familiar Suppliers. Wall Street Journal, 2010.4.

(4)利用外部或第三方信息。美泰(Mattel)在中国生产玩具时遇到了问题,导致其他公司在评估阶段寻找第三方质量审计来保证质量。D&B 的供应商认证报告提供给买方一个网络工具来帮助评估供应商及潜在供应商,依据是风险管理、财务稳定性及业务绩效。采用第三方信息是洞察潜在供应商的一种省时有效的方法。

7. 选择供应商并达成协议

评估和选择流程的最后一步是选定供应商并达成协议。这一阶段的活动很大程度上取决于企业考虑采购的产品。对一般的产品来说,这可能只要求发生简单的通知,并向供应商发出采购订单。而对重要采购而言,这一步就变得复杂多了:买卖双方必须进行谈判,使采购协议中的一些具体细节达成一致。

五、供应商选择的方法

目前,可以应用于供应商选择的技术方法和工具主要分为 3 类:定性方法、定量方法及定性与定量相结合的方法,具体有公开招标法、协商选择法、ABC 成本法、线性规划方法、层次分析法(AHP)、模糊综合评判法、神经网络法、TOPSIS 法(technique for order preference by similarity to an ideal solution)、数据包络分析(DEA)、成分分析法、灰色综合评价法以及这些方法的集成应用法等。常用的方法如下。

1. 直观判断法

直观判断法是指通过调查、征询意见、综合分析和判断来选择供应商的一种方法,是一种主观性较强的判断方法,主要是倾听和采纳有经验的采购人员的意见,或者直接由采购人员凭经验作出判断。这种方法的质量取决于对供应商资料掌握的是否正确、齐全和决策者的分析判断能力与经验。这种方法运作简单、快速,但是缺乏科学性,受掌握信息的详尽程度限制,常用于选择企业非主要原材料的供应商。

2. 考核选择法

在对供应商充分调查了解的基础上,再进行认真考核、分析比较而选择供应商的方法。供应商的调查可以分为初步供应商调查和深入供应商调查。每个阶段的调查对象都有一个供应商选择的问题,而且选择的目的和依据是不同的。

考核选择的方法是根据供应商选择的短期和长期标准进行综合评估。综合评估就是把各个选择标准的得分进行加权平均计算而得到综合成绩。

$$S_k = \sum_{i=1}^{n} W_{si} P_{si} + \sum_{j=1}^{m} W_{lj} P_{lj}$$

式中,S_k 为 K 供应商的综合成绩;P_{si} 为第 i 个短期选择标准的得分;P_{lj} 为第 j 个长期选择标准的得分;W_{si} 为第 i 个短期选择标准的权数,W_{lj} 为第 j 个长期选择标准的权数。S 值越高供应商表现越好。具体选择方法是:

(1)初步选取若干个的备选供应商。

(2)分别给予各选择标准的重要程度权数,短期和长期权数的总和应为1。

(3)通过调查,给备选供应商分别予以评价,总分为 100 分。

(4)据评分结果,对各备选供应商的综合能力或综合服务质量进行计算。

(5)将各备选供应商的计算结果进行比较,从而决定选取积分最多的供应商作为选择对象。

[例1] 假定有 A、B、C、D、E 等 5 家备选供应商,对这 5 家供应商进行比较,比较数据见表 6-7。

表 6-7 备选供应商相关数据

	备选供应商	A	B	C	D	E	权重
短期选择标准	商品质量	100	100	90	80	90	0.5
	采购成本	100	80	70	60	80	0.2
	交付及时	90	90	100	100	90	0.1
	整体服务水平	100	100	90	80	70	0.1
	履行合同的承诺与能力	90	90	100	60	100	0.1
长期选择标准	供应商财务状况	90	90	100	90	90	0.5
	供应商内部组织与管理	90	80	90	80	70	0.3
	供应商员工的状况	90	90	90	60	90	0.2

通过计算:5家备选供应商得分分别为 $S_A=188$,$S_B=181$,$S_C=183$,$S_D=157$,$S_E=187$。A供应商的综合评分高,应为首选对象,E可作为副供应商。

3. 采购成本比较法

对于采购商品质量与交付时间均满足要求的供应商,通常是进行采购成本比较。

4. 招标选择

当采购物资数量大、供应市场竞争激烈时,可以采用招标方法来选择供应商。采购方作为招标方,事先提出采购的条件和要求,邀请众多供应商企业参加投标,然后由采购方按照规定的程序和标准一次性的从中择优选择交易对象,并提出最有利条件的投标方签订协议等过程。注意整个过程要求公开、公正和择优。

5. 协商选择

协商选择方法,即由采购单位选出供应条件较为有利的几个备选供应商,同他们分别进行协商,再确定合适的供应商。当潜在供应商较多,采购者难以抉择时,也可采用协商选择方法,即由采购单位在选出供应商条件比较有利的几个供应商,同他们分别进行协商,再确定合适的供应商。协商选择在商品质量,交货日期和售后服务等方面较有保证。但由于选择范围有限,不一定得到最便宜供应条件最有利的供应商。当采购时间紧迫,投标单位少,供应商竞争不激烈,订购物资规格和技术条件比较复杂时,协商方法比招标方法更为合适。

六、选择供应商时应注意的问题

1. 自制与"外包"采购

外包的比率越高,选择供应商的机会就越大,通过外包,企业可以将精力集中于核心产品的生产上。

2. 单一供应商与多家供应商

单一供应商是指某种物品集中向一家供应商订购。其优点是供需双方的关系密切,购进物品的质量稳定、采购费用低;缺点是无法与其他供应商相比较,容易失去质量、价格更为有利的供应商,采购的机动性小,如果供应商出现问题则会影响本企业的生产经营活动。多家供应商是指向多家订购所需的物品,其优缺点正好与单一供应商的情况相反。

3. 国内采购与国际采购

选择国内的供应商,价格可能比较低,由于地理位置近,可以实现准时生产或者零库存策略;选择国际供应商则可能采购到国内企业技术无法达到的物品,提升自身的技术含量,扩大供应来源。

4. 直接采购与间接采购

若是大量采购或者所需物品对企业生产经营影响重大,则宜采用直接采购,从而避免中间商加价,以降低成本;如果采购数量小或者采购物品对生产经营活动影响不大,则可通过间接采购,节省企业的采购精力与费用。

七、供应商选择策略

1. 稳定策略

选择综合素质较好的供应商作为合作伙伴,长期合作。

2. 动态选择策略

以下两种情况,企业要重新选择开发新供应商:
(1)市场需求多变。
(2)长期关系的供应商的信誉发生变化。

3. 对应策略

针对不同的产品,不同的市场态势,应采取对应的策略。

(1)在评价和选择供应商时:针对科技含量较高的产品,质量、服务因素权重大;对一般大宗商品在质量一定时,价格权重大。

(2)市场有3种态势,针对不同态势在选择评价供应商时应采取不同的对策:①供小于求的紧俏产品,质量、价格权重适当放小。采取策略为及时购买;②供大于求的直销产品,质量、价格权重适当放大。采取策略为货比多家;③供求平衡的平稳产品,质量因素是主要的,其次才是价格。

第四节 供应商评估、选择的检验

供应商评估、选择遵循严格的、结构化的方法。一项有效的供应商评估、选择具备以下特点:

(1)综合性,并且包含对评估和选择过程而言非常重要的绩效类别。
(2)客观性。这就要求采用评分体系来确定各个考核标准中每项数值的意义。
(3)可靠性。可靠性是指即使不同的个人或团体来审查同一项目和考核标准,也都会得到同样的结论。可靠性评估要求有精确的考核标准和对项目的彻底了解。
(4)灵活性。尽管企业应该保持供应商调查的基本结构,但是评估的形式应根据采购要求的不同类型而具有一定的灵活性。让评估流程具有灵活性的最简单方法,就是调整绩效类别及每个类别的权重。在评分时,最重要的项目可以分得较高的权重。

一、供应商评估和选择的调查流程

为了确保供应商调查具备上述特征,我们推荐在选择工具的时候逐步完成所有流程。图6-3列出了开发这样一个体系时所要遵循的步骤。

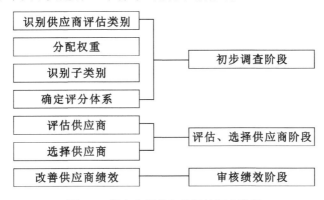

图6-3 供应商评估和选择的调查流程

1.识别供应商评估类别

制定供应商调查的第一步就是决定需要包含哪些项目。正如前面所探讨的,需要有许多评估类别。假定采购者选择了质量、管理能力、财务状况、供应商成本结构、期望的交付绩效、技术能力、系统能力及其他一般绩效因子等作为评估中应含的类别。

2.分配权重

各个类别通常会被赋予一个反映其相对重要性的权重。这样,所分配的权重就反映了这个类别的相对重要性,所有类别的权重总和必须等于1。

表6-8显示了调查模板中分配给各个类别的权重。注意在整个评估体系中,质量体系被赋予20%的权重,而系统能力仅为5%。这就反映出这两个类别的相对重要性的不同。回想一下,有效的评估体系的一个重要特征就是灵活性,而体现灵活性的一个方法就是给不同的类别分配不同的权重,或者按需求增加或减少绩效类别或权重。

3.识别子类别

第二步确定了在评估模板中的各项大类别。第三步则要识别每个大类别之下的所有子类别。例如,质量体系类别下可能就需要确定各个独立的子类别。如果是这样的话,供应商评估就需要包含所有构成质量体系类别的子类别或项目。

同样重要的是,采购方必须决定如何为大的评估类别下的各个子类别赋予权重。在表6-8中,质量类别包括对供应商流程控制系统、全面质量保证及每百万零部件的缺陷绩效的评估。子类别的权重之和必须同该类别的总权重相等。此外,采购方必须清楚地定义各个类别的评分系统,这也是第四步的核心内容。

表 6-8 初始供应商评估

类别	权重	子类别权重	得分(5分制)	权重	得分
(1)质量体系 　　流程控制系统 　　全面质量保证 　　每百万零部件的缺陷绩效	20	5 8 7	4 4 5	4.0 6.4 7.0	17.4
(2)管理能力 　　管理层与员工关系 　　管理能力	10	5 5	4 4	4.0 4.0	4.0
(3)财务状况 　　债务结构 　　周转率	10	5 5	3 4	3.0 4.0	7.0
(4)成本结构 　　相对于行业的成本 　　对成本的了解 　　成本控制或降低的成效	15	5 5 5	5 4 5	5.0 4.0 5.0	14.0
(5)交付绩效 　　承诺的绩效 　　前置期要求	15	5 5	3 3	3.0 3.0	9.0
(6)技术或加工能力 　　产品创新 　　流程创新 　　研发	15	5 5 5	4 5 5	4.0 5.0 5.0	14.0
(7)信息系统能力 　　EDI 技能 　　CAD/CAM	5	3 2	5 0	3.0 0	3.0
(8)一般类别 　　少数供应商的支持 　　环境服从 　　供应商的供应基地管理	10	2 3 5	3 5 4	1.2 3.0 4.0	8.2
总权重得分					80.6

4. 确定评分体系

第四步为每个类别定义了分数。如果评估采用 5 分制来评价每个类别,那么采购者必须清楚地定义出 5、4、3 等各分值的不同意义。美国一家公司原本将其供应商评估过程中的母类别和子类别以 10 分制来评判,1～2 分是差,3～4 分是较差,5～6 分是中,7～8 分是合格,9～10 分是优秀。这些分值没有对每个类别进行更深入的定义,以详细说明每个分值的含义。于是,该公司就将其评分系统修订为 4 分制,这样解释起来比较容易,而且是以全面质量管理的术语和原则为基础的。

(1)完全不符合(得 0 分):系统完全不能满足要求,或者其他任何不一致导致不能得到标准的产品。

(2)部分不符合(得1分):不符合(尽管不严重),通过判断和经验可以看出,很有可能导致质量体系的失败,或者降低确保控制流程或生产的能力。

(3)符合(得2分):在评估过程中没有出现严重不符或部分不符。

(4)满意(得3分):特定供应商绩效成文件完全满足甚至超过了对供应商经营范围的要求。

主要部分符合(得1分):单据方面超过买方的要求,内部有流程监控以防止系统主要部分瘫痪,全面质量管理体系保证只生产和运输质量良好的配件。

一个明确定义的评分系统也许是高度主观的,并且形成定量的考核标准,有效的测评标准可以使不同的人在对相同的类别进行评估时,得到相近的解释及分数。一个空泛、模糊或定义不清的评分系统,会增加评价和最终结论大相径庭的可能性。

5.评估供应商

这一步需要审查人员对供应商的厂房等进行走访,现场检查要求至少一天,不过通常要几天才能够完成。回顾过去在途时间和走访经验时,我们开始意识到企业必须仔细挑选那些计划接受评估的供应商。在许多情况下,应由跨部门团队来实施评估,这样的团队具有不同专业背景的成员,可以提出不同的问题。

采购者通常通知供应商提前准备好最初评估中需要的所有文件。例如,如果采购者与供应商之前没有合作经历,那么评估人员就会要求供应商提供一些有关绩效能力的文件。供应商必须出示加工能力研究、流程控制系统或交付绩效的证据。下面解释表6-8中质量类别的计算过程:质量体系绩效类别(权重=总评估中的20%)。

子类别如下:

(1)流程控制系统(5分制中得4分,相当于80%),或者0.8×5次权重=4分。

(2)全面质量保证(5分制中得4分)=0.8×8次权重=6.4分。

(3)每百万零部件的缺陷绩效(5分制中得5分)=1.0×7次权重=7.0分。

(4)该类别的总得分是17.4分或总体分数的87%。

如表6-8所示,先进的微观系统得到了80.6分(总分100分)的总体全面评估成绩,或者说占了80.6%。采购方可以客观地对比同一采购合同中相互竞争的不同供应商所得到的分数,或者按照所得分数选择一个分数高于其他公司的供应商。也很可能存在从长远采购需求考虑并不合格的供应商。在供应商成为供应基地的一部分之前,采购方应该最小化其必须满足的可接受的绩效需求。在这个例子当中,除了交付绩效不是很理想外(15分中得9分),供应商在绝大部分的类别中表现都很不错。评估人员必须决定这一类别中的不足是否可以改进或供应商是否只是缺乏实施的能力。

6. 选择供应商

从某种意义上说,评估者必须决定接受还是拒绝供应商成为供应源。采购者或许是出于对未来业务的考虑,而不是针对一个特定的合同评估某一家供应商。在明确的采购需求出来之前评估供应商,为采购者提供了很强的灵活性。因为之前已经对供应商进行了审核,所以一旦出现明确的物料需求,采购方就可以迅速行动。

明确所有在评估过程中发现的供应商不足的严重性也是非常重要的,要了解这些不足可能会带来的影响程度。评估的范围也要根据供应商不足的程度加以区分。例如,美国铝业清楚定义了绩效问题和缺陷之间的区别。绩效问题是"不一致、不符合,或在审计报告中遗漏对所关心的重要问题有负面影响的要求",而缺陷是"与绩效想达到的水平相背离,或并不严重影响所需产出的、容易解决的不一致"。

这一步的主要结果是决定是否针对一项采购合同接受供应商。图6-3说明了在一个采购团队进行供应商评估走访后,做出的一个简单的推荐模板格式。在所有评估中得到的一个重要结果就是,识别供应商的改进机会。

采购方可以评估几个为同一合同相互竞争的供应商。在做出最后决定之前,最初的评估提供了一种客观的方法来逐个比较供应商。采购方基于供应商调查的结果,可能决定采用一个以上的供应商。

对于做出最后选择的权利归属,每家企业都有所不同。评估人员或评估团队有权利选择供应商。而在其他情况下,采购方或采购团队需要将供应商选择决定权交由拥有最终选择权的委员会或经理来完成。

7. 改善供应商绩效

供应商调查或访问仅仅是评估过程中的第一步。如果采购方决定选择一家供应商,那么这家供应商必须按照采购方的要求执行工作,而重心也从最初的供应商评估转向了对供应商绩效改善的持续观察。在供应商评估及选择过程中,会产生一些重要的问题。每个问题都会潜在地对最终的决定产生影响。

二、缩短供应商评估及选择周期的工具

在几乎所有的商业应用中,激烈的竞争及客户的压力都迫使企业在完成一项任务或实行一个程序时,尽可能缩短时间。这些压力同样也影响着供应商评估及选择的时间。当需求产生时,采购方必须逐渐变得积极主动,并且预想供应商选择的要求,而不只是对需求做出回应。

从20世纪80年代开始到2003年,产品的开发周期在不断变化,从60个月到新目标18个月,足足减少了70%。在许多产业中,开发时间每5年减少30%~50%,支持新产品开发的流程,如供应商评估及选择,则必须相应的缩短周期时间。

大多数经理意识到需要缩短评估及选择供应商所花费的时间,既要缩短时间,又

要做出有效决定是一个挑战。幸运的是,供应经理可运用更多可行的工具和方法来帮助自己缩短选择时间。下面是缩短选择时间的一些工具。

(1)描绘现有供应商评估及选择流程。流程描绘包括识别每个步骤、活动、时间及所涉及的成本。一旦了解了现有的评估及选择流程,提高改善的机会就会变得非常明显。供应经理应该考核流程周期时间,来识别以预先制定的绩效为目标而进行改善的速度。在改善过程中,流程描绘应该是第一步。

(2)与内部客户整合。对供应商评估及选择决定是预期的,而不是需求的回应,这要求加强与内部客户的合作,这可以通过多种途径实现。采购可以与营销、工程及经营部门等协同定位,以提前洞察期望的供应需求;新产品开发团队的参与是与内部客户合作的一种理想方式;允许内部客户对采购部门提出他们的要求,可能通过在线申请系统提出,特别是常规采购要求的提出,这也是结合内部客户的有效方法之一。

(3)供应商信息数据库。数据库由容易获得的供应商数据及信息构成。数据库包括潜在供应商的信息、现有供应商的历史绩效、现有合同的细节、供应合同的到期日、采购产品的预测及其他任何支持快速选择的信息。

(4)第三方支持。第三方支持从咨询到采购软件提供者或知识提供者。例如,当买方难以决定新的供应商时,或者检查现存供应商的财务健康时,有很多风险管理服务提供者可以提供帮助。邓白氏(Dun& Bradstreet)公司及子公司DnBi可以提供财务比率数据、供应商管理的业务背景、支付趋势及供应商整体风险得分。网络也是第三方供应商信息的来源之一,包括潜在供应商的网络名录。

(5)新企业设计特征。商品团队逐渐成为处理重要采购需求的受欢迎的方式。这些团队负责深入理解整个采购商品及服务的系列和组合,并对商品进行改进,有时需要进行实地考察来评估供应商。一些公司还采用领导采购模式作为企业设计的一部分。某地区的个体负责人需要"拥有"并处理一项采购产品,而领导采购模式通常是处理那些对采购团队来说并不重要的产品。

(6)首选供应商名录。许多公司都建立了一套最优绩效供应商的名录。这些供应商之所以进入首选供应商名录,就是因为他们持续提供最优秀的服务及产品给采购方。优秀供应商名录可以有效减少选择时间,因为买方可以迅速联系一组有能力的供应商。

(7)电子工具。有很多软件提供者为供应管理提供全套产品或静态工具,如逆向拍卖、eRFQ、支出管理及其他。这些工具可以减少供应商选择及评估时间。两家开发全套电子工具来提升评估及选择过程的公司是 Emptoris(www.emploris.com)与阿里巴(www.Ariba.com)。其他公司如 Aravo(www.Aravo.com)与 Combine-Net(www.combineNet.com)提供更集中的解决方法。

(8)提前界定合同语言并简化合同。绝大多数合同强调的内容相似。积极的供应经理与他们的法律团队合作,开发提前制定的合同语言,使得在与供应商谈判时可以直接"剪切和粘贴"。法律部门的任务就是复查,开发提前制定的语言的转变,或者验收未涉及的标准化语言。积极的企业还会缩短其合同的长度。

【经典案例】

Eaton 公司:供应商管理的出色表现

Eaton 的 CEO 亚历山大·卡特勒强调除价格降低之外的价值。他说:"通过供应链绩效评估,我们希望成为最受称赞的公司。"Eaton 供应链管理的副总裁里克·雅各布及他的 3500 个供应链成员检查了供应商业绩及业务实践,他们尽可能密切地关注产品质量、中心任务及价值创造。公司有员工可以与之交流的道德调查官。Eaton 毫不犹豫地停止与那些不能达到最高标准的供应商合作,而不管其质量或价格如何。Eaton 的供应链成员承担了很多支持供应商选择及管理过程的战略活动。这些包括:

(1)供应链数据库,它整合了来自公司 ERP 系统的数据以便为决策的关键数据创建一个数据库。

(2)朝着公司供应基地减少 50% 的目标前进。

(3)过去 3 年中,通过部分减少绩效差的供应商来使有缺陷的部件减少 50%。

(4)通过由每个 Eaton 业务组织的供应链代表组成的商品团队进行成本节约及改进的跨部门交流,开发整合供应链及业务的商品战略。

(5)通过把 95% 的航运转移给单一的承运人,使北美小包装货物物流成本降低 10%。

(6)间接购买的全球化,包括基础设施维护与运营(MRO)、资本设备、能源、信息技术、电信及车队服务。

(7)开发提升与供应商交流的特定软件。世界供应商绩效评估资源帮助管理及评估供应商。供应商可视化使得供应商可以看见订单、预测库存,从而管理 Eaton 的库存。

(8)应链功能绩效项目的开发和执行。

所有这些开始于 Eaton 的供应商选择这一严格过程。Bartech 组织(一个最小的供应商)的 CEO 及主席乔思·巴菲尔德发现并管理公司所有临时性帮助,他认为"在他们决定与我们交易前,我们要讨论并做测试"。Pratt 公司科尼尔斯的国家账户管理人克莱格·汉默说:"他们在分析供应商业务活动时很严谨。"他接着说:"环保保护论是重要推动力,他们与我们讨论环保问题,并询问我们的观点。"

在 Eaton 的供应商评估中,协作很关键。雅各布和他的团队与公司内部的每个部门合作提升了供应链企业的形象、影响力及价值。由来自工程部门、制造部门的成员及华盛顿制造商的供应商代表组成的团队识别关键成本驱动因素,并实现双倍的成本降低。Eaton 鼓励供应商创新,这就要求他们在设计过程的早期就参与进来。

第七章　全球采购

随着全球金融一体化的不断深化,中国与世界的金融交易日益密切。全球采购作为国际产业结构调整和分工格局变化的必要产物之一,越来越受到各类跨国公司的重视。全球采购以其优势在各国探求质量最优、价格最合理的产品采购,越来越多的跨国公司将自己采购活动的部分环节或者全部环节延伸到全球范围,全球采购在各国和各地区内得到了快速发展。

全球采购(Global Sourcing),最早起源于西方跨国企业将标准化的中间品生产环节外包给低成本国家的供应商或者在海外直接投资建厂生产。管理学界率先开始了针对全球采购的学术研究,国际经济学界随后也开始关注这一议题。目前,国外相关研究成果众多,但国内学术界针对全球采购问题的专题研究还比较薄弱,在"Global Sourcing"一词的翻译上尚未达成共识,不同的研究领域对全球采购的研究侧重点各不相同。

当前,全球经济深度调整的发展背景下,中国大力推进供给侧结构性改革,全方位实施对外开放,郑重承诺扩大进口。在新的世纪里,中国不仅是世界的采购来源地,同时也面向全球采购。

第一节　全球采购概述

一、全球采购的内涵

1. 全球采购的概念

"Global Sourcing"一词可翻译为"全球采购"。"Sourcing"一词单独在企业采购部门使用时,译为"寻源",即寻找供应商的意思。中国物流与采购联合会在2017年召开的第八届全球采购大会(武汉)上也是用"全球采购"来翻译"Global Sourcing"的。汉德菲尔德等编写的教材《采购与供应链管理》的中译本也将"Worldwide Sourcing"和"Global Sourcing"译为"全球采购"。从新的战略性功能角度看"采购"或"Purchasing"这个词的确有其局限性,传统意义上的采购仅仅掌管开支与花销,这与建立并管理企业内部战略毫无关系。美国等英语国家定义了"Global Sourcing"一词,用"Sourcing"代替了"Purchasing",但国内企业实践中仍在使用"全球采购"一词。

全球采购这个概念最早由黑夫勒引入,他将全球采购的定义定为有效利用世界范围的人力、原材料、能源和资本资源。戴维森、科塔贝将全球采购归纳为在全球范围内生产、购买、组装零部件及产成品,对如何提供零部件以用于生产进行决策,并对选择哪些生产单位服务于某些特定市场进行决策。李新家等有关国际筹供的定义其实可作为全球采购的定义,即跨国企业通过市场化采购、转包生产和国外子公司生产等方式取得物资供应的活动。

还有些定义对全球采购与国际采购进行区分,赋予"全球"两字特殊的战略内涵,即整合与协调的意义。其中,特伦特等人的定义得到了广泛认可,他们认为:全球采购意味着两个方面的全球化,即采购活动的国际化以及采购策略的战略性。全球采购一词更多体现战略意义,并不等同于国际采购。国际采购强调买卖双方处在不同的国家,而全球采购的含义更为广泛和复杂,包括对共同的项目、过程、设计、技术,全球范围内的供应商、工程和运作地点进行前瞻性整合与协调。

目前,关于全球采购概念的界定有不同的说法,各有侧重点。

从全球采购目标的角度描述,全球采购是指利用全球的资源,在全世界范围内去寻找供应商,寻找质量最好,价格合理的产品。

从全球采购内容的角度描述,全球采购指不包括企业行为的"官方采购",如联合国、各种国际组织、各国政府等机构和组织,为履行公共职能,使用公共性资金所进行的货物、工程和服务的采购。采购的对象包罗万象,既有产品、设备等各种各样的物品,也有房屋、构筑物、市政及环境改造等工程,还包括采购相关的其他服务。

2. 全球采购的特点

除了广义的采购所具有的特点以外,全球采购还有如下的基本特点。

(1)采购范围扩展到全球。全球采购的采购范围扩展到全球,不再局限于特定的国家或者地区,可以在全球的市场范围内进行资源的采购和配置。

(2)采购风险相对增大。全球采购中的国际采购通常是集中批量的采购,采购项目和品种集中,采购数量和规模较大,牵涉的资金量大,跨越国境、手续复杂、环节较多,存在许多潜在的风险,采购风险相对增大。

(3)客户选择条件严格。在全球采购中,采购供应商来源广、数量多,所处环境复杂,因此在选择采购客户时,需要严格筛选,客户选择条件严格。

(4)采购渠道稳定。相对于国内采购而言,全球采购更加复杂,但是由于供应链管理理念的兴起,全球采购理论方法的研究愈来愈多,先进的理论、方法愈来愈多,采购商与供应商之间大都能够形成战略合作伙伴关系,因而采购供应渠道相对比较稳定。

(5)需要国际物流支持。全球采购的过程涉及不同的国家和地区,物资、资金、信息的流通需要国际市场支持,国际物流支持必不可少。尤其是在物流随着经济全球化进入到全球物流时代,国内物流是国际物流上的一个环节,要从国际物流角度来处理物流具体活动。

3. 全球采购的优势

随着全球经济的发展,中国传统的采购模式已经明显表现出不足,例如:采购供应双方都不进行有效的信息沟通,互相封锁,是典型的非信息对称博弈过程,采购成了一种盲目行为;无法对供应商产品质量、交货期进行事前控制,经济纠纷不断;供需关系是临时的或短期的合作关系,而且竞争多于合作;响应用户需求能力迟钝;利益驱动,暗箱操作,舍好求次、舍贱求贵、舍近求远,是腐败的温床;生产部门与采购部门脱节,造成大量库存,占用大量的流动资金。

相对比而言,全球采购的优势明显。

(1)全球采购更有利于扩大供应商比价范围,提高采购效率,降低采购成本。

(2)全球采购更有利于实现采购过程的公开化。有利于进一步公开采购过程,实现适时监控,使采购更透明、更规范。

(3)全球采购更有利于实现采购业务操作程序化。

(4)全球采购更有利于促进采购管理定量化、科学化。

(5)全球采购更有利于实现生产企业为库存而采购到为订单而采购。

(6)全球采购更有利于实现采购管理向外部资源管理转变。

4. 全球采购的必要性

企业进行全球采购最基本的原因是从国外购买所需原材料比国内采购可获得更好更多的利益。由于企业对于特定商品需求的不同,从国外进行采购的必要性如下。

(1)价格。大量研究表明,国外供应商提供产品的总成本要比国内供应商低,这是进行国际采购的主要原因。国外供应商不仅能以非常低的成本生产产品,而且又可以将其产品运往世界。

①国外供应商所在国的劳动力成本低。如美国阿迪达斯公司20世纪末在中国内地开设工厂的主要原因正是因为当时中国的劳动力成本非常低,而最近几年,由于中国劳动力成本的快速上涨,阿迪达斯公司又把工厂从中国等地迁到了东南亚,如越南、老挝等国,原因还是目前东南亚国家劳动力成本比较有竞争优势。

②国外供应商所使用的设备及所采用的工艺技术比国内厂家的效率高。在某些领域,国外厂家由于运用了先进的制造技术(如3D打印技术)和管理应用软件,使生产的设备更先进,便于客户操作,且效率高。

③供应商将国际上的某些原材料的生产集中在某些商品上,并将出口商品定位在一个相对较低的价位上扩大产量。如中国的纺织服装业,形成了从棉花等原材料

种植到服装生产的纵向一体化的产业链。

（2）某些货物在国内无法获得。全球采购第一个，也是最原始的原因，是某些货物在国内无法得到，只能从国外进行采购。众所周知，日本的电子产品、油电混合动力车的产业很发达，但是用于生产这些产品的关键原材料——稀土，日本国内的资源几乎没有，必须通过全球采购才能满足国内产业的需求。因此，对于很多企业进行全球采购已经成为一种必需。

（3）质量。对于发达的国家来说，虽然总体来说国外供应商的产品质量并不一定比国内供应商的好，但在某些产品上，国外供应商的质量更稳定。影响质量的因素有很多，像性能优良的新式设备，更精细的质量控制系统W及激励员工接受一次性做好的理念与责任等。

（4）交货期短。受设备及生产能力的限制，在一些情况下，国外供应商的交货速度比国内的还要快一些。如国外供应商甚至可能在本地持有产品库存，进行配合客户的供应商管理库存需求，一旦客户需要，就可立即发货。

（5）技术领先。由于国内外公司的专业化分工，特定行业的专有技术也在不断变化，国外厂家可能拥有更好的技术。如中国的高铁制造技术，它是许多国家进行高铁全球采购的首选之一。

（6）国外附属企业的本地化采购。欧美许多跨国公司均在国外设有生产基地，如在发展中国家开设工厂。这些在发展中国家的工厂，为了缩短交期和降低成本的考虑，会自觉做出在这些国家当地采购原材料的决策，从而扩大这些发展中国家向欧美的出口，促进当地经济发展。

从以上的原因分析可知，在全球采购的早期阶段，企业是为了获得本地市场无法供应的原材料或迫于价格竞争压力而获得更低的价格，被动地开始参与到全球采购；随着企业间的竞争发展到全球范围，为了确保自己的成本、质量、技术和其他方面的竞争优势，全球采购已经成为很多企业提高核心竞争力的战略活动。

二、全球采购的主要方式

（一）采购方式

在全球范围内对资源进行整合配置、优化组合，产生了全球采购。全球的不同企业将其销售体系、采购体系、供应体系实施开放式的发展，形成全球化的供应格局，促进全球采购的发展。

全球采购的主要方式有以下几种。

1. 以制造企业为核心的全球的采购活动

比如说通用电气、通用汽车等技术密集型或者品牌知名度高的，或者是具有很大资金优势的跨国公司，作为采购龙头来主导采购体系和采购市场。对于中国企业来讲,很多是为这些企业提供一些配套性的产品,比如说汽车配件等。

2.以贸易企业为核心的全球采购体系

在国际上很多大的企业或者是有竞争力的企业,在采购活动过程当中,由于要把自身的资源集中在一些核心的领域里,所以这些企业很多的采购活动目前都采取了外包的方式,承担这种采购外包的市场主体,往往是那些在国际市场上非常活跃的贸易企业。

3.以大型零售集团为核心的采购活动

这些大型的跨国零售巨头近几年来在中国市场上的表现引人注目,采购的商品更关注的是国内非常有优势的快速消费品和劳动密集型的各种产品,比如服装、鞋帽、食品等。这些商品通过跨国零售巨头进入国际市场的主流渠道,特别是主流的零售渠道中去,这个对中国出口是有非常重要影响的。过去中国很多的产品出口依托原来传统的国有贸易企业,或者是企业的自行出口往往不能进入一些主流的渠道,只能进入一些街边市场或者是其他的市场,而这些跨国零售巨头使中国很多企业的商品进入到正规的渠道中去。

4.以专业采购组织和经纪人为核心的跨国采购体系

中小企业为了获得最佳的商品供应和最佳的零售品供应,委托一些经纪人或者是一些专业的采购组织来为他们进行服务。目前,这些经纪人和采购组织,在国际上流行的运作方式是通过网上采购,特别是集合众多中小企业的采购要求,到中国或者是到一些低成本的国家进行采购。

(二)供应商选择

全球采购中,供应商的选择是关键环节。企业要根据自己的业务特点和采购战略来选择供应商。

有效采购被定义为做到5个"合理",即以合理的价格、合理的质量、合理的数量、合理的时间和合理的资源获得产品、货物和服务,在这5个要素中,合理资源的选择对其他4个方面的影响最大,也是采购能为企业带来最大增值的部分。供应源的有效评估、选择和淘汰确保了企业将得到合理的质量、数量、时间和价格。因此,选择合理的供应商是采购过程的关键。

1.供应商的选择原则

在对企业的采购目标分析和如何实现这些目标分析的基础上,开发新供应商应遵循以下几方面的原则:

(1)目标定位原则。企业的新供应商评审人员应注重对候选供应商进行全面地考察,依据企业对所采购物料的品质性能质量要求、采购数量等来选择供应商,使选择的供应源能够保证达到企业要求,减少采购风险。

(2)优势互补原则。要选择新的供应商需要在经营战略和技术能力等方面与企业期望的要求水平相符合,供应商在某些领域有比制造商有更强的优势,如在新产品的设计开发上的把握能力更强,采购方和销售方在未来的合作中能优势互补等。

(3)择优录用原则。在相同的价格和服务水平下,企业应该选择那些企业实力强、信誉好,愿意和企业合作配合的供应商,在权衡利弊后择优录用。

(4)共同发展原则。新供应商愿意同企业共同发展,基于共同的利益,以更具竞争力的来占领市场。

2.供应商的选择方法

企业要根据自身具体的情况来采用合理的方法。

(1)直观判断法。直观判断法是一种定性选择的方法,是根据征询和调查所得的资料并结合企业自己的分析判断,对供应商进行分析、评价的一种方法。这种方法主要是征求有经验的采购人员意见或者直接由采购人员凭经验做出判断。

直观判断法主观性强且科学性差,常用于选择企业非主要原材料的供应商。

(2)招标法。当物料采购数量相当大,有很多的供应商参与、供应市场竞争激烈时,可采用招标法来选择适当的供应商。招标法可以是公开招标,也可以是指定竞级招标。

招标方法竞争性强,企业能在更广泛的范围内选择合适的供应商,以获得对企业最有利的、成本低而合适的物料。但招标法手续过程较繁杂,时间要求较长,不能适应紧急采购。有时企业对投标者由于没有充分的了解,未能充分协商,造成交货不能满足企业要求等问题。

(3)协商选择法。当供应商很多,企业也可采用协商选择的方法,即由企业根据自身要求,先挑选出几个有竞争力的候选供应商,同他们分别进行协商,再确定适合的供应商。

协商选择法由于供需双方经过充分的协商,在商品质量、交期和售后服务等方面较有保证。但由于选择范围有限,不一定能得到价格最合理、供应条件最有利的供应商。当采购时间紧迫、投标供应商少、竞争程度小、订购商品规格和技术条件复杂时,协商选择方法比招标法更为合适。

(4)采购成本比较法。采购成本比较法是基于成本分析的一种方法,是通过计算分析各个供应商的采购成本,选择出采购成本相对较低的供应商的一种方法。

质量和交货期一般都能满足企业采购要求的供应商,可以通过计算采购成本来进行比较分析。

(5)层次分析法。层次分析法(analytic hierarchy process)简称 AHP,是由 20 世

纪70年代,著名运筹学家托萨蒂提出的一种实用的多准则决策方法,它把一个复杂的决策问题表示为一个有序的递阶层次结构,并通过人们的主观判断和科学计算给出备选方案的优劣顺序。韦伯等提出将层次分析法应用于合作伙伴的选择,它的基本原理是根据具有阶梯结构的目标、子目标(准则)、约束条件、部门等来评价方案,通过互相比较确定判断矩阵,然后把判断矩阵的最大特征跟对应的特征向量的分量最为相应系数比较,最后综合给出各方案的权重。

层次分析法的优点是简单明了,把定性和定量方法有机结合,分解复杂的系统,把多目标多准则的决策问题化为多层次单目标问题,通过两两比较确定同一层次元素相对于上一层次元素的数量关系和重要等级,因而可靠性高,误差小。它的缺点是定性成分多,主观成分有可能比较大。另外在遇到指标选取因素众多、规模较大时,统计量会随之增大,容易出现问题,两两判断矩阵比较可能会出错,难以满足一致性的要求。

三、全球采购的基本程序

1. 基本程序

(1)通过市场调查、讨论和其他途径,包括立法,来确定产品/服务的规格和标准以及需要的数量和质量。

(2)通过可行的各种途径,包括贸易指南、贸易协会、贸易展览会和网络空间(互联网),来寻求最合适的供应商。

(3)制定一个谈判计划,包括产品的规格、与国际/国内标准的一致性、价格、可用性、销售条款、国际支付协议(信用证、往来账户、跟单托收)、承运人名称、保险和进出口单据以及发货日期。

(4)签订合同时,要依据卖方供应链网络确定交货日期、交货地点、货物数量,与卖方的开证行处理好资金安排,并且在遵循买卖合同、《2000年国际贸易术语解释通则》、UCP500和跟单托收的情况下处理进口和关税文件。

(5)管理供应链即物流,包括下列活动:从供应商经营场所以集装箱运货至进口商的内地结关货运站(inland clearance depot,ICD)或者港口,要以交货日期为准;在进口商内地结关货运站或港口经营场所清关;把集装箱装到船上运至目的港,而后通过集装箱轮转船;港口卸货清关,在港口或内地结关货运站或买方经营场所支付进口关税。就支付协议和贷款规定与开证行保持联络。

(6)在整个运输过程中访问在线计算机跟踪调查货物。

(7)提货并对产品进行全方位评估——运输延期、损害索赔、支付协议(包括货币、进口报关等)。

(8)制定产品的后续策略,不断地对产品进行评估,以便为以后的订单做准备或必要的调整。对于固定的供应商,要保持经常的沟通,并培养感情。

2. 基本要求

影响全球采购程序的5大要素包括:一是持续提供一个兼具成本效益及竞争优势的采购体系;二是建立和保持一个完善的供应商网络;三是创造性地开发与运用电子采购系统,以保证全球领先地位;四是以提高客户的服务水准为核心;五是吸引与培养一流的采购专业人才。

(1)了解全球采购通用规则。全世界公认采购法则有4个,即《联合国采购示范法》《WTO〈政府采购协定〉》《欧盟采购指令》《世界银行采购指南》。在加入世界贸易组织(WTO)时,中国政府并没有参加WTO政府采购协议。但中国政府承诺在2020年以前,中国向亚太经合组织(APEC)成员开放政府采购市场。联合国采购、企业之间的国际采购则按规则进行。

(2)提升企业全球采购能力。在经济全球化与信息化时代,企业的综合素质主要集中体现在5个方面,即时间(T)、质量(Q)、成本(C)、服务(S)和柔性(F)。"时间"指的是对市场的反应速度。中国海尔就是一个典型的例子,海尔作为一个生产企业,建立了全球采购系统,自己的产品也被许多企业列入全球采购系统。

四、全球采购的发展阶段

全球采购是面向国际供应市场的战略,企业首先需要系统性地将采购活动延伸到国外市场或世界范围,然后在强度方面有所提高,如建立采购设施,包括国际采购办公室、贸易公司、物流设施、信息系统等。在企业向全球采购战略发展的过程中,往往需要经历不同的阶段。

第一个阶段,国内采购,企业既没有国际采购的需求,也缺乏国际采购的技能。

第二个阶段,根据需要开展国际采购,企业可能会发现国内没有合适的供应商,或者竞争对手通过国际采购获得了比自己更多的优势,或者国内供应市场发生了变化。

第三个阶段,将国际采购作为外包战略的一部分,放眼全世界来接触供应市场,此时的企业已经具备全球化的眼光,意识到正确执行国际采购战略可以改进运营绩效,但这一阶段的采购战略还不能很好的协调世界范围内的采购基地、运营中心、商业单元,采购中心是各自为政的。

第四个阶段,比较复杂的战略发展阶段,整合并协调全球范围内各采购地点的全球采购战略,协调世界各地及各商业单元的物料和服务需求。

第五个阶段,与其他职能部门一起整合并协调全球采购战略,企业不仅跨地区整合采购活动,而且进一步在世界范围内与企业各职能组织整合一般项目、流程、设计、技术和供应商。

第二节 全球采购的发展趋势

全球采购已被越来越多的跨国企业作为企业战略所运用,已经成为企业在市场竞争中的核心竞争力之一。

一、采购的发展趋势

1. 采购过程电子化

互联网+的时代让消费者进入"拇指"生活和智能生活,简单、快捷、高效、低成本成为互联网迅速发展的理由,竞争环境裂变的柔性供应链时刻,采购过程电子化是必然的趋势,从客户需求、产品规范、设计研发、样品确认、工艺技术、供应商交付、绩效反馈全部显示"一屏化"预警、决策与处理,并有效反馈到响应的团队与人员。

2. 采购产品多元化

社会发展、技术进步、产业升级、消费迭代,以满足基本需求为供求竞争的市场经济发展了多年后产品愈加丰富,竞争也随之愈加激烈,必然促使市场竞争迭代,目前快速(fast)、简单(easy)、便宜(cheap)、个性(personal)的市场日趋呈现,就迫使企业转变产品生产与实现模式。

特别是在工业4.0的发展背景下,个性化、定制化逐渐成为一种消费趋势,从市场延伸到企业内部,就导致未来采购产品多元化的必然。

3. 采购技术规范化

随着采购领域的不断发展,传统的、非专业出生的采购人员将面临市场淘汰的风险,专业化、规范化的采购技术无疑将展现出更低的成本和更好的绩效。

与此同时,企业必须建立一套完整的采购手册,其中系统描述采购战略、采购流程、采购团队、绩效考核、价值反馈等企业采购规则,并深入采购人的日常工作事务之中。

4. 采购对象客户化

采购职能一直被当成是一个后勤部门,获得外部资源是其主要的任务。随着市场裂变与竞争周期的缩短,原来深居简出的采购也逐渐成为目标性供应链的构建者和经营者,采购拥有的外部资源与数据,使采购在产业链角色中实现和客户化贡献率越来越大,面向客户采购与面向采购设计已经成为必然趋势。

5. 采购运作金融化

供应链金融的迅猛发展让采购人员面对自身企业"支付困局"寻找到解决途径。优化的供应链金融融资方案有助于发展企业采购供应链,也有助于提高采购供应链的资金运作效力,提升供应商的及时供应,降低供应链的整体成本。

6. 采购团队跨界化

采购从最原始的"单打独斗"买东西逐渐进入"组团搭伙"增值响应阶段,企业为了获得更有竞争力的产品和服务,采购团队有可能进行跨界整合,即设计、研发、采购、生产、工程、销售实现团队运营,由于采购对接内外资源,所以采购将成为团队实现目标的整合者与领导者。

7. 采购范围全球化

中国经济发展和基础建设空前繁荣,人员收入和物质生活水平都得到了极大提高,这是一个国家健康发展的必然。对于企业而言这种发展意味着各种支出大幅增加,土地成本、管理成本、人工成本等不断提高,必然会造成转化为企业产品价格的提高和竞争力下降。采购供应开始向低成本国家采购,供应全球化也就成为必然。

8. 采购渠道立体化

随着商业逐渐向专业化方向发展,采购渠道结构将会呈现立体化。采购商、厂商、渠道商、代理商、个体专业供应商,甚至消费者有机结合起来,构成一个有机的供应渠道网络和信息系统。通过原来采购供应点对点的渠道逐渐由建立采购供应渠道"面"的网络化与系统化,提高采购效率,最终实现供应渠道主体子系统及渠道客体主系统的优化,构建完整、立体化的自适应柔性供应链系统。

二、全球采购的发展趋势

1. 最优成本全球采购将持续增长

企业到海外采购的愿望并未因金融危机而降低,相反,金融危机迫使企业对成本控制更为重视因而增加在最优成本国家进行采购。大部分企业在金融不景气的时期都会增加在最优成本的国际采购量。

2. 更广泛的参与范围

全球采购的参与者不仅包括领先跨国公司和财富500强企业,还包括欧美的中小型企业。主要原因在于:随着全球供应商日益成熟发展,能够更好地替代西方供应商。海外采购变得更容易,采购品类也从服装和玩具等传统的劳动密集型产品扩展到技术和资本密集型产品。

3. 供应基地更分散

为了降低风险和不确定性,许多企业正在积极使用更为多样化的全球采购方式,并在不同国家和地区建立和维护供应基地。例如,货币波动使韩国等成本相对较高的地区新近成为最优成本供应基地之一,墨西哥和越南等其他传统低成本国家则变得更具有吸引力。

4. 实现真正的全球优势

全球采购的好处不仅仅是采购成本的节约,还包括通过本地和全球性的竞争而获得的战略优势。许多企业正在把价值链上采购以外的其他环节,(如研发与生产)也转移到最优成本国家,以进一步发展其设计能力和生产网络。这些进展将创造可持续的竞争优势。

【经典案例】

沃尔玛的全球采购

沃尔玛公司是全世界零售业销售收入位居第一的巨头企业,素以精确掌握市场、快速传递商品和最好地满足客户需求著称,是著名的"全球500强排行"的冠军。

沃尔玛的全球采购网络首先由大中华及北亚区、东南亚及印度次大陆区、美洲区、欧洲中东及非洲区等4个区域所组成。其次在每个区域内按照不同国家设立国别分公司,其下再设立卫星分公司。

沃尔玛的采购是严格采用全面压价方式并与供应商结成战略伙伴关系,排斥了大量的中间商,同时也尽可能最大限度地从供应商身上获取最大利润,这从一定程度上损害了供应商的利益,从而造成零售业供应商的两大不幸:一是作为沃尔玛的供应商;二是不被沃尔玛选为其供应商。

一、沃尔玛发展全球采购网络的组织

(一)沃尔玛的全球采购

在沃尔玛,全球采购是指某个国家的沃尔玛店铺通过全球采购网络从其他国家的供应商进口商品,而从该国供应商进货则由该国沃尔玛公司的采购部门负责采购。

1. 全球采购网络的地理布局

沃尔玛结合零售业务的特点以及世界制造业和全球采购的总体变化趋势,在全球采购网络的组织上采取以地理布局为主的形式。

4大区域中,大中华及北亚区的采购量最大,占全部采购量的70%多,其中中国分公司又是采购量第一的国别分公司,因此,沃尔玛全球采购网络的总部就设在中国的深圳。

2. 全球采购总部

全球采购总部是沃尔玛全球采购网络的核心,也是沃尔玛的全球采购最高机构。在这个全球采购总部里,除了4个直接领导采购业务的区域副总裁向总裁汇报以外,总裁还领导着支持性和参谋性的总部职能部门。

沃尔玛在深圳设立全球采购总部,为沃尔玛不仅能在这里采购到质量、包装、价格等方面均具有竞争力的优质产品,更重要的是,深圳顺畅、便捷的物流系统及发达的海陆空立体运输网络,特别是华南地区连接世界市场的枢纽港地位,为沃尔玛的全球采购赢得更多的时间,带来更多的便捷。

(二)沃尔玛全球采购网络的职责

沃尔玛的全球采购网络相当于一个"内部服务公司",为沃尔玛在各个零售市场上的店铺买家服务。

1. 商品采集和物流

全球采购网络要尽可能地在全球搜索到最好的供应商和最适当的商品——沃尔玛的全球采购网络实际上担当了商品采集和物流的工作,对店铺买家来说,他们只有一个供应商。

2. 向买家推荐新商品

对于新产品,沃尔玛没有现成的供应商,他通过全球采购网络的业务人员参加展会、介绍等途径找到新的供应商和产品。店铺买家会到全球采购网络推荐的供应商那里和他们直接谈判以及购买。

3. 帮助其他国家的沃尔玛采集货品

沃尔玛的全球采购为全世界各个国家的沃尔玛店铺采集货物。而不同国家之间的贸易政策往往不一样,这些差别随时都需要加以跟踪,并在采购政策上做出相应的调整。

4. 调查、比较厂商和产品

沃尔玛的全球采购中心同时还对供应商的注册资金、生产能力等进行查证,对产品的价格和质量进行比较。对满意的厂商和产品,他们就会安排买家来直接和供应商进行谈判。

二、沃尔玛的全球采购流程

采购是一个比较复杂的过程,为了提高采购活动的科学性、合理性和有效性,就必须建立和完善系统的采购流程,从而保证采购活动的顺畅进行。下面从宏观和微观两个方面来说明沃尔玛的采购流程:

(一)宏观方面

全球采购办公室是沃尔玛进行全球采购的负责组织。但是这个全球采购办公室并没有采购任何东西。在沃尔玛的全球采购流程中,其作用就是在沃尔玛的全球店铺买家和全球供应商之间架起桥梁。因此,沃尔玛的全球采购活动都必须以其采购的政策、网络为基础,并严格遵循其采购程序。

在全世界商品质量相对稳定的情况下,只有紧密有序的采购程序才能保证沃尔玛采购足够量的货物。

(二)微观方面

沃尔玛的商品采购是为保证销售需要,通过等价交换取得商品资源的一系列活动过程,包括搜索信息、确定计划、选择供应商、谈判等。

1. 筛选供应商

沃尔玛在采购中对供应商有严格的要求。不仅在提供商品的规格、质量等方面，还对供应商工厂内部的管理有严格的要求。

2. 收集产品信息及报价单

通过电子确认系统（EDI），向全世界4000多家供应商发送采购订单及收集产品信息和报价单，并向全球2000多家商场供货。

3. 决定采购的货品

沃尔玛有一个专门的采办会负责采购。经过简单的分类后，该小组会用电子邮件的方式和沃尔玛全球主要店面的买手们沟通，这个过程比较长。在世界各大区买手来到中国前（一般一年两到三次），采办会的员工会准备好样品，样品上标明价格和规格，但决不会出现厂家的名字，由买手自己决定货品的购买地。

4. 与供应商谈判

买手决定了购买的产品后，买手和采办人员对被看上的产品进行价格方面的内部讨论，定下大致的采购数量和价格，再由采办人员同厂家进行细节和价格的谈判。谈判采取地点统一化和内容标准化的措施。

5. 审核并给予答复

沃尔玛要求供应商集齐所有的产品文献，包括产品目录、价格清单等，选择好样品提交。并会在审核后的90天内给予答复。

6. 跟踪检查

在谈判结束后，沃尔玛会随时检查供应商的状况，如果供应商达不到沃尔玛的要求，则根据合同，沃尔玛有理由解除双方的合作。

三、沃尔玛全球采购政策

沃尔玛的全球采购中心总部中有一个部门专门负责检测国际贸易领域和全球供应商的新变化对其全球采购的影响，并据以指定和调整公司的全球采购政策。沃尔玛的采购政策大致可以分为以下3个方面：

（一）减少单品采购数量

沃尔玛提出，减少单品的采购数量，能够方便管理，更主要的是可以节省营运成本。沃尔玛的通信卫星、GPS以及高效的物流系统使得它可以以最快的速度更新其库存，真正做到零库存管理，也使"永远不要买得太多"的策略得到有力的保证。

（二）价廉物美

"沃尔玛采购的第一个要求是价廉物美"。在沃尔玛看来，供应商都应该弄清楚自己的产品跟其他同类产品有什么区别，以及自己的产品中究竟哪个是最好的。供应商最好尽可能生产出一种商品专门提供给沃尔玛。沃尔玛最希望以会员价给顾客提供尽可能多地在其他地方买不到的产品。

（三）突出商品采购的重点

沃尔玛一直积极地在全球寻找最畅销的、新颖有创意的、令人动心并能创造"价值"的商品。造成一种令人高兴、动心的购物效果，从而吸引更多的顾客。

沃尔玛的商品采购的价格决策和品项政策密不可分，他以全面压价的方式从供应商那里争取利润以实现天天低价；沃尔玛还跟供应商建立起直接的伙伴关系以排斥中间商，直接向制造商订货，消除中间商的佣金在保证商品质量的同时实现利润最大化。

四、沃尔玛全球供应商的选择

沃尔玛对全球供应商的选择条件是非常严格的，要成为它的供应商，必须满足以下9大条件：

(1) 所提供的商品必须质量优良，符合国家以及各地方政府的各项标准和要求。

(2) 所提供的商品价格必须是市场最低价。

(3) 文化认同：尊重个人、服务客户、追求完美、城市增值。

(4) 首次洽谈或新品必须带样品。

(5) 有销售记录的增值税发票复印件。

(6) 能够满足大批订单的需求。在接到沃尔玛订单后，如有供应短缺的问题，应立即通知。连续3次不能满足沃尔玛订单将取消与该供应商的合作关系。

(7) 供应商应提供以下的折扣：①年度佣金，商品销售总额的1.5％；②仓库佣金，商品销售总额的3％～15％；③新店赞助费，新店开张时首单商品免费赞助；④新品进场费，新品进场首单免费。

(8) 供应商不得向采购人员提供任何形式的馈赠，如有发现，将做严肃处理。

(9) 沃尔玛鼓励供应商采取电子化手段与其联系。

沃尔玛在确定资源需求方面看重的是供应商提供的商品的质量以及价格，必须符合高品质的要求，又要求最低价格，以此来实现其天天低价的。

在采购涌向低成本国家的浪潮中，许多中国供应商获得了前所未有的机遇。就目前趋势来看，机会的确很多，增长空间也很广阔。然而，随着中国制造行业与全球经济更紧密地相连，明智的供应商必须不断提高自身能力，方能立于不败之地。

第八章　供应商质量管理

【经典案例】

提高中国供应商的质量

过去几年里,即使是最不关心的读者也看到了很多媒体文章报道,谴责中国制造的商品质量不合格——以含铅涂料装饰的玩具、被污染的牛奶和宠物食品、低质量仿制停产产品、有问题的石膏板及其他产品。对于所有这些媒体报道的中国产品质量问题,有多少是被大家忽视的或是没有认识到的?Cequent Performance 汽车配件公司的全球质量总监克拉格·库克是这样认为的:"中国企业首要的威胁是质量,就如已经证明的那样,很多美国制造商经历了品牌破坏威胁、消费者信心下降及利润的快速侵蚀过程。"

这些情况是怎么产生的?与各国的同行一样,很多中国供应商试图长期忽视质量相关问题,除非外国客户要求他们重视质量。中国供应商在质量、提前期及运输方面面临降低成本及提高产品绩效的双重压力。询问一个中国典型供应商的高管关于质量问题,你可能听到有意思的回答,如过度苛刻的海外采购商继续不现实地提出更低的价格要求,同时寻求更快的周转速度。这些供应商为了使其工厂生存下去,不得不对这些要求说"是"。如果他们的员工感到由于订单减少面临潜在的裁员问题,他们可能转去另一家可以得到稳定收入的公司。

牛鞭效应会影响中国供应链上的企业。例如,一位中国的 OEM 面临来自海外客户巨大的成本压力,在供应链中他就会以更低的价格交付货物,供应链中一家或多家供应商若没有在采购材料或产品质量控制方面降低要求,就不可能满足这些低成本目标。而当供应链中的某个节点不能正常工作时,就会影响整条供应链。

《中国不良制造:中国的生产策略背后的游戏的内部报道》一书的作者保罗·米勒认为部分问题源于买方和供应商就他们的期望及需要沟通不善。中国供应商处于压力之下,需要通过降低质量来压缩成本。然而海外买方则想以更低价格获得更高质量的产品。他表示这些质量问题可能源于预期信息的不对称。中国供应商可能了解他们自身成本压力下质量下降的后果,但他们并不想把这一信息传递给国外客户。

没有正确数据及准确信息,敏锐的买方可能认为产品质量有严重的潜在风险,但是也仅能猜测某个地方有风险,一些中国工厂在未与国外客户沟通的情况下自行进行调整,降低质量。作为预防措施,很多进口中国产品的进口商采取过时了的标语"购者自慎",并且采取积极的态度来提高中国生产过程的可视性。

采购经理该怎样阻止这些问题在未来出现?购买中国零部件的美国本土企业Cequent Performance汽车配件公司密歇根分公司是顶尖的汽车配件制造商,他开发了一套全球质量管理系统来处理中国供应基地的潜在质量问题。这家公司认为很多中国零部件供应商长期以来没有进行有效的质量管理及有效的生产过程管理,所以需要把美国的质量保证计划引进中国。

Cequent Performance质量管理项目要求中国制造商提供生产过程达到合格质量标准的实时证据,而不仅是在完成零部件生产之后。公司提供的软件可以进行失败效应模式分析,设计收集、分析数据的质量控制检查计划。Cequent Performance还可以看到供应商实时生产过程中的质量数据。如果发现质量有问题,就会派质量专家到供应商处工作以解决问题,并且预防未来的质量及生产问题。基于质量数据,Cequent Performance与中国供应商可以突破语言及文化障碍,共同制定关键性能指标,设计有效的行动方案。

Cequent Performance的全球质量管理系统已经使用了12个月,所有供应商每月百万缺陷部件数量从33555下降到200,节省了790万美元的成本。不仅如此,中国工厂生产的产品97%以上没有返工,公司还利用供应商计分卡,实施直接入库计划以降低成本

本章将从不同角度来研究供应商质量管理,使大家对质量原则及技术有一个大体的基本了解。第一节将对供应商质量管理做全面介绍。第二节将列出供应商全面质量管理。第三节将给出六西格玛质量的定义,并讨论它是怎样与采购和供应链管理联系上的。最后讨论供应商质量体系。

第一节 供应商质量管理概述

一、供应商质量定义

1. 质量

在对供应商质量定义之前,首先定义质量。有关专家阿曼·菲根鲍姆把质量定义为所有产品及服务的营销、工程、制造及维护等特征的组合,通过这些体现出使用中的产品和服务可以达到或超过顾客的预期。这个定义不同于把质量看作对客户要求的顺从。作为在质量方面最著名的专家约瑟夫·朱兰把质量简单地定义成适合使用。另一位全面质量专家菲利普·克罗斯比把质量定义成符合要求的。近几年,质量的概念从满足或顺从顾客的要求及期望迅速转变成为超越顾客要求及期望。然而传统上,很多公司仅把质量作为不必要的支出,当面对金融危机,如2008至2009年的经济衰退时,就会随手抛弃。事实上,质量应该是遵循合理商业管理的基本原则。

顾客的期望在不断地变化。竞争对手的许多行为会改变质量预期,这一点并不令人惊讶。关于顾客预期的挑战就是对其进行定义并在之后通过供应链向上游说明这些预期。

2.供应商质量

从这些质量定义基础上,再定义供应商质量是什么。供应商质量是指在保持一致的基础上,满足或超过现有的及未来的客户(如买方及最终用户)对关键绩效领域的预期及要求。这个定义中有3个主要部分。

(1)满足或超过的能力。这表示每次供应商都要满足或超过买方的预期及要求。不论在产品实物质量还是准时交货方面,不一致的表现不是一个合格的供应商的特点。

(2)现有和未来客户的期望及要求。供应商必须在满足或超越现在的要求的同时有能力满足未来的要求。供应商必须有能力持续改善绩效。一个只能满足现有要求而无法赶上未来要求的供应商不是一个合格的供应商。

(3)在关键绩效领域。供应商质量不是仅仅应用于产品的物理属性。有素质的供应商在许多领域都满足采购者的预期及要求,包括产品及服务的交货、产品及服务的一致性、售后服务、适用技术及特性,以及总成本管理等。采购管理的供应商质量绩效评估成本不仅包括直接的采购成本及交付成本,还包括相关间接成本,如交易成本、沟通成本、解决问题成本、买方监督成本、随附的服务成本、质量成本及转换成本。另外,买方还必须评估高质量绩效供应商配送服务的可靠性,因为配送服务和质量不稳定将导致库存的上升。

在供应链中,采购并不是从供应商那里购买零部件或服务——他购买的(有时候还必须协助管理)是供应商的能力。采购者应该不仅仅关注供应商的实物产出(最终结果),还应该关注生产产品的系统和流程。这就包括供应商在供应链中的物流、工程及管理等方面的经验和能力。

采购在供应商质量管理方面的作用包括"成为供应商的好顾客"这部分。如果供应商并不喜欢和采购企业合作,采购企业很难与其维持一段良好的关系,也很难得到质量好的物料。正是由于这个原因,供应商质量绩效还要求买方做一个良好的顾客,理解在买卖关系中供应商所欣赏的是什么。

供应商对供应链关系的一些期望包括一旦开始生产,尽可能较少得发生产品设计变动,对未来采购数量的要求有所了解,以及对新产品的要求有较早的认识。供应商还喜欢有足够的生产前置期、得到买方的尊重及在合理时间内支付货款等。买方还应该力求在发出原材料单据给供应商之后对采购订单有较少的变动或没有变动。

如果供应商必须应对频繁的变动,买方就不能期望供应商会有较高水平的表现。稳定可以使供应商在买方提供的信息的基础上做出计划。变化限制了供应商以准时一贯的方式来满足买方期望包括质量期望的能力。采购在保证供应商以无缺陷方式实施当中有重要的作用。

二、供应商质量管理

1. 含义

供应商质量管理(supplier quality management,SQM)提升供应商品质管理的一种活动。SQM目的:维持和改进供应商的品质保证能力,一贯提供品质符合或超越本企业要求及最终客户要求的产品;推动供应商品质持续改善,以阻止不良,减少变异,消灭浪费;配合本企业生产出符合客户质量要求的产品并协助及时配送、售后服务、成本管理及产品技术研发。

2. 意义

(1)供应商质量是企业信誉的保证。管理供应商质量中的失误会降低任何一个品牌的信誉。正如开篇的简介说明,任何不通过其供应链管理质量的企业都会面临客户不满意从而减少市场份额、增加成本和产生负面公共关系的风险。评估供应商的实际业绩以确保其符合预期供应商业绩就变得极为重要。

(2)供应商对质量的影响。质量专家菲力普·克罗斯比预估,供应商对企业50%的相关产品的质量问题负有责任。此外,北美的制造企业平均需要花费其销售额的55%在购买产品及服务上,其他一些制造企业会花费更多,甚至达到100%。只注重内部质量问题的企业将无法认识到许多质量问题的真实原因。不良的供应商质量会迅速破坏企业全面质量改善的努力。

(3)持续改进要求。大多数企业希望在其业务的各个方面都能达到持续质量改善。其中一种方法就是对供应商质量进行有效管理。除了考虑与竞争对手比较时的公司绩效优势之外,质量改善也是一家公司部门的职能要求。在高科技产业中的公司,如本田、波音、IBM及摩托罗拉,面临着激烈竞争的压力,不断提高质量水平已达到尽善尽美。像家具制造这样的其他产业,却经历着缓慢的不显著的变化。不管怎样,所有产业都承受着一定的压力以达到持续质量的改善。

(4)采购需求的外包。企业对供应商装配组件甚至最终产品的依赖程度正在稳步上升。由供应商来制造产品的大部分部件或提供企业的所有服务已经不再是某些产业的优势了。买方正依赖着拥有设计和建造能力,甚至具有较高技术水平或满足复杂部件要求的供应商。例如,戴尔电脑主要负责组装业务,几乎所有其他的零部件(显示器、硬盘、键盘、微型处理器、电源设备等)都是从外部供应商那里采购回来的。最终产品由供应商提供的比重越大,供应商对整个产品的成本及质量的影响就越大。

3. 策略

(1)提供明晰的产品说明书。明晰的产品说明书能够在介绍自己产品的同时更好地展示供应商的实力。

(2)明确采购方的期望。对采购方的期望和要求的确切理解有两个方面:一是要采购商说明自身需求;二是要采购商能够和供应方顺利、良好的沟通。

(3)采购方的态度。要求采购方与供应方要进行充分的交流与沟通,及时发现供应方不符合采购意图的部分,及时改进,节约成本。

(4)供应商的数量优化。减少供应商的数量,企业就可以将主要的时间、精力和资源放在少数重要供应商身上,提高供应商管理的效率。

(5)供应商的绩效评定。是针对已经通过认证的、正在为企业提供服务的供应商进行的。其目标是了解供应商的表现,促进供应商提升供应水平,并为供应商奖惩提出依据,确保供应商供应的质量。评估供应商绩效的因素主要有质量、供应、价格、服务水平等。

(6)供应商的持续改进。供应商持续改进的途径包括定期召开合作策略回顾和发展会议;建立高层主管的供应商会议,共同探讨双方合作时遇到的问题,努力找到解决方案,分享技术发展趋势和未来产品计划;建立持续改进小组,促进持续改进的进行;建立跨职能小组,管理和改进联盟与伙伴关系。

(7)供应商的激励。供应商激励的目的是充分调动供应商的积极性和主动性,促使其努力搞好自己所承担的物资供应工作,以保证本企业的生产与生活正常进行,并和供应商建立一种稳定可靠的关系。

(8)供应商的质量认证。世界上有很多质量认证体系,如ISO9000系列。而对于一些专门领域则有专门的认证标准,如在软件开发领域,有软件开发质量保证体系CMM;在汽车领域,有美国汽车工业协会发起的Quality System9000质量管理系统;在环境开发保护领域,有ISO14000环境管理标准;在企业职业安全卫生管理方面,有OHSAS18001职业安全卫生管理体系。

【经典案例】

英特尔的供应商质量持续改进项目

供应商质量持续改进项目是指与特定的核心供应商建立及发展长期业务关系,这些供应商提供最高质量的材料、设备及服务,并承诺持续改进质量。供应商质量持续改进项目可以提高核心供应商的质量,同时降低检查的时间及成本。所有的供应商使用季度报告卡来评估成本、顾客满意度、质量、战略贡献及技术。

供应商质量持续改进项目最大限度地公开了供应商的认知度,通过评估供应商的整体能力使之与自身的目标、绩效指标、测评标准达成一致。通过鼓励持续改进,该项目可以促进双方合作关系、团队解决问题的能力,促使买卖方双方持续不断地相互学习。

根据一系列客观标准,英特尔供应商质量持续改进项目路线图的第一个层次是获得已认证供应商奖,它需要连续两个季度达到杰出的供应商质量标准。下一个层次是首选优质供应商奖,这个奖励要求最少一整年的时间达到杰出供应商质量标准。供应商质量持续改进奖励的最高层次是把首选优质供应商奖推向更高层面,同时使用更高的质量标准。

英特尔每年会在供应商日宣布首选优质供应商奖获得者及供应商质量持续改进

项目赢得者,同时《华尔街日报》会进行报道。首选优质供应商奖限制在一年,供应商质量持续改进项目是3年。

三、影响采购对供应商质量管理作用的因素

采购部门必须承担管理外部供应商质量的领导责任。有许多因素影响着采购对管理供应商质量的重要性。

(1)供应商的能力影响买方的全面质量。一些供应商会提供对企业成功与否非常关键的产品。采购方必须对这些关键产品的供应商实施不同于提供低价值或有标准的易获得产品的供应商的管理方法。

(2)支持供应商质量管理及改进的有效资源。只有用有限资源来进行质量管理及改善的企业必须仔细选择从哪里支配这些资源。资源的有效性会对质量管理努力的范围有所影响。资源包括人员、经费预算、时间及信息技术等。

(3)采购企业实践世界范围质量的能力。采购企业只有在自己正确理解和使用了这些准则和工具之后,才可以帮助供应商理解质量准则、工具及技术的使用。

(4)供应商合作提高质量的意愿。不是所有供应商都愿意与采购企业紧密合作的。相反,一些供应商更愿意采用传统的以有限的买家为特征的采购协定。

(5)供应商现有的质量水平。供应商现有绩效影响着采购企业对其关注的程度和类型。世界级供应商需要的关注就少一些,而对质量低于要求的供应商则需要给予更多关注。

(6)采购者收集和分析相关质量数据的能力。采购方必须留意供应商达到质量指标标准的程度如何。对大多数企业来说,这就意味着要有一套能够及时收集和发布与供应商质量有关数据的系统。

四、供应商质量管理流程

(一)供应商质量保证

1.新供应商的评估

(1)建立新供应商评估计划。新供应商只有满足下述条件,才能进行新供应商评估。

①新机种的新类型的材料(现有的供应商无法供应的材料)。
②现有供应商被逐步淘汰,需增补新供应商。
③现有供应商产能不能满足本公司要求。
④现有供应商配合不佳。
⑤现有供应商制程能力不足,无法达到本公司的品质要求。
⑥新供应价格具有竞争力。
⑦某材料现有供应商数量不足。
⑧其他认为需要开发新的供应商者,如外包厂商的开发。

(2)对新供应商进行初步评估。对新供应商进行初步评估,一般采用问卷调查,准备相关资料,如工厂介绍,品管组织,质量控制工程图等(见表8-1),并确定评估日期,通知研发、供应商质量管理等相关部门。

表8-1 新供应商进行初步评估资料

序号	资料名称	目的
1	供应商简介	了解其整个历史沿革及概况和客户情况
2	组织架构图	了解其组织结构是否健全合理
3	品管组织图	了解其品管功能是否完善
4	生产工艺流程图或QC工程图	了解其生产流程是否顺畅、合理
5	客户抱怨处理流程图	了解其接到客户抱怨时的处理途径
6	可靠性试验项目	了解其可靠性试验项目是否充分、合理
7	材质证明	了解其产品所用材质状况
8	出货检验报告	了解出货的品质管制项目
9	生产检测设备清单	了解其生产及检测设备是否能保证产品品质要求
10	ISO9000/14000证书	了解其是否已通过ISO品质体系认证

(3)主导召开评估前会议,介绍新供应商生产能力和将为本公司提供的产品,了解各部门要求,便于安排评估人员并请供应商准备。

(4)根据SQM的计划安排,按本公司供应商质量现场稽核表对新供应商的品质系统及环境物质管理系统进行现场评估,并在3天内发出新供应商评估报告,经SQM主管/经理审批后,作为品质方面的判定。

2. 新产品首次量产时流程审核

(1)研发部门在新零部件批准之后,须将该部件的情况包括详细说明书、生产流程、关键参数、认可的样品、检验要求、检查要求和方法、环境物质要求等资料交品质保证委员会会审后派发,供应商按要求生产,SQM按要求控制来料的品质。

(2)SQM应在新零部件供应商首次量产时对其进行"新产品首次量产时的流程审核"。

(3)审核前SQM须召开会议,制定详细的审核要求和审核清单。

(4)通知供应商现场进行流程审核,详细记录实际发现;详细记录各工序关键参数。

(5)整理审核报告,针对缺失项目要求供应商进行改善。

(6)审核报告和供应商改善报告作为供应商质量确认进行供应商流程控制的依据和下次流程审核的依据。

3. 年度例行流程审核

(1)SQM根据每年初制定的年度流程审核计划组织实施。

(2)审核前需要准备的资料:审核计划、审核介绍信(审核目的和需要供应商准备的资料)、供应商详细资料、所有新产品首次量产时的流程审核报告和供应商的改善报告、一年度所有8D报告、最近品质数据和存在问题、供应商作业稽核表(见表8-2)及环境物质管理评估表。

表 8-2 供应商质量现场稽核表

分类	检查项目	0	2	3	4	5	得分
项目1 管理责任	①管理层确定并有文件证明其方针和目标是为质量设置						
	②管理层明确界定组织机构和职责以支持质量方针目标和质量体系						
	③管理层有责任按程序文件进行内部质量体系审核和管理评审						
	④管理层建立和提供员工所需的操作和质量培训						
	本项得分						
项目2 质量体系	①保证质量体系文件按需有效传达到组织结构中的各部门,并受控						
	②质量计划是保证质量体系的执行和发展,以及质量连续不断改进的重要基础						
	③执行质量成本评价的程序,将其作为评价质量体系运作效果的手段						
	本项得分						
项目3 统计技术	①将统计技术作为预防不合格品和生产过程控制的基础						
	②在生产过程控制中使用统计过程控制技术						
	③新的或变更的工序中,有文字记录证明对必要的工序能力(CP)或(CPK)进行过研究						
	本项得分						
项目4 计量校准控制	①一份已经制定和执行的程序,用于控制所有检验、测量和实验设备的校准						
	②对现有检验、测量和实验设备进行定期检定和更新替换,以改进和拥有精确的检验、测量和实验设备						
	本项得分						
项目5 设计和文件控制	①新的或更改的产品的设计和开发活动需要制定计划和责任分工(本项不适用ISO9001)						
	②产品的设计和开发要求得到清楚确认后,编制成文件,并评审其充分性(本项不适用ISO9001)						
	③产品性能按照设计输入要求进行验证(本项不适用ISO9001)						
	④有书面程序保证产品设计开发的文件、图纸和资料的编制、批准、下发和更改受到控制						
	⑤质量记录须按规定保存,查用方便,利于进行质量趋势分析						
	本项得分						

(3)供应商现场流程审核。

①启动会议:SQM 介绍流程审核的目的和安排;供应商介绍工厂情况,重点进行一年一度的质量总结和后续质量保证计划。

②作业现场审核:根据"供应商作业稽核表"及"环境物质管理评估表",所有新产品首次量产时的流程审核报告和供应商的改善报告,一年度所有 8D 报告重点稽核,记录实际发现,记录程序要求与品质记录之间的偏离,记录关键参数的执行(如有变更是否有变更记录和研发部门的确认记录)。

③闭幕会议:SQM 报告本次审核的实际发现并与供应商确认。

(4)审核报告准备,针对缺失项目要求供应商改善。

(5)审核后跟进。

(二)供应商品质预防

1.批退率管理

批退率(lot reject rate,LRR)根据本公司指标要求:批来料验收率≥97%;供应商每月来料批提退率必须≤3%,否则供应商必须提供改善行动报告,SQM 跟进其改善,并每月进行复审,以品质持续向上和达成目标。

2.供应商月度品质评鉴

建立供应商月度品质评鉴目的在于推动供应商来料品质持续提升。评估供应商的每月品质状况,以供相关人员参考,作为订单的依据,落实公司的采购原则,择优汰劣。

供应商月度品质评鉴内容及评分标准:

(1)来料品质成绩(总分50分)。

$$来料品质成绩评分 = \frac{允收批数 \times 1 + 特采批数 \times 0.6 + 拒收批数 \times 0.4}{总批数 \times 50 \times K}$$

式中,K 为加工难易度指数,各类物料或零件的 K 值如下:塑胶、包装为 0.96,五金为 0.96,铭板为 1,镜头为 1,PVC 为 1,字钮胶为 0.96,电子组件为 1,LCD 为 1,PCB 为 1,FPC 为 1,外购为 0.96,其他为 0.96。

(2)综合本公司生产线原材料使用品质状况(总分30分)。

生产线原材料品质状况分 = 生产线重大品质问题发生次数(20分)
　　　　　　　　　　　　+ 品质问题处理时效(10分)

生产线重大品质问题发生次数评分 = 20 分 - 重大品质问题发生次数 $n \times 4$ 分

品质问题处理时效评分 = 10 分 - (处理天数 $T-1$)×3 分

重大品质问题定义:生产停线之品质异常、批量返工、严重功能性问题、同一品质问题生产线一个月投诉 3 次以上。

(3)供应商制程稽核结果(20分)。

$$制程稽核评分＝稽核分数\times0.2$$

根据"流程审核清单"对供应商进行例行稽核;若本月没有稽核的,以上次稽核的分数计算;海外供应商或代理商,因无法审核,此20分应加前面两项,计算公式为:前面两项实得分数之和除以0.8,所得分数为其总分。

等级划分:A级≥90分;B级78～89分;C级61～77分;D级≤60分。

(4)评鉴后处理行动。针对供应商的每月品质表现在定期的管理层会议做处理决定。SQM对评鉴结果建议如下处理:

①对被评为"A"级的供应商,采购增加其订单量,放宽检验或免检。

②对被评为"B"级的供应商,维持其正常的采购,要求供应商持续改善。

③对被评为"C"级的供应商,维持其正常的采购,发出品质警告,要求其在2周内提出改善计划;监控其品质数据,确认改善行动的有效性;SQM将对其制程、品质系统、关键工序进行稽核;并监控其改善进程;要求其在3个月内升到B级。

④对被评为"D"级的供应商,采购减少其订单量,停止打样,并对其进行重点辅导,要求其在1周内提出改善计划;SQM将对其制程、品质系统、关键工序进行稽核;要求其在1个月内解决主要品质问题,在3个月内升到C级;6个月内升到B级;如供应商不配合,或供应商制程能力不足,或技术能力严重缺陷,或辅导2次以上仍无改善的供应商,采购应取消其供应商资格。

3. 品质数据收集和分析

(1)SQM对供应商进行品质管理,必须以品质数据来驱动,因此供应商品质数据的收集和分析显得尤为重要。

(2)SQM将每日的供应商来料检查数据/生产线来料不良检查数据/生产线来料品质异常数据/供应商修正后的数据输入电脑供SQM工程师分析。

(3)品质数据用于供应商月度品质评鉴和供应商改善依据。

(4)品质数据用于SQM工程师视需要出版8D要求供应商履行改善行动。

(5)8D报告(vendor corrective action report,VCAR,供应商改善行动报告)。

①VCAR使用目的在于将所发现的重大品质问题点列出于8D表内,并分析根本原因、拟订解决对策、追踪改善效果,达到提升品质的目的。

②VCAR内容。

D1:编号,有系统的将产品类别或机种加以整理如×××等,并加上序号以便管理;TEAM建立(组长及组员),各相关单位集思广益共同解决问题点。

D2:不良现象叙述。将不良现象的产生确实记录以利于对问题点测试和隔离并尽快地拟订对策。

D3:根本原因分析。利用品质手法分析人、机、料、法、环(4M1E),找出根本原因。

D4:短期对策。采用即时的对策解决,阻止问题点的继续发生,有效地降低不良率。

D5:长期对策。永久的改善对策如系统、文件、机器设备等的修改以防止再发生。

D6:回复结果。回复改善对策及确认效果。

D7:问题成因的属性。将造成所有问题点的人或物或流程的属性均列入栏内。

D8:问题解决。在所有问题点均获解决即完成8D的任务。

③VCAR发出时机。产品不良超越品质目标时(即品质异常);产品不良率符合品质目标但是单一不良项目超越总不良数的20%;产品的不良问题点是由供应商制程所造成;产品的不良问题点未涵盖于供应商的测试制程内;生产中的前5大不良的生产品质问题点;月度品质目标未达成。

(三)供应商质量控制

1.供应商质量考评

业界通过各种各样的质量考评工具对供应商进行考核,以此来获得一个最好最全面的关于供应商和我们怎样满足客户要求的印象。

供应商质量考评的项目由一系列的质量相关会议决定,这些会议包括季度绩效评审、质量讨论会、管理层审核会。

(1)季度绩效评审。季度绩效评审在每个季度末由产品采购团队组织举行,一般针对前20~30个供应商(根据采购量排)。季度绩效评审是一项管理供应商的有效方法,利用季度的评分来促进供应商的提高,这相关管理团队有权利通过评分来确定供应商的供应量,此评分适用于所有的战略性采购的供应商。季度评审项目有技术评审、资金评审、反馈表现评审、及时性评审、服务评审、到货及时率、质量模块评审及其他。

(2)质量讨论会。质量讨论会是由公司内部举行的由多方参加的会议,这是一个内部的质量讨论会。参会人员由供应商质量管理、采购管理、产品质量管理等相关代表组成,会议首先回顾产品的历史性质量问题,会议目的是确保后期的质量改进能满足公司的质量目标。

(3)管理层审核会。管理层审核会议也是一个由公司内部举行的会议,主要由高层管理人员参与,参会人员由总经理、采购的高层管理和其他一些部门的高层管理人员组成,会议主要讨论所有的采购计划和原则,包括质量方面从一个高的角度和层面去做整体的分析、质量考评的标准。

(4)供应商质量考评的主要项目。

①产品首批到货不良率(退货数/到货数)×1000000;第一个月的DPPM值

(defect part per million,每百万缺陷机会中的不良品数)。

②验证后的产品首批到货不良率(不良数/检验数)×A：验证后的第一个月的DPPM值。

③生产淘汰率(退货数/到货数)×1000000：生产淘汰的DPPM值。

④验证后的生产淘汰率(不良数/到货数)×1000000：验证后生产淘汰的DPPM值。

⑤DPHU(defects per hundred units,不良产品数/总产品数)×100：定期内公司生产产品的总不良率。

2. 质量问题纠正措施管理

发生质量问题时、预警供应商、解决和预防质量问题、生产质量下降时、客户抱怨产生时、停用不良产品时启动纠正措施管理。纠正措施管理流程如图8-1所示。

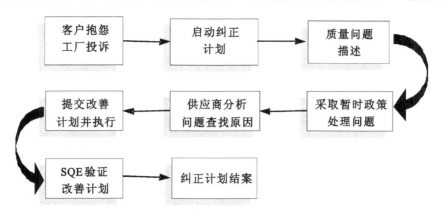

图 8-1 纠正措施管理流程

(四)持续改进 CIP

CIP(continuous inprovement program)：即持续改进流程，用于确保供应商质量目标的达到和可持续改进计划的实施。首先选定需做 CIP 的供应商，SQE 对供应商进行监控。CIP 流程如图 8-2 所示。

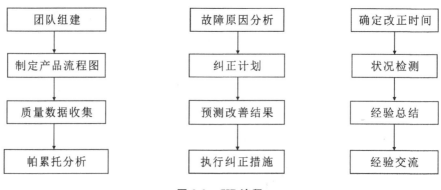

图 8-2 CIP 流程

第二节　供应商全面质量管理

如果站在整家企业层面的采购专家期望创造上游价值,从而使下游客户受益的话,那么,他们必须理解全面质量管理的原理,并致力于此。如果企业希望避免麻烦和高成本错误的话,那么如何将这些原理应用到供应商质量管理就成为关键。

这些包含了全面质量管理的原理构成了自商业发展以来最有活力且有力的概念之一。可惜的是,要实践这些原理并不容易。尽管在一条典型的供应链上,外部供应商需要提供过半的进料,但是,对全面质量的约束还是很缺乏。如果供应商的质量如此重要的话,为什么还有这么多采购小组没有可以为供应商绩效提供客观信息的考核体系呢?为什么还有很多采购者在没有了解供应商生产流程的情况下就做出选择供应商的决策呢?

一、全面质量管理原理

表 8-3 列出了一整套基于戴明、克罗斯比和朱兰理论的质量原理。下面的部分会对每个原理连同挑选好(当然并不全面的)的一套活动进行详细介绍。如果这些活动安排好的话,基本可以确保企业全面质量管理的实际实施。

表 8-3　全面质量管理的 8 个关键原理

序号	内容
原理 1	定义客户的质量及其要求
原理 2	追求供应源的质量
原理 3	强调客观评估和分析而不是主观
原理 4	强调防止缺陷而不是检测缺陷
原理 5	注重过程而不是结果
原理 6	为实现零缺陷目标努力
原理 7	把持续改进当作一种生活习惯
原理 8	把质量责任落实到每个人

资料来源:Trent,R.J. Linking TQM to SCM. Supply Chain Management Review,2001,5(3),71.

1. 定义客户的质量及其要求

在买卖关系中,买方是供应商的直接顾客。造成供应商质量低劣的主要原因包括沟通不协调及供应链成员之间对规格、期望及要求的误解等。与工程师和内部客户紧密合作的买方必须提供清楚明确的产品设计的规格,以及所有会影响采购原材料的质量和交货的其他信息。另一个重要的交流形式就是对最终产品的要求进行交流,不过这一要求有时会比较宽泛或不完整。在这种情况下,最终要求的确定过程必须建立和协商于买卖双方之间。

一位优秀的质量专家凯克·博特认为,不完整或不准确的规格制定和交流会使供应商质量要求不一致。他主张:"客户(如买方)和供应商之间至少一半或以上的问题是由于规格不合格造成的,而这大部分原因归咎于采购企业大多数规格都是模糊的或任意可变的,且通常是由工程设计单方面决定的。这些都是从一些样本文件中摘抄下来的,然后把保护其自身利益的一些安全因素添加进去。当投标传给供应商时,供应商很少询问规格,而且大多数供应商担心如果对规格提出要求的话就有可能失去这份投标。所以,处理供应商质量问题的首要对策就是消除采购企业对任意多变的规格的专治。"

对买方期望和要求有明确了解的有两个方面:一方面是采购公司量化或明确其要求的能力,另一方面是采购公司传播这些要求的能力。这就意味着双方都理解要求。采购方(如顾客)必须采取主动,通过在合同磋商过程中、在常规的绩效回馈环节中及绩效期望的量化考核过程中,以提出建议的方式来明确、清楚地表达自己的要求。

供应商是否达到要求的能力也是采购者职责的一部分,即清楚地告知供应商采购者希望得到的是什么。表 8-4 就给出了将采购者要求和期望告知供应商的例子,细则明确规定了 XYZ 项目小组和 ABC 供应商在设计和开发轻型卡车 J300 时各自的责任。

表 8-4 责任说明

责　任	XYZ 项目小组	供应商
对产品成本、重量、质量及改进的绩效目标达成统一	x	x
直接与 XYZ 项目小组一起工作以满足产品绩效目标的水平	x	x
为部件要求提供设计支持		x
制定总项目的时间要求	x	
建立必需的时间计划表	x	
支持汽车推出装配厂	x	x
向执行指导委员会汇报项目情况	x	
达到制造业的可行性标准	x	
提供技术或工程项目支持	x	x
确定最终产品概念	x	
按照双方商定的时间表提供零部件模型		x
明确关键重要的产品特征	x	x
准备详细的图纸并交给 XYZ		x
提供原材料及产品检测结果	x	x

2. 追求供应源的质量

供应源的质量问题发生在产品或服务在供应链传送过程中价值增值的时候。价值增值点或代表"供应源"的活动需要仔细地管理。供应经理有能力影响供应源质量,甚至比其他任何小组的影响都要大,因为他们有能力决定大多数供应链进料的供应基地。

由于供应商是供应链质量的主要源头,企业选择供应商的方式就很直观地体现了这一原理。尽管对供应商进行实地考察的成本很高,但如果选择了不合适的供应商,最终成本会更高。跨职能团队应该在做出选择决定之前,访问并评估潜在供应商的财务状况、全球容量、物流网络、供应商管理策略、加工能力、与采购合作的意愿及技术革新等情况。

定义质量的第二个主要源头是产品和流程的开发。积极的公司在产品和流程的早期开发阶段就将供应商纳入其中,远远早于传统的情形。允许供应商运用他全部的经验到一个开发项目能够促进更高水平的质量和设计,因为供应商在"客户要求"的制定阶段就参与进来了。供应商可以就如何简化产品或流程提出建议,参与并开展试生产,还可以跟设计师一起工作,制定符合供应商能力的容限以提高产品工艺性。

尽管提早参与背后的逻辑是易懂的,但是将其有效地付诸实践通常很困难。许多企业继续为机密信息的共享问题努力,而一些企业却完全不知道该如何管理这个过程。然而,限制条件的存在并不意味着企业就不该积极地让挑选好的供应商提早参与。买方和供应商可以通过在新产品开发的设计阶段通力合作,或者通过价值分析和价值工程项目,来实现更好的合作。

3. 强调客观而不是主观评估和分析

质量管理专家认为,达到全面质量的方法之一就是意识到事实必须处于主导地位,而不是主观判断。如果事实处于主导地位,对基于事实的考核的需要也就变得明显了。

但是,许多企业,不论大企业还是小企业,不论在供应商选择过程中还是在持续考核后选择过程中,都没有制定客观的或严格的供应商评估体系。尽管有很多原因可以解释这个不足,但是一个主要原因是历史上执行经理都没有意识到供应商的重要性。甚至今天,在供应链质量和能力评估中还存在很多差异。

为什么评估对供应商质量来说如此重要?绩效数据使得供应经理可以为未来的业务制定出优秀的供应商名录、确定持续绩效改进的机会、提供支持补救措施或未来发展的反馈信息并且追踪改善措施的结果。绩效评估体系还是表达买方质量和绩效期望的一个理想方式。

【经典案例】

质量仪表板

识别及了解供应链上游的供应商质量对于满足供应链下游顾客需求及要求是至关重要的。很多公司现在利用供应商评估和可视化系统,如质量仪表板和供应商计分卡,来评估供应商绩效,实时识别低质量绩效供应商的相关成本。在未来的供应商谈判中可以有效利用这些信息。

格雷厄姆包装公司安装了质量仪表板和供应商计分卡系统来确保其能满足世界级的顾客(如可口可乐公司、百事可乐公司、亨氏食品公司及联合利华)的需要。在安装之前,有效测量和评估供应商绩效的必要数据在公司内的 SAP 模块、各种非正式系统,以及来自所有 81 家工厂的不相连的电子表格程序间转换,整合数据需要很多额外努力用来管理供应基地。例如,格雷厄姆的电子表格系统会导致时间延迟、数据错误及数据收集的不一致。

格雷厄姆利用第三方服务供应商 Arcplan Information Services GmbH,开发了一个标准化数据整合系统,允许公司"识别低于平均水平的供应商,以及核算供应商产品的真实成本(最初价格和返工成本或质量缺陷都包括在内)",公司需要 SAP 采集的数据,可以高效地提取和看到供应商质量及成本数据,这家供应商质量仪表板和计分卡补充了现有的 SAP 系统,同时提供了很多好处,如有事实依据的成本谈判、合理规划供应基地和提升质量。

4. 强调防止缺陷而不是检测缺陷

防止是通过不允许(如阻止)错误或缺陷的产生来避免产品和服务不符合要求。虽然预防措施的方法有许多种,但是每种都强调了对一致性和减少偏差的需要。对预防的强调使得对检验、检查及检测的依赖性大大减少。例如,一家供应商评估和选择的严格方法是一种保证所选择的供应商有预防缺陷的体系、流程及方法等的理想方式。

另一种重要的追求缺陷预防的方法是供应商质量认证,它是一个正规程序,通常通过集中现场审计来核实供应商的流程和方法是否一致且符合质量要求。认证需要供应商展示加工能力、确定统计流程控制图并遵照其他被认可的质量管理惯例。认证的目标是防止不符合要求产品的产生,认证通常应用于一些特定的部分、流程或地点,而不是整家企业或产品。

补救措施的广泛应用也要求支持预防。美国波多里奇国家质量奖的获得者联邦快递,采用保护其品牌的物理性质的补救措施,当联邦快递或其他供应商在印刷的运输单据上发现了重要错误时,供应商必须立即调查并且消除错误根源,以避免更多的错误出现。供应商还被要求对现有产品进行分类并监测,消除所有有缺陷的产品,并且抽查库存中相连的下面 10 箱和上面 10 箱。最后,供应商必须向联邦快递提交关于解决缺陷问题(根本原因分析)的全面的书面解释和一份持续改进的计划书。尽管无法要求补救措施能避免最初的问题(这些被转嫁给了供应商对问题的反应),但是及时地采用补救措施能够帮助避免未来的问题。供应商补救措施表格式见表 8-5。

表 8-5　供应商补救措施表格式

供应商补救措施申请书
A 部分:由买方完成 补救措施申请编号 日期 收件人 发件人 主题 缺陷或不符类型
对缺陷或不符之处的描述 估计缺陷或不符之处的总成本 由供应商支付? 如果是,说明金额数量
B 部分:由供应商完成 　　供应商补救措施应答(如果版面不够请写在背面) 　　补救措施应答完成的日期
买方签字　　　　　　　　　　　供应商签字 日期　　　　　　　　　　　　　日期

5. 注重流程而不是结果

或许传统思想和全面质量思想最根本的不同在于从产品到流程定位的转变。全面质量管理要求我们注重制造产品的流程,而不是产品本身。由于流程创造产品,所以合乎逻辑的就是关注创造过程而不是结果。长期看,事先避免生产缺陷产品比生产出来后再检验所花成本更低、效率更高。

假定一家企业主要是按照主要竞争投标以及供应商样品对供应商进行评估并授予业务的,供应商最后给采购者提供一到两个样品以供分析。一些问题说明了注重产品而不注重过程的风险有:

(1)什么样的供应商会故意提交一个劣质样品?
(2)供应商生产一个优质样品需要多少部分?
(3)样品是否能够真正代表按正常条件下生产流程所生产的产品?
(4)供应商是否会在生产过程中采用同样的流程、办法及原材料?
(5)是供应商自己生产样品还是分包商制造?
(6)样品是否能够为买家提供足够多的关于供应商能力或流程能力的信息?

强调流程而不是产品要求供应商提供证据说明其流程能力是正规的。此外,每次供应商调整流程的时候,都要求进行新的流程能力调查。关注流程意味着把对样品的依赖降到最低,除非有一种省时又全面的方法来证实样品是符合要求的。

保持对流程关注的最好方法就是企业对供应商评估和选择方法的不断优化,优化的过程也是对流程的持续关注。不断优化的供应商评估及选择方法支持最优流程的发展、降低重复,支持知识在团队和单位之间传播,而且能够意识到供应商选择质量与供应链质量之间的重要联系。管理优秀的企业通过使用公司内部局域网,使他们的供应商选择过程及支持流程的工具和模型变得更加有效。

6. 为实现零缺陷目标努力

专家菲力普·克罗斯比认为定义全面质量的绩效标准是零缺陷,他视此为符合要求。金尼迟·塔格迟认为,由于废料、返修和客户不满意等原因而造成的任何与目标价值的偏离,都将带来一定程度上的机会损失。我们可以实施几种重要的方法(尽管只给出了定义)来追求零缺陷,每种方法都承认消除产品和流程差异度的重要性。

正如之前所提及的,一个精心设计且严格的供应商评估与选择流程,是识别以零缺陷为目标的供应商,并与之合作的一种方式。评估系统同样可以帮助识别改进机会和进程。另一个重要方法,也是最快的改进供应链质量的方法,就是供应基地合理化。

供应基地合理化或最优化是一个确定合适数量供应商,并对其进行合理搭配来保证采购项目或商品供给的过程。最近的一项调查发现,几乎近半数的企业将他们的供应基地削减了20%,而且有15%的企业在最近几年将供应基地降低了20%~60%,此外,3/4的企业表明他们现在总采购资金的80%都花在了少于100家供应商身上。因此,最优化是个持续进行的活动。

对供应商质量来说,最优化非常关键。如供应商提早加入供应链联盟,通过供应链联盟进行采购,从而缩减供应基地。此外,如果企业合理地将其供应基地最优化,那么那些剩余的供应商就应该是最有能力提供一致产品和服务的供应商。不一致性与全面质量正好背道而驰。几乎没有哪个供应经理会有意地剔除他们最优的供应商。通过定义,供应商的平均质量应该有所提高,因为表现不好的供应商都已经剔除在供应基地之外了。

(1)生产能力是基础。生产能力是指生产出满足工艺规格和顾客所需数量产品的能力,也指在统计方式控制下运行的生产行为。统计控制状态仅存在于一般偏差原因出现时。例如,偏差会自然地、随机地出现,导致偏离设计的生产过程,如果生产不在统计控制状态下,就会出现设计外的特殊偏差。这种偏差需要识别并移除,使得生产回复到统计控制状态下。

考虑生产能力时,来自生产的产出下降范围要在上限和下限之间。我们假设产出的分布是正态分布。一个正态分布数据99.73%的所有可观察结果都是在均值的3个标准差左右波动。在自然公差限制内,稳定及可控制(没有特殊原因)的生产可以产生所有实际结果。如果自然公差限制在产品的工艺规格范围内,那么生产能力就是足够的。

用来测量生产能力的两个指标是C_p和C_{pk}。为了计算这些指标,生产必须在仅有一般偏差原因存在的统计控制状态下。C_p指标用来量化生产的自然公差,使用双尾方法,不管是否以生产为中心。计算方法是上限规范限制减去下限规范限制再除以6个标准差。一般来讲,质量管理者建议安全的C_p指标值为15或更高,很多公司要求更高的C_p指标值,如1.66或更高。目的是为了增加产品规范的可信度,这一水平允许由于特殊偏差原因生产轻微改变,并仍然能够满足顾客目标。

然而,C_{pk}指标不能完全解释生产不以名义规范目标价值为中心这一情况。在不以自然生产能力平均值为中心的情况下,可使用C_{pk}指标,这一指标对C_p指标进行了调整,考虑了平均值与目标值的差异。因此,C_{pk}指标小于C_p指标。

生产能力研究可以提供稳定运营条件下的绩效信息,如在没有特殊偏差原因存在的情况下。这一研究可提供以下信息:生产决策的运营基础、优先考虑潜在质量改进目标、给顾客提供绩效证据。

(2)提高质量成本。质量对企业成本主要有两个影响:由于质量不一致引起的成本,以及提高质量或避免低质量产品的相关成本。因为管理费用使用美元计价,所以测量和追踪质量相关资金支出就很重要。根据这个宽泛定义,质量成本又可分为3部分:评估成本、未能履行合同成本及预防成本。这里须注意的是质量成本非常复杂,不仅包含低质量引起的相关成本,而且包含确保质量良好带来的成本。

评估成本包括检查质量的直接成本,特别是检查可能的产品缺陷带来的成本。与评估相关的成本,包括实验室样本测试成本、生产过程的检测活动成本、供应商质量审查成本、采购原材料审查成本及其他监督成本。

未能履行合同成本包括内部因素成本与外部因素成本。内部因素成本产生于提供产品或服务前,外部成本产生于生产过程后或顾客获得所有权后。内部成本包括解决问题成本、跟踪检查缺陷产品成本、由于质量缺陷、废料及生产浪费引起的停产成本。外部成本包括担保成本、有缺陷产品的替换成本、法律诉讼成本及客户损失成本。

预防成本是指在第一阶段设计或修正生产过程以预防产生缺陷的成本,包括质量成本、机器调整成本、质量培训成本及质量管理系统的维护成本。

众所周知,很多传统成本会计系统不能提供质量相关成本支出的清晰、准确的信息。这些支出发生在企业各个部门间,但是不总是受质量管理人员的控制。另外,很多质量相关成本(如培训成本)是一种主观性成本,几乎不可识别。

(3)降低浪费。众所周知,本田公司的BP过程是在生产过程中减少浪费的持续改进过程,BP的想法源于最好的地点(best postion)、最好的产品(best product)、最好的价格(best price)、最好的合作者(best partners)这一思想,这些概括了本田持续改进经营理念的哲学思想。

在本田的BP过程中,管理人员之所以密切关注浪费问题是因为浪费增加产品或服务的成本、时间及努力,但是客户的价值没有增加。这些浪费产生的一般原因概括如下:生产能力不足、工具/设备不足、规划布局效率差、缺乏培训、供应商不足、缺乏标准化、管理决策不好、操作失误、计划不足。

BP过程识别的7大浪费源于上面列出的一般原因,包括生产过剩、怠工时间、配送、生产中的浪费、库存、运营活动中的浪费、拒收产生的浪费。

很容易看出生产过剩导致浪费。生产商品或提供服务要花费时间、资源、劳动力及资金。当产出大于实际需要或预测销售水平时,这些稀有资源被浪费,而不能生产其他可能需要的产品。

怠工时间导致浪费是因为有价值的设备或劳动力资源不能生产产品。时间一旦过去便不会再恢复。还有就是当运营商对生产过程置之不理时,其生产能力没有充分使用。

所有的配送活动都是浪费。这是因为配送仅增加了成本而没有创造客户价值,如果各种部件距离太远,就要有人在工作地点之间运送它们,如果它们距离很近,就会减少额外的物料控制,并允许以更小的批量生产,同时也会减少生产过剩。

有时候生产过程会存在浪费。例如设备准备及产品的转换花费更长的时间,这是因为所有需要的工具、零部件及组件可能并不在生产准备或转换地点的附近。想象一下,如果每次赛车进入维修点时,车队工作站人员都要找到所有的东西才能服务,这需要花费多长时间?

类似于生产过剩,库存过剩也是一种浪费。当储存商品时,储存的东西可能会过期、毁坏,被偷盗。另外,还有很多持有成本,包括保险成本、扩建成本、周期盘点成本、信息技术支持成本、财产税、仓库管理成本、仓库设备维护成本、其他的仓库员工薪酬等。因此,采购经理要认真考虑库存政策及相关活动来全力支持供应链。

运营活动中也会产生浪费,因为它用光了本可以用于更好地增加顾客价值的其他活动时间。采购经理要准备好询问供应商任何给定的活动能够如何增加价值,是否可以避免、简化活动,是否可以与其他活动一起进行。

最后,浪费还产生于拒收的不合格零件、组件及产成品。与生产过剩类似,生产不合格品需要消耗稀有的时间、资源、劳动力及资金。另外,由于必须生产替代的零件、组件及产成品来代替不合格品,为了在很短的提前期内生产替代品,工人就要加班,这会导致更高的劳动力成本,还会带来更高的运输成本。

7. 把持续改进当作一种生活习惯

供应商可以采用供应商评估体系来变换绩效目标。一旦供应商说他已经可以达到现有绩效预期了,那么,就可以开始实施更高层次的绩效目标了。理论上,供应商绩效改善的速度远比竞争者意识到的要快许多。

价值分析是另一种追求持续改进的方法。价值分析是对原材料、加工及服务等部门的成本要素进行的有组织的、系统性的研究,这样就确保了它们以最低的总成本完成其职能。供应商作为价值分析的一部分,要主动复验顾客的规格,对原材料及加工的改进提出建议,而且要与买方一起明确并减少不一致性的成本。这个方法更好地把持续改进制度化了。

在过去的几年里,供应链最大的变化大概就是大型公司更愿意帮助供应商提高绩效能力。有许多活动都被当作供应商发展行为。例如,买方渐渐地愿意为供应商提供六西格玛质量培训。这些买方希望他们第一级供应商能够支持第二级供应商的质量成果,以此类推。

如果一家企业把其供应基地缩减至易操作的水平,并且剩下的供应商经常可以得到长期合同,那么显而易见,转换供应商将变得越来越困难,而且需要耗费大量成本。一旦一家企业完全优化其供应基地,那么就要主要通过发展现有供应商的能力来改善,而不是通过大规模的供应商变换。

买方也可以为鼓励持续改进而给一定的奖励。事实上,绝大多数供应经理都有权给有力的刺激和奖励来影响供应商的行为。提供与绩效有关的奖励也就意味着在奖励与改进之间存在着直接的联系。一般地,采购者要求供应商改进,但并不愿意与其分享所得利益。而这也鼓励了供应商的自我提升行为。表8-6列出了一些可以用来鼓励供应商持续质量改进的奖励措施。

8. 把质量责任落实到每个人

这一原则要求买方和供应商对整个供应链的全面质量管理发挥主人翁精神。这个问题就转变成为采购者怎样与供应商在供应链质量上保持看法和需求的一致。

表 8-6　为供应商质量改进提供动力

序号	内容
1	提供长期采购合同
2	将采购者总量的较大份额分配给表现优秀者
3	公开表彰优秀供应商,包括"年度供应商"奖项
4	分享由供应商主动改进所带来的成本节省
5	为供应商提供新技术
6	为供应商提供机会及产品发展计划,以提早对新业务有所了解
7	邀请供应商提早参与新产品及流程发展项目
8	允许供应商与采购者签订供应协定,以获得优惠价格
9	邀请供应商参与买方——供应商执行委员会
10	列出首选供应商名录,给排名第一的供应商提供新业务

买方与供应商拥有共同命运是一种使质量落实到个人责任的强有力方法。买方要与供应商拥有共同命运有很多种方法,江森自控与其塑料模型供应商贝克集团有限责任合作公司共享 20000 多平方米的设备,供应商制造出塑料门板之后直接流向江森自控的组装过程,这样可以迅速得到质量回馈信息并减少转运带来的损害。大众汽车在巴西与位于大众研究所的 7 家供应商一起建立了一家汽车工厂,在大众的工厂里,这些供应商主要利用自己的设备生产零部件和一些装配组件,并组织员工将各项产品组装成最终使用的卡车和大型客车。

【经典案例】

削减成本的压力是否对供应商质量有影响

2001 年的一项调查发现,在面对原始设备制造商降价的要求时,汽车供应商们都在取巧。261 家供应商中,只有 20% 表示他们在保持质量改进。遗憾的是,像凡士通轮胎与福特汽车这样失败的悲剧说明某些东西是错误的。这两家公司之间的诉讼与反诉讼引起人们对这两个美国最老品牌质量和安全的广泛关注。

削减成本并不意味着降低质量。从《产业周刊》对 3000 家制造企业的 2000 项统计调查中可以看出,那些减少浪费的制造商比那些成本增加的企业有更多的质量改进。尽管减少浪费是好的,但是减到只剩骨头也并不是件好事。当采购者进一步要求供应商削减成本,而供应商又已经在以微薄的利润经营时,关注质量就会变得比较困难,这一点不足为奇。在过去的 20 年里,成本的陡然下降引起一些生产商的质疑——设计中产品耐用性和原材料质量究竟达到什么样的水平。

一些公司确实知道如何在持续改进质量的同时降低成本。例如,丰田希望供应商每年降低 3% 的成本。丰田公司是如何在供应商连年降低价格的同时,还能够维持产品质量美誉的呢?它不是命令供应商降低成本致使产品质量和安全性降低,而是愿意与供应商一起合作以确定降低成本的方式。

资料来源：Adapted from R. D. Reid." Purchaser and Supplier Quality," Quality Progress, August 2002; and D. Bartholomew, "Cost vs Quality," Industry Week, 250(12), September 1, 2001, pp. 34-36, 40-41.

积极的企业会组织成立买方——供应商执行委员会，与所选的供应商统一并拥有共同的命运。这些委员会定期开会调整长期的产品及技术要求，并且识别买方和供应商可以共同合作的项目，以促进更紧密合作的供应链关系。让质量成为每个人的责任，对全面供应链质量来说是非常重要的。

二、戴明的14点原则

戴明被视为现代质量之父。他认为在现代公司制中，这14点原则是实现卓越成就的基础，这些原则普遍适用于制造业、服务行业、政府机构、非营利组织及教育机构。但是戴明的质量体系因没有描述管理须遵循的具体的行动准则而受到批评。表8-7概括了戴明体系的特有观点。质量体系不是一个清单，供公司从中任意挑选其同意的质量改进活动，这14点对于成功实施全面质量管理是必需且相互补充的。

表8-7 戴明体系特有的特点

序号	特　点
1	偏差是质量不一致的主要原因
2	为了减少偏差，寻找质量改进过程就成为永不结束的循环过程，包括设计、生产、交付、调查客户
3	系统的各个部分必须作为整体来管理，而不是分开管理
4	心理学知识可帮助经理理解员工、顾客及人们之间的相互影响
5	内在激励比外部激励作用更大
6	预测要建立在理论之上，要理解因果关系

资料来源：Adapted from Evans, J. R. and Linsay, W, M. Managing for Quality and Performance Excellence(8th ed.), Manson, OH: South-Westem Cengage Learning, 2011, 91-99.

1. 制定长远目标，并做出承诺

公司的高管负责规划公司未来战略方向：任务、长远目标及公司价值。他们不仅为股东和所有者创造利润，还应考虑对运营的整个社会及物质环境负责。这就需要公司以长远眼光看待资源的充足性，包括时间、资金及努力。

2. 学习新的思想体系

公司里的每个人都要学习（重复学习）质量体系，以服务于公司所有部门。戴明体系的核心思想是公司要满足客户需要，不论是内部客户还是外部客户。质量体系不只是为了生产商品。

3. 理解质量检测过程

自从工业革命以来，检测次品就成了传统的质量控制方式。公司意识到缺陷产品是不可避免的，因此必须根据生产进程进行检查。戴明认为处理缺陷产品的合理方式是设计不会产生次品的生产过程。这就要求从生产线上的工人到经理中的每个人都要了解生产过程的多变性，以及它是怎样影响生产过程的。返工及废弃物处理工作（所知的隐藏工厂）会提高成本，降低生产率。

4. 决策制定不再单纯依赖价格

短期来看商品价格最低可能有利于采购管理部门，但是长期来看可能引起生产系统中某项成本上升，从而发生矛盾、质量缺陷及担保索赔等，现代采购管理的供应基地优化及合理化行动中包含了这一观点，应该集中于降低总系统成本，而不仅是采购成本。采购经理应集中精力与少数供应商建立相互信任的合作关系，提高这些供应商的忠诚度，鼓励他们提供高质量的商品及服务，同时买卖双方的沟通也得以加强。

5. 不断改进，直到永远

以质量为本的企业必须私下了解客户的需要。如果一家公司的质量没有变化，他的竞争对手会最终提高质量并超过他。持续改进或改善经营方法要落实到公司的每个过程，无论公司是否是市场领导者，都有提升空间。除了与客户保持持续不断的沟通，全面质量管理公司还必须关注成本变化，同时对产品及生产过程进行创新。

6. 机构培训

提供员工及供应商必需的知识、技能及工具对高效地完成工作来说很重要。针对特定目标的培训可以提高生产质量及工人生产率，同时可以提高士气。明智的培训应该强调判断问题性质、分析工具、决策制定及问题解决能力。

7. 机构领导力

领导力与传统的质量管理或监督之间存在很大的差距。经理及监管者越来越多地参与每天的监管工作及员工的去向问题上。领导力位于管理及监管之上，通过指导和训练员工来提高他们的技能，使之变得更有生产率，并达到更高的质量水平。

8. 扫除恐惧心理

在工作场所，害怕表现有很多方式，员工可能害怕犯错误因此而遭受谴责。大多数人害怕失败，所以他们不想尝试任何新的或不同的事情。他们出于本能不喜欢改变常规，经理害怕失去其原来的控制权力，部门间不愿意合作。大多数公司都感到恐惧，要花费很长时间来形成一种勇于承担风险及改变的文化氛围。减少这种害怕心理能鼓励员工及供应商不断尝试新事物，从而带来更高的生产效率和产品的质量水平。

9. 最优化团队努力

团队逐渐成为公司的一部分。当带领团队正确时,让不同部门的员工共同致力于共同的任务或项目将有利于减少跨部门之间的障碍。然而,失败的团队有相反的作用,可能产生额外的障碍和增加现有的障碍。西方公司提高团队潜在有效性最大的障碍之一是工会与管理层的互相不信任。

10. 减少激励

标语、标志和海报意图改变人们的行为。然而,大多数质量问题是人为因素造成的,所以上面这些基本不起作用。"首次做对"和"零缺陷"是易记的激励性标语,但是它们并没帮助工人知道做什么及怎样才能做得更好。大多数的质量问题来源于最初的设计和生产产品、提供服务的过程,而与激励工人无关。内部设计系统的变化是管理问题而不是劳动力问题。

11. 减少数值配额和客观指标

员工可能会为实现生产及产量目标而避开管制。这些目标没有提供给员工或供应商提高产品质量的必要激励措施,也没有把全面质量管理提升及其他质量新方法作为产出标准。如果员工不能达到生产配额或计件工资标准,他们为何要调整技术设备呢?另外,很多数值目标经常变动并超出员工控制范围。制定目标时,同时提供给员工实现目标的技能与方法。最后,目标大多是短期的,但质量改进却是一个长期过程。

12. 为"岗位自豪感"移除障碍

劳动者经常被看作商品——没有特性或思考力,而且可以相互替代。当经理被要求无条件加班时,他们会以相同方式对待下属员工。大多数企业使用的绩效评估系统会促进竞争和数量奖励而非质量奖励,给"岗位自豪感"带来障碍。在给定合适工作条件时,大多数人想把工作做好,但遗憾的是,很多企业的评估、奖励和惩罚制度没能激起劳动者劳动光荣的文化氛围。例如,把人员分配到团队中,但是仅以个人绩效来评估和支付他们的报酬。

13. 鼓励教育和自我提升

不同于学习特定的与任务相关的技能培训,教育和个人自我提升的概念更宽泛,二者主要通过学习新技能和创造更高水平的自我价值来提升个人生活质量。投资于教育和自我提升的公司发现他们的员工更易被激励,可以给公司和个人带来更多利益。

14. 采取行动

高管必须采取能提升产品质量、生产效率和工作质量的方法。来自公司底层的全面质量管理努力若没有高层的承诺与支持注定失败。合理的支持可能包括对设计、教育和培训的时间、资金投资,新的评估、奖励和惩罚制度,以及企业文化。长期保持动力是成功的关键。

第三节 六西格玛管理方法

一、六西格玛概述

(一)起源

六西格玛管理方法是一种应用在管理中的策略,它是由当时在摩托罗拉任职的工程师比尔·史密斯于1986年提出的。"西格玛"一词源于统计学中标准差σ的概念,标准差σ表示数据相对于平均值分散程度。"西格玛水平"则将过程输出的平均值、标准差与顾客要求的目标值、规范限联系起来并进行比较,目标值是指顾客要求的理想值,规范限是指顾客允许的质量特性的波动范围。假定过程输出质量特性服从正态分布,并且过程输出质量特性的分布中心与目标值重合(即无偏移情况),那么σ越小,过程输出质量特性的分布就越靠近于目标值。同时该特性落到规范限外的概率就越小,出现缺陷的可能性就越小。

这种策略主要强调制定极高的目标、收集数据以及分析结果,通过这些来减少产品和服务的缺陷。六西格玛背后的原理就是如果你检测到你的项目中有多少缺陷,你就可以找出如何系统地减少缺陷使你的项目尽量完美的方法。一个企业要想达到六西格玛标准,那么他的出错率不能超过百万分之三点四。六西格玛在20世纪90年代中期开始被GE从一种全面质量管理方法演变成为一个高度有效的企业流程设计、改善和优化的技术,并提供了一系列同等地适用于设计、生产和服务的新产品开发工具。继而与GE的全球化、服务化等战略齐头并进,成为全世界上追求管理卓越性的企业最为重要的战略举措。六西格玛逐步发展成为以顾客为主体来确定产品开发设计的标尺,追求持续进步的一种管理哲学。

(二)含义

六西格玛的创始者及咨询顾问托马斯·派茨德把六西格玛解释为六西格玛是一种很严格的、集中的而且高效率的执行过程。六西格玛是一种改善企业质量流程管理的技术,以"零缺陷"的完美商业追求,带动质量大幅提高、成本大幅度降低,最终实现财务成效的提升与企业竞争力的突破。六西格玛管理是通过过程的持续改进,追求卓越质量、提高顾客满意度,降低成本的一种质量改进方法。是根据组织赶超同行业领先目标,针对重点管理项目自上而下进行的质量改进。

一般来讲,包含以下 3 层含义:

(1)一种质量尺度和追求的目标,定义方向和界限。

(2)一套科学的工具和管理方法,运用 DMAIC(改善)或 DFSS(设计)的过程进行流程的设计和改善。DFSS 通过基于项目的确认(identify)—设计(design)—优化(optimize)—验证(validate)。

(3)一种经营管理策略。六西格玛管理是在提高顾客满意程度的同时降低经营成本和周期的过程革新方法,它是通过提高组织核心过程的运行质量,进而提升企业赢利能力的管理方式,也是在新经济环境下企业获得竞争力和持续发展能力的经营策略。

(三)过程

六西格玛包括两个过程:六西格玛 DMAIC 和六西格玛 DMADV,它们是整个过程中两个主要的步骤。六西格玛 DMAIC 是对当前低于六西格玛规格的项目进行定义、度量、分析、改善以及控制的过程。六西格玛 DMADV 则是对试图达到六西格玛质量的新产品或项目进行定义、度量、分析、设计和验证的过程。所有的六西格玛项目是由六西格玛绿带或六西格玛黑带执行的,然后由摩托罗拉创建的六西格玛黑带大师监督。

1. DMAIC

DMAIC 对需要改进的流程进行区分,找到最有潜力的改进机会,优先对需要改进的流程实施改进。如果不确定优先次序,企业多方面出手,就可能分散精力,影响六西格玛管理的实施效果。DMAIC 即业务流程改进遵循 5 步循环改进法:

(1)定义(define)。辨认须改进的产品或过程,确定项目所需的资源。

(2)测量(measure)。定义缺陷,收集此产品或过程的表现作底线,建立改进目标。

(3)分析(analyze)。分析在测量阶段所收集的数据,以确定一组按重要程度排列的影响质量的变量。

(4)改进(improve)。优化解决方案,并确认该方案能够满足或超过项目质量改进目标。

(5)控制(control)。确保过程改进一旦完成能继续保持下去,而不会返回到先前的状态。

这个执行过程可以确保质量法则及技术水平。六西格玛是将许多质量领先者工作中的组成部分结合起来,并致力于全部零缺陷业务成效。一家企业的表现也是由其业务流程的西格玛标准来考核的。

2. DMADV

DMADV 就是按照规范的流程,把顾客的需求作为产品/流程设计的输入,并在实现的过程中不断地回顾顾客的需求,使得产品/流程满足顾客的需求,并引入稳健设计、精益生产等方法,使产品/流程在低成本下实现六西格玛管理品质。

(1)D(define)。与 DMAIC 的定义阶段类似,其目标为确定新设计生产、新提供服务的品质为关键点,通过质量功能展开等方法获得。

(2)M(measure)。测量现有设计满足品质关键点的潜在能力,在新产品设计时,测量阶段可能尚未有成型的设计方案,但可运用质量功能展开法、失效模式分析、故障树等技术对新方案满足品质关键点的能力进行预测。

(3)A(analyze)。对测量结果进行分析,找到可能的关键影响因素。

(4)D(design)。通过前面3个六西格玛管理 DMA 阶段,对客户要求及设计方案应具备的满足要求的能力已有较充分的认识,在设计阶段可结合以上信息展开设计。

(5)V(verify)。对设计结果进行全面试验和检测,对照定义阶段的客户要求,确认目标达成情况,如未达成,返回分析阶段重新开始,直至设计目标达成。

3. 关系

DMAIC、DMADV 分别用于改善和设计,但其主要流程和工具都是共通的,在通过六西格玛管理 DMADV 过程取得客户需求的六西格玛设计目标后,随客户要求的提高,可进入 DMAIC 模式进行持续改善。

二、六西格玛主要原则

在推动六西格玛时,企业要真正能够获得巨大成效,必须把六西格玛当成一种管理哲学。这个哲学里,有6个重要主旨,每项主旨背后都有很多工具和方法来支持。

1. 真诚关心顾客

六西格玛把顾客放在第一位。例如在衡量部门或员工绩效时,必须站在顾客的角度思考。先了解顾客的需求是什么,再针对这些需求来设定企业目标,衡量绩效。

2. 根据资料和事实管理

21世纪以来,虽然知识管理渐渐受到重视,但是大多数企业仍然根据意见和假设来做决策。六西格玛的首要规则便是厘清"要评定绩效,究竟要做哪些衡量",然后再运用资料进行分析,了解公司表现距离目标有多少差距。

3. 以流程为重

无论是设计产品,或提升顾客满意度,六西格玛都把流程当作是通往成功的交通工具,是一种提供顾客价值与竞争优势的方法。

4. 主动管理

企业必须时常主动去做一些一般公司常忽略的事情,例如设定远大的目标,并不断检讨;设定明确的优先事项;强调防范而不是救火;常质疑"为什么要这么做",而不是常说"我们都是这么做的"。

5. 协力合作无界限

改进公司内部各部门之间、公司和供货商之间、公司和顾客之间的合作关系,可以为企业带来巨大的商机。六西格玛强调无界限的合作,让员工了解自己应该如何配合组织大方向,并衡量企业的流程中,各部门活动之间有什么关联性。

6. 追求完美但同时容忍失败

在六西格玛企业中,员工不断追求一个能够提供较好服务,又降低成本的方法。企业持续追求更完美,但也能接受或处理偶发的挫败,从错误中不断学习。

三、六西格玛与供应商质量的关系

六西格玛关注改进质量(如减少浪费),帮助企业更好、更快、以更低成本提供产品和服务。用更传统的方式表述,六西格玛集中精力于预防缺陷、缩短周期、降低成本。有别于漫不经心的成本削减计划(导致价值降低,质量下降),六西格玛会识别并且削减那些不会给顾客带来任何价值的成本。

六西格玛摒弃了许多早期全面质量管理的复杂性。某专家估计全面质量管理采用了超过400种工具及技术。六西格玛则依赖少数经选定的方法,并且对所谓的"六西格玛黑带"们进行培训,使他们可以应用某些复杂的质量管理工具和方法。例如,在最终设计定型和成本确定前,黑带们会采用实验设计方法来寻找和消除缺陷。六西格玛要求每百万产品中只有3.4个次品。

六西格玛质量在很多方面都与采购和供应链管理有联系。首先,在第三和第四层西格玛质量水平经营的供应商一般会花费他们收益的25%~40%在解决问题上。在残酷的成本削减压力的时代,这个质量水平不能够支持长期的成功。而在六西格玛水平上经营的供应商一般只花费其收益中不到5%的费用在解决问题上。其次,质量管理不仅仅是对内部质量进行管理。市场成功还要求企业确定第一级、第二级甚至第三级供应商等上游的废弃物。许多供应商发展计划都需要来自采购企业的专家来帮助小型供应商追寻六西格玛质量,帮助供应商提升生产率,降低成本。

帮助供应商改进的一个方面是对其进行六西格玛绩效改善模型的培训,应用这个模型的供应商可以提高质量改善的速度。供应商还可以使质量改善成为其经营体系中的一部分。图8-3列出了这个模型的特征,该模型也可以称作DMAIC模型,即D(定义)、M(考核)、A(分析)、I(改善)、C(控制)。

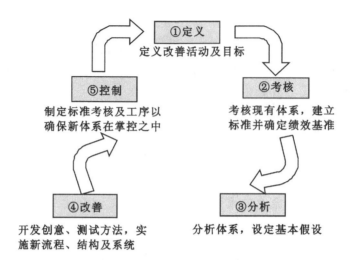

图 8-3 六西格玛供应商绩效改善模型

四、六西格玛与 TQM、ISO9000 异同

(一) 与 TQM 关系

1. 相同点

(1) 目标相同:追求质量卓越。

(2) 工具相同:运用统计工具对流程、产品进行测量。

2. 不同点

(1) TQM 注重管理生产现场,六西格玛注重业务流程整合。

(2) TQM 的标准往往是自己定义的,六西格玛是来自顾客的标准。

(3) TQM 没有注重将质量改进的任务有机地整合到公司的运营中。

(二) 与 ISO9000 系列关系

1. 相同点

(1) 目标相同:追求质量卓越。

(2) 关注点相同:注重流程。

2. 不同点

(1) ISO 系列认证使企业具备经营运作的基本能力,六西格玛使企业追求高水平的绩效。

(2) ISO 系列认证的主要目标之一是取得企业外部的认可,六西格玛管理的推行注重给企业带来持续改进和利益。

第四节　供应商质量体系

一般来说，质量标准如 ISO9000:2008 和 ISO14000:2004 是为了建立和维持生产及服务过程的稳定性。反之，使用者或顾客可使用这些标准来判断商品或服务是否符合要求。对生产者来说，这些标准可以确保其生产的商品和服务与标准是一致的。

在美国，供应商认证过程中采用一整套质量标准的企业相对较少，这会造成成果重复及其他低效率的情况。当考核和评估供应商质量管理体系的时候，采购经理渐渐转向制定质量监测及考核系统。

3 个得到肯定的质量管理体制分别是 ISO9000:2008 标准、ISO914000:2004 标准及波多里奇国家质量奖。那些没有足够资源来评估或认证供应商质量的企业通常会接受 ISO9000:2008 认证作为供应商质量能力的一个证明。其他企业则在发展它们自己的评估或者认证过程时，使用 ISO9000:2008、ISO914000:2004 及波多里奇国家质量奖。正是基于这些原因，对这 3 个体制有一个基本的了解就显得尤为重要。

一、ISO9000:2008 认证

在全球范围得到迅速认可的方法就是通过 ISO9000 认证。1987 年，ISO9000 在欧洲制定，它最初是一系列流程质量标准——并非产品标准，因为产品质量就是一个流程的结果，满足这些标准不是一件容易的事，尽管这被认为是在全球竞争中的最低要求。据估计，目前已经给 150 多个国家的组织颁发了 100 多万份资格认证书。这些标准无法描述业务该如何经营，但是可以作为提高经营能力的基础。

2000 年 12 月 15 日，总部位于瑞士日内瓦的 ISO 发布了 ISO9000 标准的第 4 版，被称为 ISO9000:2008，相较于 2000 年更新的第 3 版进步很大。尽管企业是以 ISO9000:2008 标准为词汇术语的准则及说明，但是企业得到的实际认证是 ISO9001:2008。在新的标准中，语言相对简单，整个标准是以提纲形式而不是段落章节来介绍。另外，ISO9002 和 ISO9003 也不再存在，ISO9004:2008 则作为在 ISO9001:2008 的基本要求之上，提供绩效改善准则的文件而保留。为了能长期有效，每隔 3 年就要完成注册。

在 ISO9000:2008 标准中包含 5 个主要部分。自从 ISO9000:2008 标准可以适应于所有行业的所有组织后，标准的要求变得复杂且很难理解。

(1)质量管理系统(quality management system, QMS)。

(2)管理责任。

(3)资源管理。

(4)产品实现。

(5)测量、分析及改进。

质量管理的第一部分包含了实施 ISO9000:2008 需要的活动和步骤。实质上,这一部分要求申请人清晰地描述生产过程及相关活动以构建质量管理系统;描述生产过程和活动的相互作用及先后顺序;描述怎么运营及控制生产过程;描述如何产生和传播支持性信息;描述怎样指导检查和分析过程。质量管理系统由质量手册、相关程序和工作指导构成。可以使用共同的模板来管理。

第二部分有关管理质量责任,包括组织的质量政策和质量目标信息。高管必须强调在组织内已经建立了质量责任及管理制度。一个好的方法是制定标准格式的岗位描述,其中包括质量相关内容。在公司内必须有一位专门负责质量管理、承担责任的高管。

第三部分讨论了公司如何把需要的资源有效地用于实现、维持和提高公司的质量管理系统。公司在配置这些资源时应该同时强调人力资源的需要和顾客满意度,配置资源的目标是改进质量,包括培训和员工发展需要。

第四部分强调公司如何设计及传递它的产品及服务。ISO9000:2008 将产品实现定义为"实现产品的生产过程的主要流程和子流程"。本质上,这是指如何设计、生产、评估、处理及运输公司产品。由于 ISO9000:2008 的一般属性,这些一般活动适用于服务传递系统。特别需要强调的是公司在提供产品、服务的过程中如何尝试理解、交流及满足客户的需要。公司可准备工作指南和工作流程图表来说明完成方法。

最后一部分概括了公司需要如何发展指标、如何进行测量及监督,这样就可以采取正确的行动。测量及监督活动应该包括内部审计程序、外部供应商审计及如何有效地获得客户反馈。需要清晰的定义、计划及实现所有相关的测量及监督活动,这样就可以依据事实而不是猜想来管理公司。这一部分也许是最重要的,在公司注册 ISO9000:2008 时重点强调这一部分。

修正的 ISO9000:2008 标准依据以下 8 个普遍接受的质量管理原则:

(1)顾客导向。

(2)领导力。

(3)全员参与。

(4)流程方法。

(5)系统的管理方法。

(6)持续改进。

(7)以事实为基础的决策制定方法。

(8)双赢的供应商关系。

ISO9000:2008 遵循基于流程的质量管理方法,强调计划实施、分析结果及做出改善,供应商对得到ISO9000:2008质量认证有极大的兴趣,尤其是当客户(如买方)认为该证书有价值的时候。供应商可以从获得ISO认证中得到许多好处。例如,买方立即可见供应商得到国际上接受的质量流程标准认证。此外,买方可能在单独认证项目中愿意接受ISO9000:2008认证,这对买方和供应商来说都意味着较低的成本。

每个获得ISO9000:2008认证的供应商都被列在了满足ISO标准的企业名录中。这份名录的内涵就是,它会吸引那些希望与通过ISO认证的企业做生意的潜在客户。通过ISO9000:2008认证的供应商还可以获得有利位置来满足相应的美国国家标准委员会制定的标准。

采购企业还可以从已经获得ISO9000:2008认证的供应商那里获益。首先,很少有企业有足够大的规模和资源来制定并实施复杂的供应商验证监测,而该认证恰恰可以为供应商质量体系的一致性提供识别力,这一点是买方有可能缺乏的。因此,采购企业就可以从获得质量的供应商那里获益,同时不需要自己实际实施质量验证监测。

对买方来说,另一个潜在的益处就是由供应商来承担满足标准及支付ISO认证费用的责任。对其自身的供应商认证来说,采购企业需要承担绝大多数甚至全部与认证相关的费用。而ISO9000:2008认证则要求供应商与独立的注册代理机构签订合同,该代理机构对其实施ISO9000:2008监测。

最重要的是,获得ISO9000:2008认证的供应商能够表现出比其他没有获得认证的供应商更高的质量。买方会对这些供应商满足甚至超越质量要求的能力有更大的信心。

【经典案例】

ISO9000经历了根本性转变员工

杰克·韦斯特作为修订ISO9000系列标准的ISO委员会的美国代表,他说:"人们应该拥有一个可以反映他们实际操作的质量体系,而不是手册里20个项目中的一些任意结构。"像这样的观点使ISO技术委员会在2000年修订了ISO9000标准,它上次修改的时间是1994年。新的ISO质量标准被称作ISO9000:2000,ISO9001:2000和ISO9004:2000它们反映了下列8个原则。

原则1——以顾客为中心。企业应该了解现在及将来的需求,并努力超越顾客期望。

原则2——领导力。领导者制定目标及方向。他们应该创造一个内部环境,在这里人们可以帮忙实现企业的目标。

原则3——参与人员。员工在所有层面上的全程参与对企业非常有利。

原则4——流程研究。关注流程而不是产出,才能够帮助达到所需的成果。

原则5——管理的体系方法。识别、理解并管理相关的流程作为一个贡献有效性和效率的体系。

原则6——持续改善。持续改善绩效是企业应该坚持的长久目标。

原则7——决策制定的客观方法。需要客观分析而不是主观分析，决定必须是有效的决策制定。

原则8——互利的供应商关系。企业与其供应商是相互依赖的，这种相互依赖性提高了创造价值的能力。

二、ISO14000:2004 标准

绿色及可持续经营的理念在全球市场中的地位日益提升。ISO14000:2004一系列的标准最初成立于1993年，是为了提高人们的环境保护意识和防治污染意识。这种公司主动分析环境管理影响和碳放量的方式非常好。与ISO9000:2008相比，ISO14000:2004更具有宽泛性和一般性，但是它不需要环境绩效的具体情况。

这一标准从更宽泛的角度涵盖了环境学科的内容，从公司的环境管理系统（environmental management system，EMS）到强调"商标、绩效评估、生命周期分析、交流及审计"都包含在内。通过ISO14000:2004认证过程实现的好处有污染减少、负债下降、法规遵从性上升、公共关系更好及保险费降低。在ISO14000:2004认证下，公司的环境管理系统应该包括怎样评估环境影响、怎样提高环境绩效及怎样实施解决环境问题（包括监测及测量）的系统方法。

另一个进行和实现ISO14000:2004认证的主要结果是：通过提高资源管理水平和减少浪费得到更多的利润。ISO14000:2004是一组自愿标准，分为以下两个标准：过程导向和产品导向标准。它不是依靠现存的政府监管设立排放和污染水平，或者详述具体的测试方法。

很多采购公司要求其供应商除了进行ISO9000:2008认证外，还要进行ISO14000:2004认证。为了认证，这些供应商必须公布公司的环境政策、开发综合性的环境管理系统、实施有效的内部审计系统及做出改进计划。

三、美国波多里奇国家质量奖

1987年，里根总统签署了波多里奇国家质量奖法案，这项法案颁布了对制造企业、服务企业和小型企业的质量改善表示认可的国家奖项。最近这一奖项把教育机构、健康机构、政府和非营利组织包括在内。注意波多里奇国家质量奖的获奖者需要把他们的质量绩效和策略的相关信息对美国其他组织及公司进行宣传。但是，他们不必分享任何所有权信息，不管这是否包含在原始申请中。

一些被认可的质量专家，如约瑟夫·朱兰博士，他制定了奖项的标准。从那时起，这个标准开始成为全面质量管理的操作定义，而且申请指标的广泛宣传，使得许多经理都对全面质量管理的波多里奇国家质量奖有所了解。许多企业把波多里奇国

家质量奖作为全面质量管理体系的模板,而且该奖项的另一个重要产出就是对全面质量管理实践的创新和宣传。

许多经理坚信,波多里奇国家质量奖为北美企业提供了一套比ISO9000:2008更加复杂的与质量相关的标准。这个奖项是一项角逐,同时也表明获得该奖项的企业不仅擅长质量管理,而且在质量成效方面也有非常杰出的表现。该奖项的应用为实施质量项目提供了广阔的体制,而且制定了适合监测质量进展的基准。尽管美国政府这些年来已经发放了上千种奖项,但是,在最近几年,得到这些奖项的企业数量越来越少。现在大多数公司申请波多里奇国家质量奖是为了把它作为内部使用的质量管理工具,而不是为了获奖。即使公司没有得到波多里奇国家质量奖,但它也会收到一个具体的反馈报告,这一报告是质量专家对收到的公司申请材料的严格考评后完成的。

一家企业建立一个有竞争力获得质量奖的质量体系需要耗费8～10年的时间。波多里奇国家质量奖由7个独立的类别组成,这7个类别的权重之和为1000分。它们分别是领导力、战略计划、客户与市场中心、信息与分析、人力资源中心、流程管理和业务成果,这在表8-8中有相关描述。得分为700分或以上表现优秀的企业就可以平衡每个类别并且都是有杰出的表现。

表8-8 波多里奇国家质量奖

得分汇总工作表——企业标准			
检验员姓名		申请号	
标准项目概要	总体最高分 A	得分百分比 0～100% B(每级1%～10%单位)	得分 C
1 领导力 1.1 企业领导力 1.2 公共责任及公民权 类别小结	85 40 125		
2 战略计划 2.1 战略发展 2.2 战略部署 类别小结	40 45 85		
3 客户及市场中心 3.1 客户及市场知识 3.2 客户满意度及客户关系 类别小结	40 45 85		
4 信息与分析 4.1 企业绩效考核 4.2 企业绩效分析 类别小结	40 45 85		

续表

标准项目概要	总体最高分 A	得分百分比 0～100% B(每级 1%～10%单位)	得分 C
5　人力资源中心 5.1　工作体系 5.2　员工教育、培训及发展 5.3　员工福利及满意度 类别小结	 35 25 25 85		
6　流程管理 6.1　产品及服务流程 6.2　支持流程 6.3　供应商及合作流程 类别小结	 55 15 15 85		
7　企业成果 7.1　企业客户中心成果 7.2　财政及市场成果 7.3　人力资源成果 7.4　供应商与合作伙伴成果 7.5　企业效率成果 类别小结	 115 115 80 25 115 450		
总计	1000		

资料来源：U. S. Department of Commerce，National Institute of Standardsand Technology，Retrieved from http：//www. quality. nist. gov.

持续改进是波多里奇国家质量奖中最基础的也是最重要的原则。在每条主要的标准当中，企业必须说明其计划在哪个领域进行改善。这个标准既是流程导向的，也是结果导向的，并且应用于经营、流程、战略及要求当中。

波多里奇国家质量奖与供应商质量有什么关系？许多企业在设计供应商质量评估体系的时候都采用波多里奇国家质量奖标准。像康明斯发动机、摩托罗拉、太平洋贝尔、阿尔卡特及霍尼韦尔这样的企业都采用波多里奇国家质量奖的修订版来指导他们主要供应商质量体系的深层次研究。他们采用类似的计分系统，受训的评估者会花上几天时间对供应商的厂房进行实地访问，以评估他们持续改进的成效。积极的企业明白把设置好的质量原则和标准运用到其全面供应链质量成效背后的逻辑中。

四、供应商质量手册的基本内容

供应商与买方之间沟通不好时会造成误解，特别当他们之间存在实质性差异的时候。解决这一潜在问题的最有效工具是准备一个周密的供应商质量手册，它会概括和讨论买方的相关政策和质量要求。另外，若买方拥有可行的供应商质量手册，那么在选择新供应商或帮助现有供应商提高绩效时，买方就可以利用标准化流程，而不必白费力气重复工作。

有效的供应商质量手册应该包含哪些内容呢？就其属性来讲，手册应该具有一般性，但它至少应该包括各种质量控制和过程管理程序，以及文档管理。另外，供应商质量手册应该区分出供应商和买方的基本责任，它也至少应该描述供应商检查过程的要求，包括使用统计过程进行控制、持续改进、测试、样本评估、绩效改进及其他。供应商质量手册的另一个关键因素是定义质量事故发生时的交流方法。沟通过程的一部分目标是与供应商公司保持及时的联系。

周密的供应商质量手册应该描述供应商选择及评估过程，以及买方如何进行审计。伴随这一过程要讨论的是买方实施的各种质量改进项目及活动，如供应商认证及供应商发展。任何相关内容都要包括在必要的指导下。要解释控制所有权信息的任何要求和程序，包括保密协议。

很多公司的供应商质量手册可能都会包括生产支持过程，简单地验证供应商的产品满足买方规格及任何相关工程需求的接收程序，也要解释当规格和工程需求改变时提交工程变更单的过程。

如果需要评估供应商生产能力，手册应该从买方和供应商二者的角度描述如何进行生产能力分析。任何买方进行的产品简单测试和评估活动都应该列出来，避免引起任何一方的误解。如果发生质量事故，供应商质量手册应该描述买方和供应商的相关责任，这会涉及成本、时间和资源配置。与此相关，需要定义应如何处理和储存不合规格的产品。明确定义索赔程序，以及如何改善以防止未来再次出现不符合要求的产品。

如果买方已经对供应商进行分类，那么就要说明供应商晋升更高层次类别要遵循的程序，如优先级供应商等。供应商质量手册需要区分出针对不同类别供应商的具体市场、包装、物料处理要求。

【经典案例】

位于宾夕法尼亚州利芬特的沃伦超性能研磨机厂是圣戈班陶瓷和塑料集团的一个工厂，圣戈班集团是一家法国公司，是世界上最大的建筑材料公司。一位亚洲顾客——生产高容量数据存储设备的制造商，指出从沃伦采购的其中一种商品的问题。聚晶金刚石浆在生产磁盘驱动器时阻塞了顾客的过滤器，另外在纹理过程的清理步骤后发现未知的膜。

沃伦的产品与技术销售经理罗恩.阿伯拉姆很快召集质量控制团队来处理出现的质量问题。幸运的是，供应商以前开发了一套正式的问题解决方法，它包含有关质量问题的结构性问题和一系列审核程序。在这个例子中，问题解决过程需要回答的问题包括：

(1)第一次发现问题是在什么时候？

(2)批号是什么？

(3)哪组当班?
(4)操作人员是新人还是有经验的员工?
(5)是否已经分析了过滤器?
(6)我们是否能把金刚石浆送回分析?
(7)是否有东西混入产品?

问题来自聚晶金刚石浆的最后一次运输过程,但是顾客因为情况紧急不能退回样本。因为只有3天的存货,所以需要立刻运输金刚石浆。库存下降时,要求顾客缩减生产线,这在磁盘驱动器行业中是不能接受的条件,因为若错过运输最后期限就要被罚款。

磁盘驱动器的纹理模式是一样的,纹理模式可译成电码,读写磁盘器就可以检索到二进制编码信息。在处理纹理后,会清洗磁盘器并送到下一个生产过程。

最初,供应商没有意识到磁盘驱动器过滤了聚晶金刚石浆。一旦意识到这一情况,质量控制团队立刻调查泥浆颗粒大小,另一个部门发现细菌可能引起了污染,通过使用避开皮式培养皿的技术检测增长的细菌。沃伦发现泥浆中有细菌,因为要在短时间内向亚洲顾客提供泥浆的替代产品,所以使用的解决方法是在80℃时用巴氏消毒法对泥浆消毒10分钟。测试表明此时细菌被杀死,这样沃伦就能为顾客生产一批能够维持严格生产计划的泥浆替代产品。

通过进一步调查,沃伦发现由于细菌增长,需要更高密度的磁盘驱动器来满足客户新的规格要求。

沃伦快速解决关键质量问题的能力表明在选择供应商时更应看重解决问题的能力,而不仅是为了满足生产和运输计划。不能过度强调买方与供应商之间解决问题时合作的重要性。买方不是只买一件产品或服务,他也需要评估供应商的其他能力。

资料来源:Abramshe,R." The Bug and the Slurry:Bacterial Control in Aqueous Products"(2007),Milwaukee,WI:American Society for Quality Retnevedfrom http://www.asq.org.

第九章 采购谈判与合同管理

第一节 采购谈判

一、采购谈判的内涵

1. 采购谈判的概念

采购谈判(acquisition negotiations)是指企业为采购商品与卖方厂商对购销业务有关事项,如商品的品种、规格、技术标准、质量保证、订购数量、包装要求、售后服务、价格、交货日期与地点、运输方式、付款条件等进行反复磋商,谋求达成协议,建立双方都满意的购销关系。采购谈判的程序可分为计划和准备阶段、开局阶段、正式洽谈阶段和成交阶段。

全球采购谈判是指采购谈判中涉及全球范围的不同企业,是采购谈判在地域范围上的扩大,相对于传统的采购谈判更具复杂性。

2. 采购谈判的特点

(1)合作性与冲突性。合作性表明双方的利益有共同的一面,冲突性表明双方利益又有分歧的一面。

(2)原则性和可调整性。原则性指谈判双方在谈判中最后退让的界限,即谈判的底线。可调整性是指谈判双方在坚持彼此基本原则的基础上可以向对方做出一定让步和妥协的方面。

(3)经济利益中心性。采购谈判中双方以追求各自利益为目标。

3. 采购谈判的意义

采购谈判是采购活动中的重要环节,对采购活动具有积极的意义。

(1)通过采购谈判,有利于降低采购成本。

(2)通过采购谈判,有利于保证产品质量。

(3)通过采购谈判,有利于采购物资及时送货。

(4)通过采购谈判,有利于获得比较优惠的服务项目。

(5)通过采购谈判,有利于降低采购风险。

(6)通过采购谈判,有利于妥善处理纠纷,维护双方的效益及正常关系,为以后的继续合作创造条件。

4. 采购谈判的影响因素

采购谈判包括多个复杂环节,受到多个因素的影响。

(1)交易内容对双方的重要性。

(2)各方对交易内容和交易条件的满足程度。

(3)竞争状态。

(4)对于商业行情的了解程度。

(5)企业的信誉和实力。

(6)对谈判时间因素的反应。

(7)谈判的艺术和技巧。

二、采购谈判的原则

在采购谈判过程中,需要遵循多个原则,其中最主要的是合作原则和礼貌原则。

1. 合作原则

合作原则包括合作中量的准则、质的准则、关系准则和方式准则,具体要求如下。

(1)量的准则:所说的话包括交谈所需要的信息,所说的话不应包含超出的信息。

(2)质的准则:不要说自知是虚假的话,不要说缺乏足够证据的话。

(3)关系准则:所说的话内容要关联并切题,不要漫无边际地胡说。

(4)方式准则:清楚明白,避免晦涩、歧义,要简练、井井有条。

2. 礼貌原则

礼貌原则包括以下6个准则。

(1)得体准则:减少表达有损于他人的观点。

(2)慷慨准则:减少表达利己的观点。

(3)赞誉准则:减少表达对他人的贬损。

(4)谦逊准则:减少对自己的表扬。

(5)一致准则:减少自己与别人在观点上的不一致。

(6)同情准则:减少自己与他人在感情上的对立。

三、采购谈判的流程

按照时间推进和事件发展,采购谈判的流程可以分为3个显著的阶段:谈判前、谈判中和谈判后。

1. 采购谈判前计划的制定

成功的谈判计划包括以下内容:

(1)确立谈判的具体目标。

(2)分析各方的优势和劣势。

(3)收集相关信息。

(4)认识对方的需要。

(5)识别实际问题和情况。

(6)为每一个问题设定一个成交位置。

(7)开发谈判战备与策略。

(8)向其他人员简要介绍谈判内容。

(9)谈判预演。

2. 采购谈判过程中的步骤

在谈判过程中,一般分为5个阶段。

(1)双方互做介绍,商议谈判议程和程序规则。

(2)探讨谈判所涉及的范围,即双方希望在谈判中解决的事宜。

(3)要谈判成功,双方需要达成一致意见的共同目标。

(4)在可能的情况下,双方需要确定并解决阻碍谈判达成共同目标的分歧,并就分歧进行讨论。

(5)达成协议,谈判结束。

3. 采购谈判后的工作

采购谈判结束后,还需要做好以下工作。

(1)起草一份声明,尽可能清楚地详述双方已经达成一致的内容,并将其呈送到谈判各方以便提出自己的意见并签名。

(2)将达成的协议提交给双方各自的委托人,也就是双方就哪些事项达成协议,从该协议中可以获得什么益处。

(3)执行协议。

(4)设定专门程序监察协议履行情况,并处理可能会出现的任何问题。

(5)在谈判结束后和对方举行一场宴会是必不可少的,在激烈交锋后,这种方式可以消除谈判过程中的紧张气氛,有利于维持双方的关系。

四、采购谈判的技巧

1. 入题技巧

谈判双方刚进入谈判场所时,难免会感到拘谨,尤其是谈判新手,在重要谈判中,往往会产生忐忑不安的心理。为此,必须讲求入题技巧,采用恰当的入题方法。

(1)迂回入题。为避免谈判时单刀直入、过于暴露,影响谈判的融洽气氛,谈判时可以采用迂回入题的方法,如先从题外话入题,从介绍己方谈判人员入题,从"自谦"入题,或者从介绍本企业的生产、经营、财务状况入题等。

(2)先谈细节、后谈原则性问题。围绕谈判的主题,先从洽谈细节问题入题,条分缕析,丝丝入扣,待各项细节问题谈妥之后,也便自然而然地达成了原则性的协议。

(3)先谈一般原则、再谈细节。一些大型的采购谈判,由于需要洽谈的问题千头万绪,双方高级谈判人员不应该也不可能介入全部谈判,往往要分成若干等级进行多次谈判。这就需要采取先谈原则问题,再谈细节问题的方法入题。一旦双方就原则问题达成了一致,那么,洽谈细节问题也就有了依据。

(4)从具体议题入手。大型谈判总是由具体的一次次谈判组成,在具体的每一次谈判中,双方可以首先确定本次会议的谈判议题,然后从这一议题入手进行洽谈。

2. 阐述技巧

(1)开场阐述。谈判入题后,接下来就是双方进行开场阐述,这是谈判的一个重要环节。

开场阐述的要点具体包括:一是开宗明义,明确本次会谈所要解决的主题,以集中双方的注意力,统一双方的认识。二是表明我方通过洽谈应当得到的利益,尤其是对我方至关重要的利益。三是表明我方的基本立场,可以回顾双方以前合作的成果,说明我方所享有的信誉;也可以展望或预测今后双方合作中可能出现的机遇或障碍;还可以表示我方可采取何种方式共同获得利益做出贡献等。四是开场阐述应是原则的而不是具体的,应尽可能简明扼要。五是开场阐述的目的是让对方明白我方的意图,创造协调的洽谈气氛,因此,阐述应以诚挚和轻松的方式来表达。

(2)对对方开场阐述的反应。对对方开场阐述的反应具体包括:一是认真耐心地倾听对方的开场阐述,归纳对方开场阐述的内容,思考和理解对方的关键问题,以免产生误会。二是如果对方开场阐述的内容与我方意见差距较大,不要打断对方的阐述,更不要立即与对方争执,而应当先让对方说完,认同对方之后再巧妙地转开话题,从侧面进行谈判。

(3)主要技巧。

①让对方先谈。在谈判中,当你对市场态势和产品定价的新情况不太了解,或者尚未确定购买何种产品,或者你无权直接决定购买与否的时候,你一定要坚持让对方先说明可提供何种产品,产品的性能如何,产品的价格如何等,然后再审慎地表达意见。有时即使你对市场态势和产品定价比较了解,有明确的购买意图,而且能直接决定购买与否,也不妨先让对方阐述利益要求、报价和介绍产品,然后你在此基础上提出自己的要求。这种先发制人的方式,常常能收到奇效。

②坦诚相见。谈判中应当提倡坦诚相见,不但要将对方想知道的情况坦诚相告,

而且可以适当透露我方的某些动机和想法。

坦诚相见是获得对方同情的好办法,人们往往对坦诚的人有好感。但是应当注意,与对方坦诚相见,难免要冒风险。对方可能利用你的坦诚逼你让步,你可能因为坦诚而处于被动地位,因此,坦诚相见是有限度的,并不是将一切和盘托出,总之,以既赢得对方的信赖又不使自己陷于被动、丧失利益为度。

(4)注意正确使用语言。

①准确易懂。在谈判中,所使用的语言要规范、通俗,使对方容易理解,不至于产生误会。

②简明扼要,具有条理性。由于人们有意识的记忆能力有限,对于大量的信息,在短时间内只能记住有限的、具有特色的内容,所以,我们在谈判中一定要用简明扼要而又有条理性的语言来阐述自己的观点。这样,才能在洽谈中收到事半功倍的效果。反之,如果信口开河,不分主次,话讲了一大堆,不仅不能使对方及时把握要领,而且还会使对方产生厌烦的感觉。

③第一次要说准确。在谈判中,当双方要你提供资料时,你第一次要说准确,不要模棱两可,含混不清。如果你对对方要求提供的资料不甚了解,应延迟答复,切忌脱口而出。要尽量避免所使用含上下限的数值,以防止波动。

④语言富有弹性。谈判过程中使用的语言,应当丰富、灵活、富有弹性。对于不同的谈判对手,应使用不同的语言。如果对方谈吐优雅,则应该用语也十分讲究,做到出语不凡;如果对方语言朴实无华,那么我方用语也不必过多修饰。

3. 提问技巧

要用提问摸清对方的真实需要、掌握对方心理状态、表达自己的意见观点。

(1)提问的方式。

①封闭式提问:答案是唯一的,是有限制的,是在提问时给对方一个框架,让对方只能在框架里选择回答。

②开放式提问:答案是多样的,是没有限制的和框架的,可以让对方自由发挥。

③婉转式提问:在没有摸清对方虚实的情况下,采用婉转的语气或方法,在适宜的场所或时机向对方提问。这种提问既可避免被对方拒绝而出现难堪局面,又可以自然地探出对方的虚实,达到提问的目的。

④澄清式提问:针对对方的答复重新措辞,使对方证实或补充原先答复的一种提问。它不仅能确保谈判双方在同一语言层面上沟通,而且可以从对方处进一步得到澄清、确认的反馈。

⑤探索式提问:针对谈判对手的答复要求引申举例说明的一种提问。它不仅可以探测到对方对某一问题的进一步的意见,而且可以发掘更多的信息。

⑥借助式提问:借助权威人士的观点和意见影响谈判对手的一种提问。应当注意,所借助的人或单位应是对方所了解并且能对对方产生积极影响的,如对方不了解借助人或对他有看法,就可能引起反感,效果适得其反。

⑦强迫选择式提问:以自己的意志强加给对手,并迫使对方在狭小范围内进行选择的提问。运用这种提问方式要特别慎重,一般应在己方掌握充分主动权的情况下使用。否则,很容易引起谈判出现僵局,甚至出现破裂。

⑧引导式提问:具有强烈的暗示性。这类提问几乎使对方毫无选择余地地按你所设计的提问作答。

⑨协商式提问:为使对方同意你的观点,采用商量的口吻向对方发出的提问。这种提问,语气平和,对方容易接受。而且即使对方没有接受你的条件,但是谈判的气氛仍能保持融洽,双方仍有继续合作的可能。

(2)提问的时机。

①在对方发言完毕时提问。

②在对方发言停顿、间歇时提问。

③在自己发言前后提问。

④在议程规定的辩论时间提问。

(3)提问的其他注意事项。

①注意提问速度。

②注意对方心境。

③提问后给对方足够的答复时间。

④提问时应尽量保持问题的连续性。

4.答复技巧

在采购谈判中,答复不是件容易的事,回答的每一句话,都会被对方理解为是一种承诺,都负有责任。

采购谈判中的答复时应注意:

(1)不要彻底答复对方的提问。

(2)针对提问者的真实心理答复。

(3)不要确切答复对方的提问。

(4)降低提问者追问的兴趣。

(5)让自己获得充分的思考时间。

(6)礼貌地拒绝不值得回答的问题。

(7)找借口拖延答复。

5.说服技巧

(1)说服原则。

①不要只说自己的理由。

②研究分析对方的心理、需求及特点。

③消除对方戒心、成见。

④不要操之过急、急于奏效。

⑤不要一开始就批评对方,把自己的意见观点强加给对方。

⑥说话用语要朴实亲切、不要过多讲大道理;态度诚恳、平等待人、积极寻求双方的共同点。

⑦承认对方"情有可原",善于激发对方的自尊心。

⑧坦率承认如果对方接受你的意见,你也将获得一定利益。

(2)说服具体技巧。

①讨论先易后难。

②多向对方提出要求、传递信息、影响对方意见。

③强调一致、淡化差异。

④先谈好后谈坏。

⑤强调合同有利于对方的条件。

⑥待讨论赞成和反对意见后,再提出你的意见。

⑦说服对方时,要精心设计开头和结尾,要给对方留下深刻印象。

⑧结论要由你明确提出,不要让对方揣摩或自行下结论。

⑨多次重复某些信息和观点。

⑩多了解对方、以对方习惯的能够接受的方式逻辑去说服对方;先做铺垫,强调互惠互利、互相合作的可能性、现实性。激发对方在自身利益认同的基础上来接纳你的意见。

6. 谈判14戒

(1)准备不周。缺乏准备,无法得到对手的尊重,无法知己知彼,则容易漏洞百出。

(2)缺乏警觉。对供应商叙述的情况和某些词汇不够敏感,无法抓住重点,无法迅速充分地利用洽谈中出现的有利信息和机会。

(3)脾气暴躁。盛怒之下往往难以明智地做出决定,并且需要承担不必要的风险。同时会给对方留下非常不好的印象,在对方的心目中形成偏见,使日后的谈判处于被动地位。

(4)自鸣得意。骄兵必败的原因是骄兵很容易过于暴露自己,结果让对手看清缺点,并失去深入了解对手的机会。

同时,骄傲会令人做出不尊重对方的言行,激化对方的敌意和对立,增加不必要的矛盾，最终增大自己谈判的难度。

(5)过分谦虚。过分谦虚可能会产生两个效果，一个是让别人认为你缺乏自信，缺乏能力，而失去对你的尊重；另一个是会让人觉得你太世故，缺乏诚意，对你有戒心，产生不信任的感觉。

(6)不留情面。赶尽杀绝，会失去对别人的尊重，同时在关系型地区，也很有可能影响自己的职业生涯。

(7)轻诺寡信。不要为了满足自己的虚荣心越权承诺，或承诺自己没有能力做到的事情。不但使个人信誉受损，同时也影响企业的商誉。

(8)过分沉默。过分沉默会令对方很尴尬，也会减少信息的表达，最终无法通过充分沟通了解更多的信息，这反而争取不到更好的交易条件。

(9)无精打采。采购人员一天见几个供应商后就很疲劳了，但这时依然要保持职业面貌。不要冲着对方的高昂兴致泼冷水，这可能会失去很多的贸易机会。

(10)仓促草率。工作必须是基于良好的计划管理，仓促草率的后果是被供应商认为不重视，从而无法赢得对方的尊重。

(11)过分紧张。过分紧张是缺乏经验和自信，通常供应商会觉得遇到了生手，好欺负，一定会好好利用这个机会从而会抬高谈判的底线，即可能一开始就无法达到设定的谈判目标。

(12)贪得无厌。工作中，在合法合理的范围里，富有经验的供应商总是以各种方式迎合和讨好采购人员，遵纪守法、自律廉洁是采购员的基本职业道德，也是发挥业务能力的前提。

(13)玩弄权术。不论是处理企业内部还是外部的关系都应以诚实、客观的处事态度和风格来行事。玩弄权术最终受损的是自己，因为时间会使真相暴露。

(14)泄露机密。"天机不可泄露"，严守商业机密是职工职业道德中最重要的品质。要时刻保持警觉性，在业务沟通中要绝对避免披露明确和详细的业务信息。如果有事要离开谈判座位时，一定要合上资料、关掉电脑，或将资料直接带出房间。

五、全球采购谈判策略

1. 避免争论策略

谈判中出现分歧是很正常的事。出现分歧时应始终保持冷静，防止感情冲动，尽可能地避免争论。

2. 抛砖引玉策略

抛砖引玉策略是指在谈判中，一方主动提出各种问题，但不提供解决的办法，让对方来解决。这一策略不仅能尊重对方，而且又能摸清对方的底细，争取主动。这种策略在以下两种情况下不适用：谈判出现分歧时，对方会误认为是故意在给他出难题;若对方是一个自私自利、寸利必争的人,就会乘机抓住对他有利的因素,使你方处于被动地位。

3. 留有余地策略

在实际谈判中,不管是留有余地或真的没留什么余地,对方总认为你是留有余地的,所以在外商最看重的方面做了让步,但可在其他条款上争取最大利益。

4. 避实就虚策略

避实就虚策略是指你方为达到某种目的和需要,有意识地将洽谈的议题引导到相对次要的问题上,借此来转移对方的注意力,以求实现你的谈判目的。

5. 保持沉默策略

适当保持沉默是处于被动地位的谈判人员常用的一种策略,是为了给对方造成心理压力,同时也起缓冲作用。

6. 忍气吞声策略

谈判中占主动地位的一方有时会以一种咄咄逼人的姿态来表现自己。这时如果表示坚决反对或不满,对方会更加骄横甚至退出谈判。这时对对方的态度可不做任何反应,采取忍耐的策略,则可慢慢地消磨对方的棱角,挫其锐气,以柔克刚,反而能变弱为强。因为被动方忍耐下来,对方则得到默认的满足之后,反而可能会因此而通情达理,公平合理地与你谈判。

7. 多听少讲策略

多听少讲是忍耐的一种具体表现方式,也就是让对方尽可能多地发言,充分表明他的观点,这样做既能表示尊重对方,也可根据对方的要求,确定对付对方的具体策略。

8. 情感沟通策略

人皆有情感,在谈判中充分利用感情因素以影响对方,不失为一种可取的策略。

9. 先苦后甜策略

例如供应商想要在价格上有余地,可先在包装、运输、交货、付款方式等多方面提出较为苛刻的方案来作为交换条件。在讨价还价过程中,再逐步地做出让步。供应商鉴于对方的慷慨表现,往往会同意适当提价。而事实上这些"让步"是你方本来就打算给供应商的。但要注意的是这一策略只有在谈判中处于主动地位的一方才有资格使用。

10. 最后期限策略

处于被动地位的谈判者,总有希望谈判成功达成协议的心理。

当谈判双方各持己见、争执不下时,处于主动地位的谈判者就可利用这一心理,提出解决问题的最后期限和解决条件。期限是一种时间通牒,可使对方感到如不迅速作出决定,他会失去机会,从而给对方造成一种心理压力——谈判不成损失最大的还是他自己。只要处于谈判的主动地位,就不要忘记抓住恰当的时机来适时使用该策略。

使用该策略时还应注意:切记不可激怒对方,要语气委婉、措辞恰当、事出有因;要给对方一定的时间进行考虑,让对方感到不是在强迫他,而是向他提供了一个解决问题的方案,并由他自己决定具体时间;提出最后期限时最好还能对原有条件也有所让步,给人以安慰。

第二节 采购合同管理

一、采购合同

1. 采购合同的概念

采购合同是企业(供方)与分供方,经过双方谈判协商一致同意而签订的供需关系的法律性文件,合同双方都应遵守和履行,并且是双方联系的共同语言基础。签订合同的双方都有各自的经济目的,采购合同是经济合同,双方受《中华人民共和国经济合同法》保护并承担责任。

2. 采购合同的内容

全球采购合同的条款构成了全球采购合同的内容,应当在力求具体明确,便于执行,避免不必要纠纷的前提下,具备以下主要条款:

(1)商品的品种、规格和数量。商品的品种应具体,避免使用综合品名;商品的规格应具体规定颜色、式样、尺码和牌号等;商品的数量多少应按国家统一的计量单位标出。必要时,可附上商品品种、规格、数量明细表。

(2)商品的质量和包装。合同中应规定商品应符合的质量标准,注明是国家或部颁标准;无国家和部颁标准的应由双方协商凭样订(交)货;对于副、次品应规定出一定的比例,并注明其标准;对实行保换、保修、保退办法的商品,应写明具体条款;对商品包装的办法,使用的包装材料,包装式样、规格、体积、重量、标志及包装物的处理等,均应有详细规定。

(3)商品的价格和结算方式。合同中对商品的价格要做具体的规定,规定作价方法和变价处理等,以及规定对副品、次品的扣价办法;规定结算方式和结算程序。

(4)交货期限、地点和发送方式。交(提)货期限(日期)要按照有关规定,并考虑双方的实际情况、商品特点和交通运输条件等。同时,应明确商品的发送方式是送货、代运,还是自提。

(5)商品验收办法。合同中要具体规定在数量上验收和在质量上验收商品的办法、期限和地点。

(6)违约责任。签约一方不履行合同,必将影响另一方经济活动的进行,因此违约方应负物质责任,赔偿对方遭受的损失。在签订合同时,应明确规定,供应者有以下3种情况时应付违约金或赔偿金:

①不按合同规定的商品数量、品种、规格供应商品;

②不按合同中规定的商品质量标准交货;

③逾期发送商品。

购买者有逾期结算货款或提货,临时更改到货地点等,应付违约金或赔偿金。

(7)合同的变更和解除条件。合同中应规定,在什么情况下可变更或解除合同,什么情况下不可变更或解除合同,通过什么手续来变更或解除合同等。

此外,采购合同应视实际情况增加若干具体的补充规定,使签订的合同更切实际,行之有效。

3. 采购合同签订的原则

(1)合同的当事人必须具备法人资格。这里所指的法人,是有一定的组织机构和独立支配财产,能够独立从事商品流通活动或其他经济活动,享有权利和承担义务,依照法定程序成立的企业。

(2)合同必须合法。必须遵照国家的法律、法令、方针和政策签订合同,其内容和手续应符合有关合同管理的具体条例和实施细则的规定。

(3)签订合同必须坚持平等互利、充分协商的原则。

(4)签订合同必须坚持等价、有偿的原则。

(5)当事人应当以自己的名义签订经济合同。委托别人代签,必须要有委托证明。

(6)采购合同应当采用书面形式。

4. 采购合同签订的程序

签订合同的程序是指合同当事人对合同的内容进行协商,取得一致意见,并签署书面协议的过程。一般有以下5个步骤:

(1)订约提议。订约提议是指当事人一方向对方提出的订立合同的要求或建议,也称要约。订约提议应提出订立合同所必须具备的主要条款和希望对方答复的期限等,以供对方考虑是否订立合同。提议人在答复期限内不得拒绝承诺,即提议人在答复期限内受自己提议的约束。

(2)接受提议。接受提议是指提议被对方接受,双方对合同的主要内容表示同意,经过双方签署书面契约,合同即可成立,也叫承诺。承诺不能附带任何条件,如果附带其他条件,应认为是拒绝要约,继而提出新的要约。新的要约提出后,原要约人变成接受新的要约的人,而原承诺人成了新的要约人。实践中签订合同的双方当事人,就合同的内容反复协商的过程,就是要约—新的要约—再要约—直到承诺的过程。

(3) 填写合同文本。

(4) 履行签约手续。

(5) 报请签证机关签证,或报请公证机关公证。有的经济合同,法律规定还应获得主管部门的批准或工商行政管理部门的签证。对没有法律规定必须签证的合同,双方可以协商决定是否签证或公证。

二、采购合同管理

1. 采购合同管理的内容

采购合同的管理应当做好以下几方面的工作:

(1) 加强对公司采购合同签订的管理。加强对采购合同签订的管理,一方面是要对签订合同的准备工作加强管理,在签订合同之前,应当认真研究市场需要和货源情况,掌握企业的经营情况、库存情况和合同对方单位的情况,依据企业的购销任务收集各方面的信息,为签订合同、确定合同条款提供信息依据。另一方面是要对签订合同过程加强管理,在签订合同时,要按照有关的合同法规规定的要求,严格审查,使签订的合同合理合法。

(2) 建立合同管理机构和管理制度,以保证合同的履行企业应当设置专门机构或专职人员,建立合同登记、汇报检查制度,以统一保管合同、统一监督和检查合同的执行情况,及时发现问题,采取措施,处理违约,提出索赔,解决纠纷,保证合同的履行。同时可以加强与合同对方的联系,密切双方的协作,以利于合同的实现。

(3) 处理好合同纠纷。当企业的经济合同发生纠纷时,双方当事人可协商解决。协商不成时,企业可以向国家工商行政管理部门申请调解或仲裁,也可以直接向法院起诉。

(4) 信守合同,树立企业良好形象。合同的履行情况不仅关系到企业经营活动的顺利进行,而且也关系到企业的声誉和形象。因此,加强合同管理有利于树立良好的企业形象。

2. 采购合同管理的办法

(1) 目的。为加强采购合同管理工作,防范合同采购风险,维护采购企业利益,依据相关的法律法规和公司合同管理规定,可指定采购合同管理办法。

(2) 原则。采购合同管理办法规定采购合同管理的基本原则、运行机制,明确采购合同管理部门的职责,规定采购合同管理的具体内容。

(3)范围。采购合同管理办法适用于采购活动全过程。

(4)合同形式。采购合同必须采用书面形式订立。合同双方经签约协议,可以修改合同的文书、传真、图表、电子邮件、报价书、会签表等。

(5)合同内容要求。采购合同必须完整,符合合同的基本要求,其中的条款应当明确、具体,文字表述严谨。

(6)管理部门。采购企业具体负责采购合同的谈判、起草、执行、变更、执行。

【经典案例】

中意采购谈判

意大利与中国某公司谈判出售某项技术,谈判已进行了一周,但仍进展缓慢。于是,意方代表罗尼先生在前一天做了一次发问后告诉中方代表李先生:"我还有两天时间可谈判,希望中方配合,在次日拿出新的方案来。"次日上午,中方李先生在分析谈判资料的基础上拿了比中方原要求(意方降价40%)改善5%(要求意方降价35%)的一方案。意方罗尼先生讲:"李先生,我已降了两次价,计15%,还要再降35%,实在困难。"双方相互评论,解释一阵后,并未得到一致意见,于是建议休会,下午2:00再谈。

下午复会后,意方先要中方报新的条件,李先生将其定价的基础和理由向意方做了解释并再次要求意方考虑其要求。罗尼先生又讲了一遍其意见,指出中方要求太高。谈判到下午4:00时,罗尼先生说:"我为表示诚意向中方拿出最后的价格,请中方考虑,最迟明天12:00以前告诉我是否接受。若不接受我就乘下午2:30的飞机回国。"他说着把机票从包里抽出在李先生面前晃了一下。中方把意方的条件理清后,(意方再降5%)表示仍有困难,但可以研究。谈判暂停。

中方研究意方价格后认为:还差15%,但能不能再压价呢?明天怎么答?

李先生一方面与领导汇报,与助手、项目单位商量对策,另一方面派人调查明天是否有下午2:30的航班。结果该日下午2:30没有去欧洲的飞机,李先生认为意方的最后还价、机票是演戏,判定意方可能还有条件。

于是,次日上午10点中方给意方打电话联系,表示:"意方的努力,中方很赞赏,但双方距离仍存在,需要双方进一步努力。作为响应,中方可以在意方改善的基础上,再降5%,即从30%,降到25%。"

意方听到中方有改进的意见后,并没有走,只是认为中方要求仍太高。

案例分析:

此案例中,意方若仍以机票为道具,则应把时机改成确有回意大利航班的时间,至少有顺路航班的时间。若为表示"最后通牒",可以把包合上,丢下一句:"等贵方的回话",即结束谈判,效果会更好。或仍用原话,但不讲"若不接受,我就乘下午2:30

的飞机回国"这句话。

双方谈判均有可取性。中方的心理上、做法上以及条件上更具进取性。

【经典案例】

采购合同管理办法——纠纷处理（示例）

（1）采购合同在履行过程中如与对方当事人发生纠纷的，应按《中华人民共和国合同法》等有关法规和本制度规定妥善处理。

（2）采购合同纠纷由有关业务部门与法律顾问负责处理，经办人对纠纷的处理必须具体负责到底。

（3）处理采购合同纠纷的原则是：

①坚持以事实为依据、以法律为准绳，法律没规定的，以国家政策或合同条款为准。

②以双方协商解决为基本办法。纠纷发生后，应及时与对方当事人友好协商，在既维护本公司合法权益，又不侵犯对方合法权益的基础上，互谅互让，达成协议，解决纠纷。

③因对方责任引起的纠纷，应坚持原则，保障我方合法权益不受侵犯；因我方责任引起的纠纷，应尊重对方的合法权益，主动承担责任，并尽量采取补救措施，减少我方损失；因双方责任引起的纠纷，应实事求是，分清主次，合情合理解决。

（4）在处理纠纷时，应加强联系，及时通气，积极主动地做好应做的工作，不互相推诿、指责、埋怨，统一意见，统一行动，一致对外。

（5）采购合同纠纷的提出，加上由我方与当事人协商处理纠纷的时间，应在法律规定的时效内进行，并必须考虑有申请仲裁或起诉足够的时间。

（6）凡由法律顾问处理的合同纠纷，有关部门必须主动提供下列证据材料：

①合同的文本（包括变更、解除合同的协议），以及与合同有关的附件、文书、传真、图表等。

②送货、提货、托运、验收、发票等有关凭证。

③货款的承付、托收凭证，有关财务账目。

④产品的质量标准、封样、样品或鉴定报告。

⑤有关方违约的证据材料。

⑥其他与处理纠纷有关的材料。

（7）对于采购合同纠纷经双方协商达成一致意见的，应签订书面协议，由双方代表签字并加盖双方单位公章或合同专用章。

（8）对双方已经签署的解决采购合同纠纷的协议书，上级主管机关或仲裁机关的调解书、仲裁书，在正式生效后应复印若干份，分别送予与该纠纷处理及履行有关的部门收执，各部门应由专人负责该文书执行的了解或履行。

(9)对于当事人在规定的期限届满时没有执行上述文书中有关规定的,承办人应及时向主管领导汇报。

(10)对方当事人逾期不履行已经发生法律效力的调解书、仲裁决定书或判决书的,可向人民法院申请执行。

(11)在向人民法院提交申请执行书之前,有关部门应认真检查对方的执行情况,防止差错。执行中若达成和解协议的,应制作协议书并按协议书规定办理。

(12)合同纠纷处理或执行完毕的,应及时通知有关单位,并将有关资料汇总、归档,以备考。

第十章 采购方式管理

第一节 采购方式分类及选择

采购方式的分类有很多种,依据不同的标准对采购方式进行分类(见表 10-1),有助于企业依据每一种采购方式的特点进行合理选择,这样不但可以有效降低采购费用,还能提升企业的利润水平。

表 10-1 采购方式的分类一览表

分类标准	内 容
采购的主体	个人采购、组织采购
采购的范围	国内采购、国外采购
采购的时间	长期合同采购、短期合同采购
采购的方法	准时化采购、物资需求计划采购、供应链采购、电子商务采购
采购的对象	有形采购、无形采购
采购的实践	招标采购、议价采购、比价采购

1. 按采购的主体分类

按采购的主体分类,其结构如图 10-1 所示。

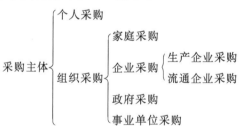

图 10-1 按采购的主体分类

2. 按采购的范围分类

(1)国内采购。国内采购主要是指在国内市场采购,并不是指采购的物资都是国内生产的,而是以本国货币支付货款,不需以外汇结算,即指也可以从国外企业设在国内的代理商中进行采购。国内采购又分为本地市场采购和外地市场采购两种。通常,采购人员应首先考虑本地市场采购,以节省采购成本和时间,减少运输距离,保障供应的及时性;在本地市场不能满足需要时,再考虑从外地市场采购。

(2)国外采购。国外采购是指国内采购企业直接向国外厂商采购所需物资的一种采购方式。这种采购方式可以直接向国外厂方咨询采购事宜,也可以向国外厂方设在国内的代理商咨询采购事宜,主要采购对象一般为成套机器设备、生产线等。

国外采购的优点主要有保证质量、低价、可利用汇率变动而获利等。但它也存在一些不足,其中包括交易过程复杂,影响交易效率;需要较高的库存,加大了储存费用;催货、纠纷索赔困难,较难紧急交货等。尽管国外采购存在一定的风险,但由于在个别产业上中国在材料、设备等方面技术相对落后,所以国外采购仍然是中国企业采购的一种重要途径。

国外采购的主要对象为国内无法生产的产品,如电脑制造商需要的CPU、汽车制造商需要的光电控制系统等;无代理商经销的产品,通常直接进行国外采购;在价格上占据优势的国外产品,如进口汽车、农产品等。

3.按采购的时间分类

企业的物资采购,按照采购商与供应商之间交易时间的长短,一般分为以下两类。

(1)长期合同采购。长期合同采购是指采购商和供应商通过合同,稳定双方的交易关系,合同期一般以一年为限。

长期合同采购的主要优点是有利于增强采购商和供应商之间的信任和理解,建立起稳定的供需关系;有利于降低采购商和供应商之间价格洽谈而产生的费用;有明确的法律保证,能够维护双方各自的利益。

长期合同采购的主要缺点是价格调整困难,如市场供求关系变化以后,采购商要求供应商调整价格有一定难度;合同数量固定,采购数量调整有难度;采购人员形成了对供应商的依赖,缺乏创新意识,如果在合同期内采购商有了更好的供货渠道,那么也会影响采购商的选择。

长期合同采购使供需关系稳定,主要适合于采购商需要量大且长期采购某些物资的情况,如企业的主要原材料、燃料、动力等;主要设备及配套设备,如空调生产企业须长期采购压缩机、发电厂需签订供煤长期合同等。

(2)短期合同采购。短期合同采购指采购商和供应商通过合同,实现一次交易,以满足生产经营活动的需要。短期采购双方之间关系不稳定,采购产品的数量、品种随时变化,对采购商来讲具有较大的灵活性,能够依据变化的市场环境,调整供货量或选择供应商。但是,由于这种关系的不稳定性,也可能出现价格洽谈、交易及服务等方面的不足。

短期采购适用于如下情况:非经常消耗物品,如机器设备、车辆、电脑等;补缺产品,由于供求关系变化,为弥补长期合同造成的供货中断可以签订短期合同作为补充;价格波动大的产品采购,这种产品的供应商和采购商往往都不希望签订长期合同,以免自身利益受损;质量不稳定的产品,如农产品、新试制产品等一般也是一次性采购。

4. 按采购的方法分类

企业的物资采购,按照采购的方法进行分类,一般分为以下 4 类。

(1)准时化采购。准时化采购(just in time,JIT)是一种以满足需求为依据的采购方法。它对采购的要求是供应商恰好在采购商需要的时候,将合适的品种、合适的数量送到采购商指定的地点。准时化采购以需求为依据,改造采购过程和采购方式,使采购过程和采购方式完全适合于需求的品种、需求的时间和需求的数量,做到既可以灵敏地响应需求变化,又可以让库存向零库存趋近。这是一种比较科学、理想的采购模式。

(2)物资需求计划采购。物资需求计划(materials requirements planning,MRP)主要应用于生产企业,是生产企业根据主生产计划(main production schedule,MPS)和主产品结构及库存情况,逐步推导出生产主产品所需要的零部件、原材料等生产计划和采购计划的过程。物资需求计划采购以需求分析为依据、以满足库存为目的,规定了采购的品种、数量、采购时间和到货时间,计划比较精细、严格,其市场响应灵敏度及库存水平比以前的方法都有所进步。

(3)供应链采购。准确地说,这是一种供应链(supply chain)背景下的采购模式。在供应链背景下,采购不再由采购者操作,而是由供应商操作。采购者只需要把自己的需求规律信息即库存信息向供应商连续及时传递,供应商则根据采购商产品的消耗情况变化,不断及时、连续、小批量补充库存,保证采购商既满足需要又使总库存最小。供应链采购对信息系统、供应商的操作要求都比较高,它也是一种科学、理想的采购模式。

(4)电子商务采购。电子商务(electronic commerce,EC)采购就是网上采购,是在电子商务环境下的采购模式。企业间电子商务(B2B)是指在组织间通过电子商务达成交易,电子采购是中心功能,成功的 B2B 有助于企业节约大量成本,并且能够极大地提高企业的生产效率。电子采购在降低成本、提高商业效率方面比在线零售和企业资源计划(enterprise resources planning,ERP)更具潜力,将来会永久地改变传统的商业模式。

5. 按采购的对象分类

企业的物资采购,按照采购对象的输出形态不同来进行分类,主要分为以下 2 类。

(1)有形采购。采购输出的结果是有形的物品,例如汽车电脑、矿石、机床等,这样的采购称为有形采购。有形采购主要是指采购具有实物形态的物品,例如原材料、辅料、机具及设备、事务用品等。

(2)无形采购。无形采购是相对于有形采购而言的,其采购输出结果不具有实物形态的技术和服务等,例如服务、软件、技术、保险及工程发包等,这样的采购称为无形采购。无形采购主要是咨询服务采购和技术采购,或是采购设备时附带的服务。

6. 按采购的实践分类

按照采购的实践进行分类,通常有招标采购、议价采购和比价采购3种方式。

(1)招标采购。所谓招标采购,是指通过公开招标的方式进行物资和服务采购的一种行为。它是政府及企业采购的基本方式之一。在招标采购中,其最大的特征是公开性,凡是符合资质规定的供应商都有权参加投标。

(2)议价采购。所谓议价采购,是指由买卖双方直接讨价还价实现交易的一种采购行为。议价采购一般不进行公开竞标,仅向固定的供应商直接采购。议价采购通常分两步进行:第一步,由采购商向供应商分发询价表,邀请供应商报价;第二步,如果供应商报价基本达到预期的价格标准,即可签订采购合同,完成采购活动。议价采购主要适用于需要量大、质量稳定、定期供应的大宗物资的采购。

议价采购的优点为节省采购费用、节省采购时间;采购过程灵活性大,可依据环境变化;对采购规格、数量及价格做灵活的调整;有利于与供应商建立互惠双赢关系,稳定供需关系。

议价采购的缺点是议价往往价格较高;缺乏公开性,信息不对称;容易形成不公平竞争等。

(3)比价采购。所谓比价采购,是指在买方市场条件下,在选定两家以上供应商的基础上,由供应商公开报价,最后选择报价最低的供应商的一种采购方式。实质上,这是一种供应商有限条件下的招标采购。

比价采购的优点为节省采购的时间和费用;公开性和透明度较高,能够防止采购"黑洞";采购过程有制度规范。

比价采购的缺点为在供应商有限的情况下,可能出现"轮流坐庄"或"恶性抢标"的现象,使供应品种、规格出现差异;可能影响生产效率的提高,并增加消耗。

第二节 集中采购和分散采购

集中采购是指企业在组织结构中建立专门的采购机构,统一组织企业所需物品的采购进货业务。分散采购是指企业下属各单位,如子公司、分厂、车间或分店实施的满足自身生产经营需要的采购进货业务。

【经典案例】

过去很长一段时间里,西门子公司通信、能源、交通、医疗、照明、自动化与控制等各个产业部门根据各自的需求独立采购。随着西门子公司的逐渐扩大和发展,采购部门发现不少元部件的需求是重叠的,例如通信产业需要订购液晶显示元件,而自动化和控制分部也需要购买相同的元件。由于购买数量有多有少,因此选择的供应商、产品质量、产品价格与服务差异非常大。

精明的西门子人很快就看到了沉淀在这里的"采购成本"。于是西门子设立了一个采购委员会来协调全球的采购需求,把6大产业部门所有公司的采购需求汇总起来,这样,西门子可以用一个声音同供应商进行沟通。大订单在手,就可以吸引全球供应商进行角逐,西门子在谈判桌上的声音就可以响很多。西门子集团架构图如图10-2所示。

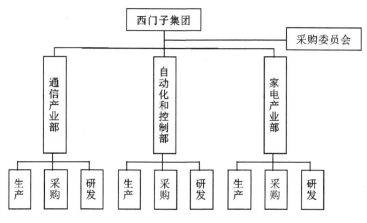

图10-2 西门子集团架构图

集中采购是采购管理专业化、职能化的必然要求。目前国务院国有资产监督管理委员会要求其所管理的中央企业全面实施"集中采购",并且规定了一定条件下必须实行招标采购。目的是为了减少采购成本,避免暗箱操作。

1. 集中采购的优势

(1)批量大,价格优惠,降低采购成本。

(2)减少采购人员,便于人才培养与训练。

(3)降低整个企业的储备,避免分散库存,加速资金周转。

(4)集中下料,降低损耗,材料利用率高。

(5)技术力量强,专业性强,有利于择优选购,保证质量。

(6)外地区批量运输,减少进料费用。

(7)责任重大,公开招标、集体决策,有效遏制腐败。

2.集中采购的劣势

(1)增加环节,流程长,延误时效,不适用于紧急情况下的采购。

(2)非共同性物料集中采购,并无折扣可言。

(3)采购与使用单位分离,不利于规格确认等。

(4)价格方面容易产生矛盾。

(5)共同采购,并无折扣可言。

3.集中采购的范围和条件

(1)所适用的采购范围:集团范围内实施的采购活动,跨国公司的采购,连锁经营、OEM(original equipment manufacturer)厂商、特许经营企业的采购。

(2)所适用的采购条件:大宗或批量物品,价值高或总价多的物品;关键零部件、原材料或其他战略资源;容易出问题的物品;最好是定期采购的物品。

4.分散采购的优势

(1)对利润中心直接负责。

(2)对于内部用户有更强的顾客导向。

(3)较少的官僚采购程序。

(4)较少需要内部协调。

(5)与供应商直接沟通。

5.分散采购的劣势

(1)采购能力分散,缺乏规模经济。

(2)缺乏对供应商统一的态度。

(3)分散的社会调查。

(4)在采购和物料方面形成专业技能的可能性有限。

(5)对不同的经营单位可能存在不同的采购条件。

6.分散采购的基本特点

(1)批量小或单件物品,且价值低、开支小。

(2)过程短、手续简、决策层次低。

(3)问题反馈快,针对性强,方便灵活。

(4)占用资金少,库存空间小,保管简单、方便。

第三节　政府采购

一、政府采购的基本概念及特点

政府采购也称公共采购,是指各级政府及其所属机构为了开展日常政务活动或为公众服务的需要,在财政的监督下,以法定的方式、方法和程序,对货物、工程或服务的购买。政府采购的特点包括以下8个方面。

(1)资金来源的公共性。

(2)采购主体的特定性。

(3)采购活动的非营利性。

(4)政府采购的社会性。

(5)采购对象的广泛性。

(6)政策性。

(7)规范性。

(8)影响力大。

公共支出管理是国家管理经济的一个重要手段,而作为公共支出管理一个重要执行环节的政府采购,必然承担着执行国家政策的使命。

政府采购的政策性特征在以下几项采购项目中体现得更充分:

(1)涉及国家安全和国家秘密的采购项目。

(2)国家遇到战争、自然灾害、瘟疫,需紧急处理的采购项目。

(3)人民的生命或财产遭受危险,须紧急处理的采购项目。

(4)经采购委员会认定的其他采购项目。

国家政府采购平均规模一般占本国GDP的10%以上,或为财政支出的30%左右。美国及欧盟发达国家和地区每年的政府采购金额已突破5000亿美元。而我国的政府采购规模在GDP中所占比例还很低。2021年全国政府采购规模达36339亿元,占GDP的3.2%,比2020年下降1.6%。因此,政府采购成了公众关注的一个热点问题,各国也通过立法和建立完善的政府采购制度保证政府采购资金达到经济有效的使用。

二、政府采购的目标及原则

政府采购的目标主要有以下4个方面:

(1)实现经济性和有效性目标是最首要的目标。

(2)调节国民经济运行。

(3)贯彻政府在结构调整方面的意图。

(4)保护民族工业,支持国有企业的发展。

政府采购必须坚持以下原则:

(1)公开、公平、公正和有效竞争原则,这是政府采购的核心原则。

(2)物有所值原则。

(3)推动国内竞争和促进产业发展原则。

(4)反腐倡廉原则。

(5)支持政府其他政策原则。

三、政府采购的实施模式

各国的政府采购模式不尽相同,如韩国实行集中采购模式,即本级政府所有的采购均由一个部门负责。有的国家实行分散采购模式,即采购由需求单位自己进行。完全实行分散化采购的国家不多。多数国家实行半集中半分散的采购模式。从采购模式的历史来看,很多国家的采购模式都经历了从集中采购模式到半集中半分散模式的过程。随着电子贸易的普及,估计政府采购模式将又会走向集中。

四、政府采购的实施

1. 我国政府集中采购的组织实施

纳入中央国家机关集中采购目录的项目,应当实行集中采购。设立中央国家机关政府采购中心,接受委托组织实施中央国家机关集中采购目录中的项目采购。

2. 我国政府各部门自行采购的组织实施

中央国家机关集中采购目录以外的采购项目,由各部门按照法律和有关规定自行组织采购,可以实行部门集中采购或分散采购,具体办法另行制定。

3. 政府采购的方式与流程

(1)政府采购采用的方式。

①公开招标。政府采购项目达到公开招标数额标准的,应采取公开招标方式采购。应公开招标项目因实际需要而采用其他采购方式的,采购人应在采购活动开始前获得设区的市、自治州以上人民政府采购监督管理部门的批准。

②邀请招标。供应商数量有限或采用公开招标方式的费用占政府采购项目总价值比例过大时,可以采用邀请招标方式采购。

③竞争性谈判。当出现以下情况:招标后没有供应商投标或没有合格标的;重新招标未能成立的;技术复杂、性质特殊,不能确定详细规格和具体要求的;招标所需时间不能满足采购人紧急需要的;不能事先计算出价格总额的,采购人可以采用竞争性谈判方式采购。

④询价。采购的货物规格、标准统一、现货货源充足且价格变化幅度小的政府采购项目,可以采用询价方式采购。

⑤单一来源采购。符合以下条件之一的,采购人可以采用单一来源采购方式:采购项目只有唯一的供应商;发生不可预见的紧急情况不能从其他供应商处采购;必须保证原有采购项目一致性或者服务配套的要求,需要继续从原供应商处添购,且添购资金总额不超过原合同采购金额的10%。

(2)政府采购的流程。

①单位提出采购计划,报市财政局分管业务科室进行预算审核。

②财政局各业务科室批复采购计划,转采购办。

③采购办按政府采购制度审批汇总采购计划,一般货物采购交由政府采购中心采购,特殊物品采购可委托单位自行采购。

④政府采购中心制作标书,并送采购单位确认。

⑤政府采购中心发布招标公告或发出招标邀请,发售标书,组织投标,主持开标。

⑥评标委员会进行评标,选出预中标供应商。经采购单位确认后,决定中标供应商。

⑦中标供应商与采购单位签订合同。

⑧中标供应商履约,采购办与采购单位验收(对技术要求高的采购项目要有专家参与验收)后,由采购单位把合同、供货发票原件和采购单位验收物品意见表送到采购中心办理付款手续。

⑨政府采购中心把手续办好,送交采购办作为依据,向供应商支付货款。

⑩采购单位入固定资产账。

⑪招标活动结束后采购部门要建立档案,包括各供应商招标的标底资料、评标结果、公布的合法证书、公证资料、招标方案等。

五、企业如何取得政府采购订单

对于企业来说,目前在政府采购中的行动,不仅是经营现在的市场,更是经营未来的市场。

1. 建立系统正规的信息采集制度,选准投标项目

企业要想参与政府的采购项目,首先必须了解政府采购的信息,包括采购项目的名称、采购货物或工程的大体内容、如何分包、资金的来源、采购单位的名称、招标日程安排(如刊登招标或预审通告、发行招标文件、投标截止日期和开标时间)等。

2. 充分准备,编制高质量的投标文件

政府采购以竞争性招标采购为主要方式,政府采购部门和投标企业之间主要通过招标文件和投标文件进行交流是政府采购的一大特点,体现了政府采购制度公平、公正和公开原则。在这种情况下,投标文件成为描述投标企业实力和信誉状况、投标报价竞争力及投标企业对招标文件响应程度的重要文件,也是采购委员会和政府评价投标企业的主要依据。

3. 科学合理地确定投标价格,避免盲目报价

报价是政府采购招标中非常关键的内容。在政府采购招标的报价中,企业应根据企业产品实际成本费用和利润收益进行成本核算,并了解潜在竞争对手可能出现的报价,综合测算后做出真正科学的报价。许多企业缺乏基本的报价技巧,一味压低价格,甚至以低于成本价参与竞标,对企业发展相当不利。

4. 审时度势,采取正确的投标策略

首先把握全局,投中要害。其次利益共享,出奇制胜。再次推陈出新,周密设计,最后适时实行联合投标,提高竞争力。

5. 注意建立良好的公共关系

投标企业应经常加强同外界的联系,宣传、扩大本企业的影响,沟通投标人与招标人的感情,以争取中标。

【经典案例】

上海市新区政府采购教室用绿板

随着新区政府采购制度的不断深入,采购项目也不断地扩展,原各部门自行采购的项目,逐步纳入政府采购。教室用挂壁式搪瓷书写绿板(以下简称绿板)就是其中具有代表性的一例,新区每年需要更换的绿板数量非常可观。集中采购可以最大限度地发挥批量采购的价格效应,降低采购成本和保证采购质量,节省财政支出,有利于加强政府采购的管理和监督,规范采购活动。

(1)确定采购目标。根据绿板的特点,借助集中采购可批量生产的优势,在保证学校正常需要的前提下降低采购价格,提高绿板的质量、延长绿板的使用寿命是本次采购的目标。

(2)选择采购方式。本次采购中心委托某社会中介机构进行,中心派员参加对各个环节进行把关。本次采购绿板的数量较大,达1190块,财政拨款金额达数百万元,根据《上海市政府采购管理办法》第十五条,单项采购金额或者一次批量采购总额在规定限额以上的应当实行招标采购。本次招标金额已超出批量限额,采购时间较紧,因此采用有限竞争性招标(邀请招标)的采购方式择优选定供应商。

该社会中介机构根据使用单位确定绿板的技术及有关交货期等商务要求编制招标文件,本次招标共邀请5家供应商分别为A、B、C、D、E。2003年7月27日发标,发标当天售出标书3份,D、E因无此进口原材料产品未来购买标书,至2003年8月3日投标截止时间,仅收到A一份标书,B、C退出投标。根据《上海市政府采购招标投标暂行办法》第十二条第一款规定,邀请招标必须有3份以上(含3份)的有效投标方为有效;对少于3份有效投标的应宣布本次招标中止,并按本办法另行组织招标采购,因此采购绿板的招标中止。当天采购中心会同有关部门协商达成统一意见,重新组织招标。

第二次招标又邀请了F、G与A共同投标。F因无法满足2003年8月25日之前交货的招标要求而放弃投标,G在投标时间截止前未给予明确答复。至此有效投标仍为A。根据《上海市政府采购招标投标暂行办法》第十二条第二款规定连续两次招标采购无效的,采用竞争性谈判采购方式,但多家供应商由于交货期无法满足要求,而本项目的特点是不允许延迟交货,因此仅A满足要求参与投标。为此预算单位特向采购中心打报告要求定向采购,采购中心将此情况以签报形式上报采管办得到批准。最后上海普发书写板有限公司以204.442万元的价格中标,节约资金4.19%。

案例分析:

①招标时间紧。该项目计划在2003年7月中旬下达,由于该项目要求在暑假完成以保证新学期的使用,社会中介机构和预算单位以项目的轻重缓急排序,先操作了其他项目,再操作绿板、多媒体及实验室。至2003年7月24日,社会中介机构收到预算单位提供的绿板的技术要求距2003年8月25日交货期仅一个月的时间,在这一个月的时间内包括招标选择供应商,供应商产品的生产及1190块绿板送到各个学校,这样一来招标的时间就压缩得很紧。

②技术要求高。

③供应商选择余地小。

由于时间紧,该绿板又要求为进口原材料,供应商的交货期往往无法满足,因为从原材料的进口到绿板的生产需要时间,因此供应商选择余地就很小。

经验体会:

(1)从以上分析来看,两次招标失败不得不采用定向采购的主要原因是招标至供货期的时间紧,导致供应商无法满足招标要求而放弃投标,这次投标上海普发书写板有限公司在不知其他投标单位退出投标的情况下报价的,否则一家供应商的价格很难控制,集中采购的批量效应难以实现。

(2)该社会中介机构所拥有的供应商信息量不足,在招标时已将所有的供应商邀请到。要弥补这一点,一是在工作中逐步积累;二是采用公开招标的形式,在媒体上发布信息招募供应商,而这些都需要以时间为前提。

(3)在以后的项目采购中,应抓紧每一个环节,尽可能提早做好采购项目计划的申报、审批及下达,给予招标充裕的时间让供应商有竞争的机会和条件,从而择优选定供应商。

第四节 招标采购

招标采购是通过在一定范围内公开购买信息,说明拟采购物品或项目的交易条件,邀请供应商或承包商在规定的期限内提出报价,经过比较分析后,按既定标准选择条件最优的投标人并与其签订采购合同的一种采购方式。完整的招标采购过程包括策划、发标、投标、开标、评标、定标 6 个阶段。

通常在比较重大的建设工程项目、企业寻找长期物资供应商、政府采购或采购批量比较大的情况下容易使用招标采购。

一、招标采购的方式

招标采购的方式主要有公开招标、邀请招标、议标 3 种方式。

1. 公开招标

公开招标又称非限制竞争性招标，即由招标人在报刊、网络或其他媒体上发布招标公告，吸引众多企业单位参加投标竞争，招标人从中择优确定中标单位的招标方式。

国际竞争性招标：世界范围内进行；招标者制作完整的英文标书，在国际上通过各种宣传媒介刊登招标公告。

国内招标：可用本国语言编写标书，只在国内的媒体上登出广告；外国公司亦可参加。

这是一种最能体现招标投标优胜劣汰和"三公"特征，充分实现招标信息公开性、招标程序规范性、投标竞争公平性的招标采购方式。国家和省（市）重点建设项目和国有资金投资占控股或者主导地位的招标项目，以及依据法律法规规定应当公开招标的项目必须公开招标。

2. 邀请招标

邀请招标属于有限竞争招标，是由招标单位根据自己积累的资料，或由权威的咨询机构提供的信息，选择一些合格的单位发出邀请，应邀单位（必须有 3 家以上）在规定时间内向招标单位提交投标意向，购买投标文件进行投标。

邀请招标的使用条件：招标单位对市场供给情况比较了解；对供应商或承包商的情况比较了解；考虑招标的具体情况（项目专业度高、节约提高效率）。

该招标方式适用于因涉及国家安全、国家秘密、（商业机密），抢险救灾或时间紧迫、受项目技术复杂或特殊要求限制、受自然地域环境限制只有少量几家潜在投标人可供选择，或者公开招标费用与招标项目价值比较小型项目，法律法规规定的其他不宜或无法公开招标的项目。邀请招标因投标人竞争的范围有限，可能会失去理想的中标人和达不到满意的竞争效果。

公开招标和邀请招标的主要区别：①发布信息的方式不同；②选择的范围不同；③竞争的范围不同；④公开的程度不同；⑤时间和费用不同。

3. 议标

议标也被称为竞争性谈判招标，即采购人向符合相应资格条件的多家（一般不少于3家)供应商或承包人发出谈判文件,分别通过报价、还价、承诺等谈判商定价格、实施方案和合同条件,并依据谈判文件确定的采购需求及质量和服务要求,且报价最低的原则(政府采购的原则)从谈判对象中确定交易对象的采购方式。

议标的适用特点和条件:受采购时间、技术标准、市场范围限制,采购供应双方对采购物及对方意图都缺少了解,采购人员只能通过与有限和特定的供应商或承包人进行灵活、充分的谈判,才能充分、正确地表达、沟通与确定采购的意图要求、供应服务的能力、实施方案及其技术标准规格,从而选择满意的采购物及交易对象。

议标与其他招标形式相比,谈判采购程序简单,周期短,可以避免盲目竞争。但是竞争性弱,透明性、规范性差,容易作弊。

二、招标采购的过程

1. 招标采购的准备

(1)资格预审通告的发布:资格预审的内容;资格预审程序。

(2)招标文件的准备:招标通告;投标须知;合同条款;技术规格;投标书的编写要求;供货一览表、报价表。

(3)发布招标邀请书。

2. 投标、评标的程序及方法

(1)投标。

①投标准备。

②投标人。

③投标文件:投标书;目标任务的详细技术方案;投标资格证明文件;公司与制造商代理协议和授权书;公司有关技术资料及客户反馈意见。

(2)评标的步骤。

①初步评标。

②详细评标。

③编写并上报评标报告。

④资格后审。

⑤授标与合同签订。

(3)评标、决标的方法。

①以最低评标价为基础的评标方法:进口货物的报价以包括成本、保险、运费的到岸价为基础;国内货物的报价应以厂价为基础。

②综合评标法:以价格加其他因素为基础;内陆运费和保险费;交货期;付款条件;零配件的供应和售后服务情况;货物的性能、生产能力以及配套性和兼容性;技术服务和培训费用等。

③以寿命周期成本为基础的评标方法：适用于采购整套厂房、生产线或设备、车辆等在运行期内的各项后续费用很高的设备；寿命周期内成本＝标书报价＋一定运行年限的各项费用－一定年限后设备的残值。

④打分法：按各因素的重要性确定其在评标时所占额比例，对每个因素打分。

优点：综合考虑，方便易行，能从难以用金额表示的各个投标中选择最好的投标。

缺点：难以合理确定不同技术性能的分支比例和每一性能应得的分数。

第五节　其他采购方式

一、比价采购

比价采购是指在买方市场条件下，在选定两家以上供应商的基础上，由供应商公开报价，最后选择报价最低的为企业供应商的一种采购方式。

二、即时采购

即时采购是受JIT生产思想的启发，是从即时制生产发展而来的，基本思想是：在恰当的时间、恰当的地点，以恰当的数量、恰当的质量提供给恰当的物品。

三、联合采购

联合采购是指多个企业之间的采购联盟行为，因此可以认为联合采购是集中采购在外延上的进一步拓展。它主要体现在以下环节：采购环节，管理环节，仓储环节，运输环节。

四、询价采购

询价采购就是指采购人员向选定的若干个供应商发出询价函，让供应商报价，然后根据各个供应商的报价而选定供应商的方法。国际上通用的采购方法。询价采购的主要特点有邀请报价的数量至少为3个、只允许供应商提供一个报价、报价的评审应按照买方公共或私营部门的良好惯例进行。

询价采购的实施步骤如图10-3所示。

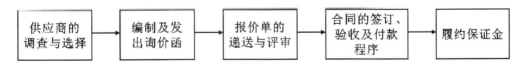

图10-3　询价采购的实施步骤

五、网上采购

网上采购是指通过互联网发布采购信息、接受供应商网上投标报价、网上开标以及公布采购结果的全过程。网上采购的主要目标，是对于那些成本低、数量大或影响业务的关键产品和服务订单实现处理和完成过程自动化。

1. 网上采购的优点。

(1)大大减少了采购所需要的书面文档材料,减少了对电话传真等传统通信工具的依赖,提高了采购效率,降低了采购成本。

(2)利用互联网开发性的特点,使采购项目形成了较为有效的竞争,较好地保证了采购质量和采购价格。

(3)能够实现电子化评标,为评标工作提供了方便,同时能够从一定程度上避免主观因素。

(4)对各种电子信息进行分析、整理和汇总可以促进企业采购的信息化建设。

(5)能够更加规范采购程序的操作和监督。

网上采购也有缺点,比如对供应商的审查、售后服务的保证以及企业机密的安全性等。

2. 网上采购的一般流程。

(1)网上订单发出的一般流程:公司采购部员工或申购部门通过一个界面,如浏览器,填写订单,并提交;提交后的订单传递给相应的管理程序,被自动审核,或被相关业务主管审核。

(2)通过第三方平台采购的一般流程:在线注册;浏览产品;选购产品;定购产品;划账;取货/送货;结算;信息反馈。

第三方采购平台。采购代理:第三方采购代理为企业提供了安全的网络采购场所,另外也提供诸如在线投标和实时拍卖等服务。联盟采购:不同的企业把他们要采购的相似的商品在数量上累加,以增强集体购买力,这种系统通常由几家企业共同开发和维护。中介市场:由专业的网络公司建立,用来匹配企业和多个供应商的在线交易,除了提供技术手段外,网络采购公司还通过咨询和市场分析等活动为企业提供增值服务。

(3)订单被批准后即发至供应商处,并被执行完成。

3. 网上供应信息的处理。

(1)网上供应信息的收集。在网上的供应信息里面寻找;主动发布求购信息;收集供应商的相关信息。

(2)网上供应信息的筛选。须注意信息的真实性、信息的时效性。

4. 网上采购模型的功能模块。采购申请模块的主要使用者是企业的申购部门。其功能主要是采购审批模块和采购管理模块。

第十一章 采购价格与成本管理

第一节 采购价格概述

确定最优的采购价格是采购管理的一项重要工作,采购价格的高低直接关系到企业最终产品或服务价格的高低。因此,在确保满足其他条件的情况下,力争最低的采购价格是采购人员最重要的工作。

一、采购价格的概念

采购价格是指企业进行采购作业时,通过某种方式与供应商之间确定的所需采购物品或服务的价格。

(一)影响采购价格的因素

采购价格的高低受各种因素的影响。对于国内采购而言,尽管地区、商业环境、时间与人力关系等方面有所不同,但其价格变动还是比较易于预测与控制的。而对于涉外采购而言,来自世界各地市场的供应关系以及其他许多因素,包括规格、服务(如机器设备的长期服务)、运输及保险、交货期限等,都对价格有相当大的影响。

1. 供应商成本的高低

成本的高低是影响价格最根本、最直接的因素。供应商进行生产获得一定的利润,否则则没有意义。因此,采购价格一般在供应商成本之上,两者之间即为供应商利润,供应商的成本是采购价格的底线。一些采购人员认为,采购价格的高低全凭双方谈判的结果,因此可以随心所欲地讨价还价,这种想法是完全错误的。尽管经过谈判供应商大幅降价的情况时常出现,但这只是因为供应商报价中水分太多的缘故,而并不是谈判者随心所欲决定的价格。

2. 规格与品质

采购企业对采购品规格要求越复杂,采购价格就越高。价格的高低与采购品的品质也有很大的关系。品质一般的商品,供应商会主动降价,以求尽快出手,有时甚至会贿赂采购人员。采购人员应首先确保采购物品能否满足企业的需要,质量能否满足产品的设计要求,千万不要只追求价格而忽略质量。

3. 采购物品的供需关系

当企业须采购的物品为紧俏商品时,则供应商处于主动地位,它会趁机抬高价格;当企业所采购的商品供过于求时,则采购商处于主动地位,可以获得最优的价格。

4. 生产季节与采购时机

当企业处于生产的旺季时,对原材料需求紧急,因此不得不承受更高的价格。避免这种情况的最好办法是提前做好生产计划,并根据生产计划制定出相应的采购计划,为生产旺季的到来提前做好准备。

5. 采购数量

如果采购数量大,采购企业就会享受供应商的数量折扣,从而降低采购的价格。因此大批量、集中采购是降低采购价格的有效途径。

6. 交货条件

交货条件也是影响采购价格非常重要的因素。交货条件主要包括运输方式、交货期的缓急等。如果货物由采购方来承运,则供应商就会降低价格,反之就会提高价格。有时为了争取提前获得所需货物,采购方会适当提高价格。

7. 付款条件

在付款条件上,供应商一般都规定有现金折扣、期限折扣,以刺激采购方能提前用现金付款。

(二)采购价格的种类

依据不同的交易条件,采购价格会有不同的种类。采购价格一般由成本、需求以及交易条件决定,一般有送达价、出厂价、现金价、期票价、净价、毛价、现货价、合约价、实价等。

1. 送达价

送达价是指供应商的报价当中包含负责将商品送达时,其间所发生的各项费用均由供应商承担。以国际而言,即到岸价加上运费(包括在出口厂商所在地至港口的运费)和货物抵达买方之前的一切运输保险费,其他有进口关税、银行费用、利息以及报关费等。这种送达价通常由国内的代理商,以人民币报价方式(形同国内采购),向外国原厂进口货品后,售与买方,一切进口手续皆由代理商办理。

2. 出厂价

出厂价是指供应商的报价不包括运送责任,即由企业雇用运输工具,前往供应商的仓库提货。这种情形通常出现在企业拥有运输工具或供应商加计的运费偏高时,或当卖方市场时,供应商不再提供免费的运送服务。

3. 现金价

现金价是指以现金或相等的方式支付货款,但是"一手交钱,一手交货"的方式并不多见。现金价可使供应商免除交易风险,企业也享受现金折扣,例如,交易条件若为 $2/10, n/30$,即表示购货后 30 天内付款,若 10 天内付款则可享受 2% 的折扣。

4. 期票价

期票价是指企业以期票或延期付款的方式来采购商品。通常企业会把延期付款期间的利息加在售价中。如果卖方希望取得现金周转,就会将加计的利息超过银行现利率,以使供应商舍期票价取现金价。另外,从现金价加计利息变成期票价,用贴现的方式计算价格。

5. 净价

净价是指供应商实际收到的货款,不再支付任何交易过程中的费用,这点在供应商的报价单条款中通常会写明。

6. 毛价

毛价是指供应商的报价可以因为某些因素加以折让。例如,供应商会因为企业采购金额较大,而给予企业一定的折扣。例如,采购空调设备时,商家的报价已含税,只要买方能提供工业用途的证明,就可减免 50% 的增值税。

7. 现货价

现货价是指每次交易时,由供需双方重新议定价格,若签订有买卖合同的,也已完成交易后即告终止。在企业众多的采购项目中,采用现货交易的方式最为频繁。买卖双方按交易当时的情形进行,不必承担预立约后价格可能发生的巨幅波动的风险或困扰。

8. 合约价

合约价是指买卖双方按照事先议定的价格进行交易,合约价格涵盖的期间依契约而定,短则几个月,长则一两年。由于价格议定在先,经常造成时价或现货价的差异,买卖时可能会发生利害冲突。因此,合约价必须有客观的计价方式或定期修订,才能维持公平、长久的买卖关系。

9. 实价

实价是指企业实际上所支付的价格。特别是供应商为了达到促销的目的,经常提供各种优惠的条件给买方,如数量折扣、免息延期付款、免费运送等,这些优待都会使企业的采购价格降低。

二、适当价格的含义

采购的适当价格并不是采购的最低价格。若采购价格要求最低,可能材料品质会较差,交货期限会延误、配合会不太理想等。因此,采购的适当价格应为在既定物料品质、交货期限或其他条件下所能得到的最低价格。采购价格以能达到适当价格为最高要求。在采购作业阶段,企业应当注意要使所需采购物资,在适当的品质、数量、交货时间及其他有关条件下,付出合适的价格。

因此,决定适当采购价格的目标,主要在于确保所购物资的成本,以期能树立有利的竞争地位,并在维持买卖双方利益的良好关系下,使原材料供应持续不断,这是采购人员的主要责任。

第二节 市场经济条件下的定价

在市场经济体制下,绝大多数商品的定价权掌握在企业手中。作为谋取利润的市场主体,企业是否有能力控制住市场价格水平呢?决定这种控制能力的重要原因包括以下几点。

一、定价应考虑的因素

企业在制定价格决策时,必须全面考虑两个领域的因素:企业内部的因素和外部因素,根据它们的影响,来合理制定价格。内部因素主要是指成本、市场定位和定价目标3个方面;外部因素主要是指供求关系、货币价值、竞争与国家价格政策等。

(一)内部因素

1. 成本

商品的生产与流通都需要消耗物化劳动和活劳动消耗。在商品经济中,这些劳动消耗是通过货币来表现的,如原材料采购费用、劳动者工资、固定资产折旧等。在商品生产与流通中,物化劳动消耗的货币表现就是商品成本。

在定价工作中所要考虑的成本是一个范围很广的概念,它包含产品在生产过程中消耗的所有成本。例如,资金占用的成本即利息、新产品开发费用、推销人员工资等。这种商品成本实际上是销售收入扣除净利润和税金以后的部分。

2. 市场定位

所谓市场定位,就是(拟)在消费者心目中建立的产品形象,其中包括对产品外观、内在质量以及价格诸方面的协调设计。当价格成为市场定位中的一项基本因素时,商品价格的制定要服从市场定位的要求。一般来说,产品的市场定位可以有7种选择:极品、奢侈品、精品、中档品、便利品、廉价品、次品。例如,在小汽车市场上,劳斯莱斯汽车被认为是极品（金质质量）；布加迪、迈巴赫等汽车被认为是奢侈品；保时捷汽车与玛莎拉蒂汽车是精品；奔驰、宝马、奥迪等汽车属于中档品；也有一些汽车被定位在中档品以下的三个档次上。一旦商品的市场位置被选定，其价格水平就要适合相应市场位置的要求。

3. 定价目标

定价目标是指导企业制定价格决策的目标，从某种意义上说，定价目标就是企业的经验目标，这是由价格与销售和利润的联系所决定的。显然，企业的目标越明确，它就越容易定价。不同的价格水平对企业的盈利目标、销售收入目标以及市场份额目标具有不同的影响。因此，明确企业的目标对于合理定价具有重要意义。

一般认为，一个企业在定价中可能追求 6 个重要目标的一项或几项，即生存目标、最大即期利润目标、最大即期收入目标、最大化竞争优势目标、最大销售利润率目标、产品质量领袖地位目标等。

制定价格要有助于实现企业的各种经营目标。由于不同的价格水平对各种经营目标实现的影响是不同的。因此，制定价格目标要根据定价目标要求来进行。通常情况下，追求当前利润最大化的定价目标迫使把价格定在较高水平，追求市场份额最大化的定价目标则要求价格定在较低水平。由于价格水平只能是一个，因而上述两个目标就不可能同时实现。于是最后价格的确定，取决于定价目标的合理安排。

（二）外部因素

1. 供求关系

商品的供求关系可以影响到价格的制定。这是因为商品供求关系可以影响市场物价水平。一般来说，当供应大于需求时，市场物价水平会下降，顾客会转向购买低价格商品而形成一种压力，迫使企业把价格降低；反过来，当供应小于需求时，市场物价水平会上涨，高价下的商品不受影响，企业可获得超额利润。

需要注意的是，价格变动也能改变供求关系。因此，市场上一个商品的变动方向不可能总是处于上涨的变动方向上，也不可能总是处于下降的变动方向上。价格上涨，会引起供应量增加，需求量减少，很容易导致出现供过于求的状况；价格下降，会引起供应量减少，需求量增加，因而也容易出现供过于求的状况；而引起价格发生与原来变动方向相反的变动。

2. 竞争因素

竞争是来自市场的影响价格决策的另一个因素。一般来说，竞争激烈程度越高，可行的价格水平就越低。

供应者之间的竞争是围绕着争夺顾客这个中心来进行的。谁能赢得较多顾客，谁就能将产品更多地销售出去,就有机会实现较高销售收入和利润,这就是竞争优势。供应者为提高自己的竞争优势,就要综合运用市场营销组合中的各种因素,于是会出现价格竞争和非价格竞争。由于在大多数情况下低价格可以提高竞争优势,因此,任何形式的竞争都会限制价格水平,在价格竞争中这一点将变得更为明显。

3. 货币价值

价格是产品同货币的交换比,这种交换比计算的依据是价值量。产品价值量与单位货币所代表的价值量之间的比值,就是价格。在产品价值量不变的前提下,单位货币所代表的价值量越大,价值量降低时,商品价格就会升高。

货币,尤其是纸币的价值量通常是变动的。纸币发行量越多,则其代表的价值量就会越低,就会产生通货膨胀,物价会普遍上涨。如果政府紧缩通货发行(也称为紧缩银根),市场流通的货币就会减少,商品价格因此也会降低。

4. 国家政策

党和国家的各项方针政策都是根据市场客观需要以及经济规律的要求科学制定的,有利于维持全国人民的长远利益,有利于促进经济正常运行和经济发展。贯彻执行这些方针政策,是每一个市场经营者义不容辞的责任。

价格是市场和经济生活中最敏感的因素,其涉及面广,影响深刻,因而总是国家或政府最关注的因素,对此,国家制定了一系列方针政策,对企业制定价格决策具有指导或约束作用。其中,最主要方针政策有:稳定物价方针政策,反暴利政策,缩小工农产品交换价格剪刀差政策,按质论价政策,最高限价和最低保护价政策,反对乱收费、乱摊派以及减轻农民负担的政策,最高限价和最低保护价政策,合理安排商品比价、差价的政策等。

企业定价原则必须在党和国家方针政策规定的范围内进行,并自觉接受国家各级物价部门的管理和监督,正确行使价格自主权。

二、定价方法及其计算

在许多交易场合,价格是经由买卖双方协商谈判来制定的。卖者要"贵卖"而要高价;买者要"贱买"而要低价。通过讨价还价,最后达到双方都可以接受的价格。为所有买者制定一个价格的做法,据说在19世纪末大规模销售的零售商出现后才产生的。在这种相对"新"的做法中,销售者必须根据定价目标要求,掌握消费需求计划、成本函数以及竞争对手价格,通过综合各方面因素的影响或可能的效应,来制定一个统一价格。这里,将各种因素综合考虑的方法是特别重要的。在价格学中,定价方法按照强调的因素,可以分为成本导向定价法、需求导向定价法和竞争导向定价法3类。

(一)成本导向定价法

着重考虑成本的企业倾向于采用成本导向定价法,其基本特点是:关心对成本的充分补偿和利益的可能性;以成本作为价格的最低界限,要求价格只能在成本之上;把外界对价格的影响通过成本类型和盈利率的选择反映出来,如完全成本定价法、变动成本定价法等。

1.成本加成定价法

最基本的定价方法是以单位产品完全成本为基础,再加上一定的盈利额来计算价格的。这种方法通常称为成本加成定价法。其基本公式是:

$$价格 = 平均单位成本 + 平均利润$$

或

$$价格 = (总成本 + 目标利润额)/总产量$$

目标利润或平均利润相对于成本,可以是固定的,也可以是变动的。当把目标利润作为与成本比例增长,或作为销售额中固定比率部分时,价格计算公式需要做出修改。

(1)目标利润作为与成本同比例增长的部分,这里以成本作为计算的基数,按照利润随成本变动的比例,首先确定成本加利率(或称为成本利润率),然后计算价格。其公式是:

$$价格 = 平均成本 \times (1 + 成本加成率)$$

[例1] 假设某企业生产单一产品,即某型号水泥。1995年生产了60 000袋,每袋变动成本为8元,全年企业固定成本为420 000元。该产品平均成本,即:

总成本 = (8×60 000 + 420 000)元 = 900 000(元)

平均成本 = (900 000÷60 000)元 = 15(元)

假设成本加成率为30%,因而价格为:

价格 = [15×(1+30%)]元 = 19.5(元)

(2)目标利润作为销售额中固定比率的部分,这时价格的计算公式略有不同。因为目标利润作为销售额中的固定比率(这个比率通常成为销售利润率),意味着价格作折扣后才是平均成本,故价格如下:

$$价格 \times (1 - 销售利润率) = 平均成本$$

$$价格 = \frac{平均成本}{1 - 销售利润率}$$

[例2] 假设例1中,企业按销售利润率25%来计算价格。因为每袋水泥平均成本为15元,所以价格如下:

价格 = [15÷(1-25%)]元 = 20(元)

成本加成定价法不仅谋求补偿成本,而且可以取得一定量的利润。只要市场上缺乏竞争压力,产品销路很好,或者现处于卖方市场,企业就可以采用这种方法来制定价格决策。例如,建筑工程公司进行工程投标,就是在估算成本再加上标准加成率的基础上来报价的。

成本加成定价法忽视当前顾客需求特点、忽视市场供求关系和竞争状况,显然是不合理的,不仅在逻辑上不合理,在计算结果上也不能导致获得最佳价格。例如,它与按需求曲线制定的价格总是存在一定的差距,与市场通行价格相比也会不同。这些缺陷既可能降低企业销售收入和利润,也可能削弱企业竞争优势。

如果企业生产多种产品,就需要把全部固定成本在各种产品上进行分摊,以便准确计算每种产品的成本。在实践中固定成本分摊可以有多种方式,如按产量的比例平均分摊、按变动成本总额的比例分摊、按制造产品所用时间的比例分摊等,不同方式分摊结果不同,有时差异可达到35%。这些差异说明,成本计算并不是那么简单易行的。如果简单地对待,就会使成本计算不准确,从而使成本加成定价法失去价值。

2. 目标成本定价法

所谓目标定价法,是以企业期望可达到的成本目标作为制定价格基础的定价方法。目标成本不同于制定价格时期的实际成本,它是为实现定价目标、谋求长远利益和整体利益而测定的一种"影子成本"。通常情况下,影子成本所反映的是在企业技术设备日臻完善,内部管理严格有序,整个经营过程处于正常状态下的生产成本。对于新产品来说影子成本着重反映的是从小批量生产转向大批量生产过程中具有边际递减特征的阶段性成本。计算目标成本,消除了生产中不正常因素的影响,也排除了成本波动因素,因而比较合理。以目标成本为基础来制定的价格,既可容易地为消费者接受、达到可销售的水平,又能实现企业的目标利润。其计算公式是:

$$价格 = 目标成本 + 目标利润 + 税金$$

或:

$$价格 = 总目标成本 \times \frac{1 + 成本加成率}{总产量}$$

[例 3] 某洗衣机制造公司向市场推出一种全自动滚筒式洗衣机,由于形式新颖,因此缺乏充分、准确的成本资料。因此,该公司采用目标成本定价法来制定价格。在分析了固定成本、变动成本因素之后,公司主管部门认为该洗衣机在推出期的目标成本是2300元。公司认为,该产品具有明显的新颖性和适用性。顾客购买力会较大,因而成本加成率可定在30%水平上。于是不难计算该洗衣机的可销价格:

$$价格 = [2300 \times (1 + 30\%)] 元 = 2990(元)$$

应当注意,目标成本的科学(合理)性对价格的合理性具有明显影响。换句话说,如果目标成本不合理,目标成本定价法就没有什么意义。制定合理的目标成本,必须明确"正常、有效的生产条件"的内涵,认真分析成本变化规律以及其他企业的成本水平,提出切实可行的控制成本的措施。这样,目标成本就具有科学依据,并具有可实现性和可接受性。按照这样的成本来定价,消费者乐于接受,企业也可以实现长足的发展。

3. 收支平衡定价法

收支平衡定价法又称保本定价法,顾名思义,这种方法"放弃"了对利润的追求,只要求保本。该法主要适合于市场销售状况欠佳谋求市场份额和保证一定销售量的目标占主要地位。例如,企业在向市场推出新产品时,为使大多数消费者购买,消费者在了解新产品价格不高后而企业又不愿意在亏损状态下经营时,可采用收支平衡定价法。在市场普遍不景气,企业的产品以高价销售存在着明显困难时,为保证企业安全度过不景气时期,企业也必须考虑采用收支平衡定价法。

在收支平衡定价中,产品价格等于平均成本与单位产品税金之和。通常,企业首先应当按照保守原则或最大可能原则,估算产品销售量。这一销售量被称为保本销售量。其次,要认真搜集分析各类成本资料,成本资料是否全面准确对于销售价格是否有保本功能具有直接影响。由于:

$$总成本 = 固定成本 + 单位变动成本 \times 销售量$$

因此,保本定价法的价格按下式计算:

$$价格 = \frac{固定成本}{保本销售量} + 单位变动成本 + 税金$$

[例4] 一家企业主要生产规格为32寸的普通液晶电视机。由于全面屏智能电视机的逐步普及,普通液晶电视机市场很不景气。该企业预计2020年产品销售量只有30 000台。可是,生产该产品必须支付的固定成本为7 500 000元,单位变动成本为1000元,该产品欲实现保本经营,价格应定为多少元?

按照上述计算公式,不难计算出保本价格:

$$价格 = \left(\frac{7\,500\,000}{30\,000} + 1000\right)元 = 1250(元)$$

很多情况下,收支平衡定价计算公式被用于计算在一定价格水平下的保本销售量。因为上述计算得到的价格实际上有可能背离市场可行价格。如果价格高于市场可行价格,会使商品销售量锐减;降低销售收入,又会入不敷出;如果价格过多地低于市场可行价格,事实上会使企业失去取得一定利润的机会。企业主管通常根据市场可行价格,反向推算保本销售量,作为企业销售目标。

计算保本销售量的公式如下:

$$\text{保本销售量} = \frac{\text{固定成本}}{\text{市场可行价格单位变动成本}}$$

收支平衡定价法与前述成本加成定价法的区别仅仅在于利润有无这一点上。

4. 变动成本定价法

在竞争日益激烈、市场份额占有不足的经营条件下,按照补偿全部成本的原则来制定价格的做法通常会使企业失去竞争优势,尤其是在资本密集型、技术密集型产业中,固定资产投资越来越高,技术开发与经营管理领域的固定成本开支越来越大,这样会使企业形成很高的固定成本。但是,在市场竞争中,一个企业的商品销售量有很大伸缩性,价格是影响销售量的一个重要因素。如何使价格相对低一些,以扩大商品销售量,继而通过大规模生产降低商品成本来使企业盈利呢?在成本导向定价法中,最为有效的方法就是暂时撇开固定成本因素,采用变动成本定价法。

变动成本定价法是指以单位变动为最低界限,尽量使价格高于单位变动的定价方法。形成的公式是:

$$\text{价格} = \text{单位变动成本} + \text{单位贡献}$$

由于要求,价格>单位变动成本,所以单位贡献>0。

单位贡献也称为边际贡献,其经济学含义是边际收益超出边际成本的部分。当企业按照收益等于边际成本原则定价时,边际贡献等于0,利润最大。但这只是种理想中的状态。由于市场销售量的不确定性,边际收益等于边际成本的状态很难控制,因此企业必须考虑在边际收益高于边际成本的状态下经营。

这必须考虑的问题是,企业可以容易地计算平均变动成本,而很难得到准确的成本曲线。这实际上是说,用平均收益与平均变动成本来定价具有很强的实用性。不论边际收益是否等于边际成本,平均收益必须大于平均变动成本。这显然是一条适用的定价规则。

为什么不能让价格等于单位变动成本呢?这涉及固定成本补偿问题。固定成本如果得不到充分补偿,企业就会在亏损条件下运行。这对于企业继续生存是不利的,更谈不上求发展了。作为定价规则,不能容许单位贡献等于零。其意义就是把补偿固定成本的任务交给单位贡献。只要单位贡献大于0,且商品销售量足够大,则补偿固定成本就不是不可能的。

(二)需求导向定价法

在价格制定工作中显然不能忽视消费者对价格的接受能力和可能在购买行为上做出的反应。侧重于使价格为消费者能够接受并且能产生良好反应的定价方法,这就是需求导向定价法。实施需求导向定价法的基本前提是,充分了解消费者的购买能力和购买欲望,并且能够预计消费者对某种价格水平的反应。换句话说,要弄清楚企业面临的需求曲线。

常见的需求导向定价法有3种形式,即直觉价值定价法、差别定价法和增量分析定价法。

1. 直觉价值定价法

越来越多的企业正把价格的制定转向建立在购买者对产品的"感觉价值"(perceied value)基础上。他们发现,定价的关键是购买者的接受性,而不是企业的成本。购买者的接受性表现为对产品价值的主观判断,当消费者觉得产品价值与价格一致或价格较低时,会认为购买是合算的,因而购买动机会强烈。否则,当消费者觉得产品价值低于价格,会有一种"吃亏""上当"的逆反心理产生,因而购买动机会大大削弱。根据这个道理,企业经理们设法借助各种非价格的营销因素来影响消费者,或通过市场定位在消费者心目中树立较高大的产品形象,让消费者产生产品价值很高的概念,由这个途径来接受企业制定的产品价格。

直觉价值定价法与产品定位策略是一脉相承的。为一定目标市场服务的企业通常需要利用质量与价格两个"坐标"来建立其产品形象。企业可能有9种不同的产品质量价格选择,见表11-1,每种选择实际上是有关质量水平、价格水平及其比例关系的决策或策略。主对角线上的策略1、5、9在同一个市场上能够相辅相成;但在同一个市场上,每一行上或每一列上的策略是不能同时存在的。例如,策略1、2、3不能在同一市场上同时出现,因为3种策略下的产品没有差别,仅仅只是价格不同。只要消费者充分了解这种关系,消费者就不会执意偏爱策略1或2中的产品,不会随意多"送"钱给实施策略1或2的企业,因为他们有最佳选择,即购买策略3的产品。对于其他每行的策略及每列的策略也可以同样做出分析。这就是说,在同一市场上,商品价格最好与商品的"感觉价值"或质量水平相适应;在有竞争产品存在的情况下,还要考虑顾客感觉价值的变化。

表11-1 产品质量价格

	价格	高	中	低
质量	高	优质优价策略	高价值策略	超价值策略
	中	撇脂定价策略	公平价值策略	适度让价策略
	低	暴力定价策略	"华而不实"策略	经济节约策略

杜邦公司一直都在采用直觉价值定价法。它开发了地毯用的新合成纤维后,就极力宣传新纤维的优点,向地毯织造证明每磅新纤维付140美元是很合理的。杜邦称这种做法是"使用价值"定价法。例如,某种商品两种价格依据表11-2来制定。希望获得"优越"满足水平的顾客可以付105美元来达到自己的目的。杜邦则测算了每项附加好处的"感觉价值",它们加起来正好是相对于水平价格。顾客多付5美元,这

种做法有时也称为项目价值累计定价法。当然,顾客也可以不要求提供全部项目的附加价值而只提供其中一部分。项目价值累计定价法可以让顾客按其需要和愿付的价格来作出选择。

表 11-2 商品的两种价格

特征	平均水平	优越水平	附加价值/美元
品质	杂质含量低于百万分之十	杂质含量低于百万分之一	1.40
送货	两周内	一周内	0.15
商品成套性	仅供化学品	供应化学品包装全套物品	0.80
技术创新	不提供 R&D(research & development)服务	高水平的 R&D(research & development)服务	2.00
培训	只有初级培训	按对方要求培训	0.40
服务	限于提货时服务	跟踪服务	0.25
价格	$100/磅	$105/磅	5.00

感觉价值定价法的关键是对每一项商品特征的市场感觉价值的精确计量问题。自以为是的销售者通常高估其产品的价值而定价过高;保守的销售者通常低估其产品的价值而定价过低。因此,为指导企业合理定价,进行一些市场研究,建立市场感觉价值评价体系,是必要和有意义的。

测算顾客对商品的感觉价值可以有以下 3 种方式。

(1)主观评估法。主观评估法即由企业内部有关人员参考市场上同类商品,比质比价,综合考虑市场供求趋势,对商品的市场销售价值进行评估确定。

(2)客观评估法。客观评估法即由企业外部有关部门的人员及消费者代表,对商品的性能、效用、寿命等进行评议、鉴定和估价。

(3)实销评估法。实销评估法即以一种或几种不同价格,在几个实验市场上进行实地销售,并征得消费者对产品价格的评估,然后通过对试销价格的顾客态度或反应进行分析,确定适销价格。

直觉价值定价法是以产品的最终用户或消费者的感觉价值为基础来定位的,不适用于流通领域中间环节定价。许多企业把"感觉价值"价格制定下来后,要反过来推算流通领域中间环节的价格以及企业出厂价。这时,直觉价值定价法又被称为"反向定价法",或"倒剥皮定价法"。

2. 差别定价法

差别定价法就是将同种产品以不同的价格销售给同一市场上的不同顾客。一般来说,这里的价格差异不是由于商品成本因素所引起的,也不是附加价值不同所引起的,而是销售者根据顾客的需求特征实行差别定价引起的。因此,又称为"歧视性定价法"。

(1) 差别定价法的类型根据消费者需求分为4种类型。

①以顾客本身特征为基础的差别定价。例如,影剧院对大人与小孩规定不同的票价;歌舞厅对男士与女士规定不同的收费标准;航空公司对国内来客与国外乘客制定不同的机票价格等。通常来说,这种类型的差别定价看重考虑顾客的支付能力与需求弹性的差异。

②以产品用途为基础的差别定价。例如,电力、自来水与煤气等公司对企事业单位用户和居民家庭用户制定不同的收费标准;商店对礼品性的与顾客自用性的同种商品制定不同价格;具有收藏价值的邮票与普通邮票两者在价格上通常有很大差别。

③以消费或购买地点为基础的差别定价。例如,同样的罐装"健力宝"饮料,在卡拉OK娱乐厅的售价要高于街头杂货店的售价,在装修豪华的饮食店售价也较高;宾馆客房因南北朝向不同,或因楼层不同而收费不同。

④以消费或购买时间为基础的差别定价。例如,同一批制造的衣服,在消费旺季与消费淡季的售价是不同的;电视广告在黄金时间的收费特别高;挂历、贺年卡在元旦后销售价格普遍下降。

(2) 实行差别定价法的条件。实行差别定价法必须具备一定的条件,以控制顾客的购买,这些条件包括以下几种。

①价格不同的细分市场之间能够被完全隔离,不可能出现高价细分市场的顾客向低价细分市场流动的问题,也不可能出现低价细分市场的顾客把商品再转手卖给高价细分市场的顾客的问题。

②每个细分市场都具有独特的需求性质,细分市场之间需求弹性不同。换句话说,高价细分市场的顾客不会因为价格高而大量减少其需求。只要高价细分市场能够维持存在并且盈利,差别定价法就有意义。

一般来说,高价细分市场能够独立存在,并且能够与低价细分市场相隔离,不是企业主观意志能决定的。许多资料表明,企业自动创造某种条件造成高价细分市场与低价细分市场隔离的做法,往往要么很难成功,要么得不偿失。关键原因在于细分市场是动态可变的,是企业不可控制的。任何"臆造"市场都是"短命"的。企业要实行差别定价法,必须进行市场调研,论证其可行性,并且要因时、因地、因势制宜。

[例5] 假定某企业在某一市场上同时出售某种产品。该市场可被分割为细分市场A和细分市场B。

已知,细分市场A的需求曲线如下:
$$Q_1 = 1000 - 2P_1$$

已知,细分市场B的需求曲线如下:
$$Q_2 = 1200 - 3P_2$$

已知,总成本函数如下

$$C(Q_1+Q_2)=350+2(Q_1+Q_2)+0.5(Q_1+Q_2)^2$$

首先考虑忽视顾客需求差异策略下的统一价格制定问题。按照利润最大化原则,统一价格 $P=P_1=P_2$ 的制定规则是边际收益等于边际成本,或者边际利润等于 0。

企业的利润:
$$\Pi=P_1Q_1+P_2Q_2-C(Q_1+Q_2)$$

因为 $P_1=P_2=P$

$$\begin{aligned}\Pi&=P(1000-2P)+2P(1200-3P)-[350+2\times(1000-2P+1200-3P)\\&\quad+0.5\times(1000-2P+1200-3P)^2]\\&=(P-2)\times(2200-5P)-0.5\times(2200-5P)^2-350\end{aligned}$$

$$\begin{aligned}\frac{\mathrm{d}\Pi}{\mathrm{d}P}&=2200-5P-5\times(2200-5P)\\&=13210-35P\end{aligned}$$

令 $\dfrac{\mathrm{d}\Pi}{\mathrm{d}P}=0$,则有:

$$13210-35P^*=0$$

$$P^*=\frac{13210}{35}\text{元}\approx 377(\text{元})$$

于是可以算出:

细分市场 A 的销售量:$Q_1^*=1000-2\times 377=246$

细分市场 B 的销售量:$Q_2^*=1200-3\times 377=69$

$$\begin{aligned}\Pi&=[(377-2)\times(2200-5\times 377)-0.5\times(2200-5\times 377)^2-350]\text{元}\\&=68162.5(\text{元})\end{aligned}$$

必须注意到,对应于 $Q_1=246,Q_2=69$。边际成本 $MC=317$ 元,但细分市场 A 上 $MR_1=254$ 元。存在 $MR_1<MC$ 现象,适当提高细分市场 A 上的价格将可以使利润增加;在细分市场 B 上,$MR_2=354$ 元 $>MC$,适当降低其价格也可以使利润增加(读者可以作图分析,论证这一观点)。

其次考虑重视顾客需求差异的策略,即实行差别定价法。

$$P_1=500-\frac{Q_1}{2}$$

$$P_2=400-\frac{Q_2}{3}$$

企业的利润 Π 由下式计算:

$$\Pi=(500-\frac{Q_1}{2})Q_1+(400-\frac{Q_2}{3})Q_2-[350+2(Q_1+Q_2)+0.5(Q_1+Q_2)^2]$$

最大利润存在的条件如下:

$$\frac{\partial \Pi}{\partial Q_1} = 498 - 2Q_1 - Q_2 = 0$$

$$\frac{\partial \Pi}{\partial Q_2} = 398 - Q_1 - \frac{5Q_2}{3} = 0$$

联立解出 Q_1 和 Q_2，得出：

细分市场 A 的最优销售量：$Q_1^* = 185$

细分市场 B 的最优销售量：$Q_2^* = 128$

继而可得出：

$P_1^* = (500 - 185 \div 2)$元 $= 408$（元）

$P_2^* = (400 - 128 \div 3)$元 $= 357$（元）

$\Pi^* = \{408 \times 185 + 357 \times 128 - [350 + 2 \times (185 + 128) + 0.5 \times (185 + 128)^2]\}$元
$= 71215.5$（元）

71215.5 元＞68162.5 元，说明采用差别定价法比传统价格法更合理，能使企业获得更多利润。

3. 增量分析定价法

根据顾客的需求弹性或需求曲线来定价，是许多企业常用的定价方法。这种方法以实现最大销售收入或最大利润为目标。分析价格变动与需求变动的相互关系以及它们对利润的影响。由于对价格与需求的变动按增量逐步计算，所以称之为增量分析定价法。

[例 6] 设某企业产品价格与需求量的互动关系见表 11-3。

表 11-3 价格与需求量的互动关系

价格/元	8	6	4	3
需求量/件	100	300	400	500

固定成本为 800 元，平均变动成本为一常数 2 元。

分析收入增量与成本增量之间的关系，确定最优定价方法。

当价格由 8 元降至 6 元时，收入增量 $R(8 \to 6)$ 与成本增量 $C(8 \to 6)$ 分别如下：

$R(8 \to 6) = (6 \times 300 - 8 \times 100) = 1000$（元）

$C(8 \to 6) = 2 \times (300 - 100) = 400$（元）

显然此时利润增量（边际贡献）$\Pi(8 \to 6)$ 如下：

$\Pi(8 \to 6) = R(8 \to 6) - C(8 \to 6) = 1000 - 400 = 600$（元）

$\Pi(8 \to 6) > 0$，说明价格从 8 元降至 6 元是值得的。继续分析如下：

$R(6 \to 4) = (4 \times 400 - 6 \times 300) = -200$（元）

$C(6\to 4)=[2\times(400-300)]=200(元)$

$\Pi(6\to 4)=[(-200)-200]=-400(元)$

$R(4\to 3)=[3\times 500-4\times 400]=-100(元)$

$C(4\to 3)=(2\times 500-400)=600(元)$

$\Pi(4\to 3)=-300(元)$

由于$\Pi(6\to 4)$、$\Pi(4\to 3)$都为负数,说明价格从6元起继续下降对企业是不利的,有利润的损失。因此,企业定价可以用表11-4来直观说明。

表11-4 比较每一价格的利润

价格/元	需求量/件	销售收入/元	变动成本/元	固定成本/元	总成本/元	利润/元
8	100	800	200	800	1000	−200
6	300	1800	600	800	1400	400
4	400	1600	800	800	1600	0
3	500	1500	1000	800	1800	−300

表11-3说明,价格分别为8元、4元和3元时,企业都是无利可图或有亏损的,只有定价为6元时,企业可盈利400元。此时,对应于定价6元,需求量为300件的企业盈利最大,因此,企业应将价格定为6元。

(三)竞争导向定价法

竞争导向定价法是以本企业的主要竞争对手的价格为定价基础,忽视企业的产品成本或需求的变化。只要竞争对手的价格不动,本企业的价格也不动。竞争导向定价法通常有两种形式,即流行水平定价法和竞争投标定价法。

1.流行水平定价法

流行水平定价法又称随行就市定价法,简单地说,别人定多高的价格,本企业也定多高的价格。企业要分析当前同一市场上主要竞争对手的价格,可以使本企业的价格等于、略微高于或低于主要竞争对手的价格,但处于最接近或等于市场平均价格水平的位置。这种定价法特别适合于完全竞争市场和寡头垄断市场。在寡头垄断市场上,各企业的产品价格通常是垄断的。如在钢铁、石油、造纸或化肥行业。企业采用流行水平定价法的原因主要是:

(1)难以估算产品准确的成本。这种情况中能够获得合理利润的价格。人们把流行价格视为本行业中能够获得合理利润价格。

(2)报复性竞争压力最小。因为按流行水平定价对竞争对手的攻击性最小,对行业内部的价格协调机制破坏作用也最小。

(3)认为用户和竞争者对价格差异化的反应是不确定的,或者相信他们对任何价格差异化的反应对本企业是不利的。

2. 竞争投标定价法

投标是企业取得经济技术承包合同的一种方式。在多家企业参与竞争投标时,争取本企业投标的竞争优势成为所投标书设计的关键。竞争优势高的企业才有可能中标,取得承包合同并赢得经营收入。影响投标竞争优势的因素有企业的相对技术实力、知名度和声誉,标价高低也是一个重要因素。投标中的标价是招标方能否接受的价格。在承包合同质量、工期、服务大致相当的条件下,招标方谋求降低合同价格,因而标价低的投标书较容易中标。于是产生了竞争投标定价问题。

投标方法有公开报价和密封报价两种。招标方在投标企业的各个不同报价中,择优选定承包者。投标企业须根据竞争对手的公开报价或预计可能的报价来提出自己的报价。关键是要掌握好中标概率、利润与报价的关系。一般来说,报价越低,中标可能性越大,但企业盈利就越小,有时甚至导致企业亏损。如何确定合理价格呢?通常根据期望利润来定价。

所谓期望利润,是指某个报价的中标概率与相应的企业利润二者的乘积,其公式如下:

$$期望利润 = 中标概率 \times 相应的利润$$

[例7] 设某企业为一楼房建筑工程招标。根据楼房设计要求,估计建筑工程总费用为80万元。搜集可能的竞争对手及其所投标书的信息后,提出了4种可行的报价,并估算其中标概率与利润见表11-5,继而可计算出每一报价下企业的期望利润,填在该表中。

表11-5 每一报价下的期望利润

标价/万元	中标概率/%	可得利润/万元	期望利润/万元
90	0.6	10	6
95	0.5	15	7.5
100	0.3	20	6
105	0.2	25	5

表11-5中报价95万元的期望利润最大,即7.5万元,意味着中标概率与可得利润二者综合效果最好,按期望利润最大原则,企业应选择报价95万元。

第三节 采购成本分析

现今企业的竞争日趋激烈,企业经营已到了毫厘必争的时代,为了能降低经营成本,让利于顾客,企业必须下大力气控制其经营成本。过量的采购也使商品积压而占用大量的资金,这也是企业经营管理的重点所在。

商品的购买成本不仅是指商品本身的价值。而且还包括因采购而带来的采购管理成本和储存成本。

1. 材料成本

材料成本是指材料的进价成本,又称购置成本,即材料本身的价值等于采购单价与采购数量的乘积。在定时期进货总量既定的条件下无论企业采购次数如何变动,材料的进价成本通常是保持相对稳定的(假设物价不变且无采购数量折扣),因而这属于决策,无关成本。

2. 采购管理成本

采购管理成本是指企业向外部的供应商发出采购订单的成本费用,是企业为了实现一次采购而进行的各种活动的费用,如办公费、差旅费、邮资、电话电报费、运输费、检验费、入库搬运费等支出。采购管理成本中有一部分与订货次数无关,如专设采购机构的基本开支等,这类固定性进货费用则属于决策的无关成本。另一部分与订货次数有关,如差旅费、邮资、电话电报费等费用与进货次数成正比例变动,这类变动性进货费用属于决策的相关成本。更详细地说,采购管理成本包括与下列活动相关的费用:检查存货水平;编制并提出采购申请;对多个供应商进行调查比较,选择最合适的供货商;填写并发出采购单;填写、核对收货单;结算资金并进行付款。

3. 储存成本

企业为持有存货而发生的费用即为存货的储存成本,主要包括:存货资金占用费(以贷款购买存货的利息成本)或机会成本(以现金购买存货而同时损失的证券投资收益等)、仓储费用、保险费用、存货残损霉变损失等。与进货费用一样,储存成本可以按照与储存数额的关系分为变动性储存成本和固定性储存成本两类。其中,固定性储存成本与存货储存数额的多少没有直接联系,如仓库折旧费、仓库职工的固定月工资等,这类成本属于决策的无关成本;而变动性储存成本则随着存货储存数额的增减成正比例变动关系,如存货资金的应计利息、存货残损和变质损失、存货的保险费用等,这类成本属于决策的相关成本。

第四节 采购数量与价格变动对成本的影响

一、固定成本与变动成本

固定成本是指业务量在一定范围内增减变动,其始终保持不变的有关成本,如按直线法计算的厂房、机器设备的折旧费、管理人员工资、劳动保护费、职工培训费等。这就是说,作为固定成本,只要业务量不突破某一特定范围,其数额将会始终稳定在某既定的水平上。

变动成本是指随着业务量的增减变动,总数额也将发生相应正比例变动的有关成本,如直接材料费、直接人工费、产品包装费等。这就是说,作为变动成本,只要业务量发生某种变动,其总数额也要随之发生相应的变动,且变动方向和变动比率都与业务量的变化情况完全相同。

1. 固定成本的主要特点

(1)在相关范围之内,固定成本总额不受业务量变动的影响。

(2)在相关范围之内,随着业务量的增加或减少,单位固定成本将随之相应降低或升高。

2. 变动成本的主要特点

(1)变动成本总额直接受到业务量变动的影响,与业务量保持正比例变动关系。

(2)单位变动成本不因业务量变动而发生相应的变动,其数额将始终保持在某一特定的水平上。

变动成本额和业务量之间的依存关系,同固定成本一样,也存在着一定"相关范围"的限制。也就是说,在相关范围内,变动成本总额和业务量之间呈完全的线性关系;一旦超过相关范围,就可能表现为非线性的关系。

二、商业折扣和折让

供应商为了鼓励企业及早付清货款、大量购买、淡季购买,还可以酌情降低其基本价格,这种价格调整叫作商业折扣和折让。

(1)现金折扣。这是供应商给那些当场付清货款的采购企业的一种减价方法。

(2)数量折扣。这种折扣是供应商给那些大量购买某种产品的采购企业的一种减价方法,以鼓励企业购买更多的货物。

(3)功能折扣。这种价格折扣又称贸易折扣。功能折扣是供应商给某些采购企业的一种额外折扣,促使他们愿意执行某种市场营销功能(如推销、储存、服务)。

(4)季节折扣。这种价格折扣是供应商给那些过季商品或服务采购企业的一种减价方法。

(5)促销折让。这是另一种类型的价目表价格的减价。促销折让是供应商根据市场供需情况,或针对不同的采购企业,在商品标价上给予的折扣。

第五节 采购成本控制

企业运营的主要目标是为股东创造最大的财务利润,所以,经营者在审核年度绩效时,投资报酬率便成了最好的参考数字。虽然投资报酬率有不同的计算方式,最普通的表示方法如下:

投资报酬率＝利润率×资产周转率

利润率代表了企业相对于收益地对成本控管的能力,而资产周转率则反映出管理阶层对企业可用资产有效利用的能力。所以,企业管理层可通过降低采购成本、利用现有资产来增加销售业绩或综合以上两项三个方面来达到增加投资报酬率。

根据统计资料显示,在制造业中,对原材料、零部件机器设备的采购金额,平均占总销售额的50%。换句话说,任何通过采购所节省的费用,都是对利润的直接贡献。

一、ABC 控制法

1. ABC 控制方法的基本思想

一般来说,企业的物资种类繁多、价格不等、数量不均,有的物资品种很多但价值不高。由于企业的资源有限,因此对所有品种均给予相同程度的重视和管理是不可能的,也是不切实际的。为了使有限的时间、资金、人力、物力等企业资源能得到更有效的利用,应对物资进行分类,将管理的重点放在重要的物资上,进行分类管理和控制,即依据库存物资重要程度的不同,分别进行不同的管理,这就是 ABC 控制方法的基本思想。

2. ABC 分析方法的原理

ABC 分析法是 20/80 原理的一种应用。20/80 原理指出存在着重要的"少数"(20)和不重要的"多数"(80)。这一思想就是将管理资源集中在重要的"少数"上,即花 80% 的时间与精力在最重要的 20% 上,将得到 80% 的回报,而在另外不重要的 80% 上,只需花费 20% 的精力就能得到不错的结果。

因此,利用 ABC 分析法可以保证确定更好的预测现场控制、供应商的信赖度以及减少安全库存和库存投资。通过将物料分级,采购经理就能为每一级的物料品种制定不同的策略,实施不同的控制。

3. ABC 控制方法的应用

(1) ABC 三类物品的区分。任何采购物品可区分为 3 个不同部分:

A 类物品。高值——其价值占采购总值 70%～80% 的相对少数物品,通常为物品的 15%～20%。

B类物品。中值——其总值占采购总值的15%～20%,物品数居中,通常占物品的30%～40%。

C类物品。低值——其采购总值几乎可以忽略不计,只占5%～10%,是物品的大多数,通常占60%～70%。

任何采购物品分为A、B、C三大类当然是任意的。许多公司做进一步的分类,如加一个D类或把A类再分为AAA、AA与A三等。每类物品,当然可以在该类之中作ABC分类。有些高值物品应引起工厂经理的特别重视。

(2)物品分类步骤。具体如下:

①列出所需采购物品及其年度使用量,然后用单价乘以年度使用量,算出年度使用金额,见表11-6。

表11-6 计算年度使用金额

序数	物品每年使用件数	单位成本/元	年度使用金额/元
F—11	40000	0.07	2800
F—20	195000	0.11	21450
F—31	4000	0.10	400
L—45	100000	0.05	5000
L—51	2000	0.14	280
L—16	240000	0.07	16800
L—17	16000	0.08	1280
N—8	80000	0.06	4800
N—91	10000	0.07	700
N—100	5000	0.09	450

②按年度使用金额排列这些物品,并计算出累计年使用金额与累计百分数。如果任意地决定A类物品将是这些物品中最前面的20%,则A类将包括第一与第二两种物品。第三至第五这3类物品将属B类物品,它们占总物品数的30%。其余50%的物品将属于C类物品,见表11-7。

表11-7 排序并计算累计百分数

序数	年度使用金额/元	累计年使用金额/元	累计百分数	类别
F—20	21450	21450	39.8%	A
L—16	16800	38250	71.0%	A
L—45	5000	43250	80.2%	B

续表

序数	年度使用金额/元	累计年使用金额/元	累计百分数	类别
N-8	4800	48050	89.3%	B
F-11	2800	50850	94.4%	B
L-17	1280	52130	96.7%	C
N-91	700	52830	97.9%	C
N-100	450	53280	98.9%	C
F-31	400	53680	99.6%	C
L-51	280	53960	100%	C

③ABC分析可归纳列表显示,如果把最大精力集中于A类物品采购可使其库存压缩25%,这就是总库存相当可观的一笔压缩,即使C类物品由于控制不严而增加了50%也不要紧,见表11-8。

表11-8 分析归纳结果

分类	物品的百分数	每组的年使用金额/元	金额的百分数
A(F-20,L-16)	20%	38 250	71.0%
B(L-45,N-8,F-11)	30%	12600	23.4%
C(所有其他)	50%	3110	5.6%
总计	100%	53 960	100%

ABC方法的4条基本法则见表11-9。

表11-9 ABC方法的基本法则

法则名称	具体内容
控制程度	①对A类物品应尽可能地严加控制,包括最完备、准确的记录,最高层监督的经常评审,从供应商按订单频繁交货,对车间紧密跟踪去压缩提前期等; ②对B类物品作正常控制,包括良好的记录与常规的关注; ③对C类物品应尽可能使用最简便的控制,诸如定期检查库存实物、简化的记录或用最简的标志法表明补充存货已经订货了,采用大库存量与订货量以避免缺货,另外安排车间日程计划时给以低优先级就可以了
采购记录	①A类物品要求最准确、完整与明细的记录,要频繁地,甚至实时地更新记录。对事务文件、报废损失、收货与发货的严密控制是不可能缺少的; ②B类物品只需正常的记录处理、成批更新等; ③C类物品不同记录(或只用最简单的),成批更新,简化地记录
优先级	①在活动中给A类物品以高优先级以压缩其提前期与库存; ②B类物品只要正常的处理,仅在关键时给以高优先级; ③给C类物品以最低的优先级
订货过程	①对A类物品提供仔细、准确的订货量; ②对B类物品,每季度或当发生主要变化时评审一次EOQ与订货量; ③对C类物品不要求做EOQ或订货点计算,手头存货还相当多时就订上一年的供应量,使用评审、堆放等

二、定期采购控制法

所谓定期采购控制法,是指按预先确定的订货间隔期间进行采购,补充库存的一种采购成本控制方式。

1. 定期采购控制法应用

企业根据过去的经验或经营目标预先确定一个订货间隔期间。每经过一个订货间隔期间就进行订货;每次订货数量都不同,定期订货方式中定货量的确定方法如下:

定货量＝最高库存量－现有库存量－订货未到量＋顾客延迟购买量

定期采购控制法从控制时间上即控制采购周期达到控制库存量的目的,从而达到成本控制的目的。只要订货周期控制得当,就可以既不造成缺货,又可以控制最高库存量,进而完成成本控制,即使采购成本最少。

2. 定期采购控制法的优点

由于订货间隔期间是确定的,因而多种货物可同时进行采购,这样不仅可以降低订单处理成本,还可以降低运输成本。另外,这种方式不需要经常检查和盘点库存,可节省检查和盘点库存的费用。

3. 定期采购控制法的缺点

由于不经常检查和盘点库存,对商品的库存动态不能及时掌握,遇到突发性大量需要的情况,容易造成缺货,带来损失,因而企业为了应对订货间隔期间需要的突然变动,往往库存水平较高。定期采购控制法适用于品种数量大、占用资金较少的企业商品采购成本的控制。

三、定量采购控制法

所谓定量采购控制法,是指当库存量下降到预定的最低库存数量(采购点)时,按规定数量(一般以经济批量 EOQ 为标准)进行采购补充的一种采购成本控制方式。

1. 定量采购控制法的应用

当库存量下降到订货点(也称为再订货点)时马上按预先确定的订货量(Q)发出货物订单,经过交货周期(T),采购控制法必须预先确定订货点和订货量。

通常采购点的确定主要取决于需求率和订货、到货间隔时间这两个要素。在需要固定均匀和订货、到货时间间隔不变的情况下,不需要设定安全库存,订货点的计算公式如下:

$$E = \frac{LT \cdot D}{365}$$

式中,D 为每年的需要量。

当需要发生波动或订货、到货间隔时间变化,订货点的确定方法较为复杂,且往往需要安全库存。

订货量通常依据经济批量的方法来确定,即以总库存成本最低时的经济批量(EOQ)为每次订货时的订货数量。

2. 定量订货方式的优点

由于每次订货之前都要详细检查和盘点库存(看是否降低到订货点),能及时了解和掌握商品库存的动态,因每次订货数量固定,且是预先确定好了的经济批量,因而方法简便。

3. 定量订货方式的缺点

经常对商品进行详细检查和盘点工作量大且花费大量时间,增加了库存保管维持成本。该方式要求对每个品种单独进行订货工作,量大且须花费大量时间,从而增加了品种单独进行订货工作,这样会增加订货成本和运输成本。定量订货方式适用于品种数目少但占用资金大的商品。

四、经济订货批量控制法

订货数量决定影响到企业的订货次数。企业大量订货,通常可减少采购费用,但会提高存货占有成本。企业少量订货常可使存货占用成本达到最小,但却会提高订货成本(除非进行电子数据交换并使用快速反应存货系统)。

经济订货批量是每次使订单处理和存货占用总成本达到最小的订货数量(按单位数计算)。订单处理成本包括使用计算机时间、订货表格、人工及新到产品的处置等费用,占用成本包括仓储、存货投资、保险费、税收、货物变质及失窃等。企业无论大小都可采用 EOQ 计算法。订单处理成本随每次订货数量(按单位数平摊的增加而下降,因为只需较少的订单就可买到相同的全年总数),而存货成本随每次订货数量的增加而增加,因为有更多的商品必须作为存货保管,且平均保管时间也更长,这两种成本加起来就得到了总成本。

考虑到需求、价格上涨、数量折扣及可变的订货成本和占用成本等方面的变化,必须经常修订 EOQ,具体可参见相关书籍。

【经典案例】

某公司的采购成本分析及改进

某生产婴儿食品的大型公司过去每年花在采购方面的开支接近 8 亿美元,由于该行业利润较高,因此该公司对采购成本的管理并没有在意,而且认为这种详细的审查在一个发展态势良好的经济环境中也显得没什么必要。然而,当经济开始回调、市场增长减慢时,该公司终于意识到,它现在不得不花费更大的力气以求保住利润了。由于过去几年的采购过程未经严格的管理,因此现在看来,采购方面无疑是挖潜的首要方向了。

第十一章 采购价格与成本管理

该公司首先从保养、维修及运营成本入手,很快做出决定:请人制定了一套电子采购策略,这一做法有助于通过集中购买及消除大量的企业一般行政管理费用来达到节省开支的目的,然而在最后的分析中,节省的效果却并未达到该公司的预期。

为了寻求更佳的节省效果,该公司开始转向其主要商品,如原材料、纸盒、罐头及标签。公司分析了可能影响到采购成本的所有因素,包括市场预测、运输、产品规格的地区差异、谈判技巧及与供应商关系等。通过深入的调查,一些问题开始浮出水面。调查结果显示,在材料设计、公司使用的供应商数量和类型、谈判技巧以及运输方面均存在着相当明显的缺陷。

(1)公司采购的谈判效率很低。人们对是否该处于有利的谈判地位并不关心,而且公司对供应商所处行业的经济状况或成本结构的研究也几乎是空白的。因此,采购经理极少对现状提出质疑。采购经理们通常习惯于在一个垂直一体化的卖家中购买各种原材料,而不是去寻找每种原材料最佳的供应商。

(2)公司几乎从不将自己的采购成本与竞争对手的采购成本进行比较。

(3)公司缺乏将营销及购买部门制度化地集合在一起的机制。这也就意味着,公司没有对市场营销所需材料的成本和收益进行评估的系统。

(4)公司节省成本的机制不灵活。即使当采购经理发现了节省成本的机会(机会可能是需要改变机器规格或本操作流程),他们也很难让整个企业切实地实施自己的想法。任何一次对系统的调整所耗去的时间都会比实际需要长得多。

当意识到未能进行采购成本管理而造成诸多损失时,公司开始对这个问题进行全面的处理。

(1)设定了商品的优先次序,随后进行了一系列成本收益的统计,并运用6个驱动力指标对竞争对手的情况进行了比较。

例如,按照营销部门对包装材料的规格要求,公司在制作包装盒时,其使用的纸材比竞争对手的纸材更厚而且贵得多,这样的规格要求其实并无道理,因为高质量的纸材并不会给公司带来任何额外的好处。公司还发现,在给铁罐上色的过程中,整个流程需要4道工序,而事实上一道工序就足够了,这样的话自然也会减少很多开支。

除此之外,公司在价值品牌的产品包装上使用了2张标签(前后各一),事实上只用1张也已足够。最后,由于公司属下的品牌及规格品牌品种繁多。并且考虑到地区性推广的时间问题及不同地区所采用的不同标签内容,印制标签的流通周期显得偏短。比较而言,延长印刷标签的周期会给公司节省很多钱。事实上,公司高达80%的标签是用作短期运作的,而主要竞争对手80%的标签却是用作长期运作的。

(2)建立了一套积极的谈判方式。这需要对现有及潜在供应商的成本及生产能力进行详细的评估,包括对供应商成本结构的分析。尽管大多数经理认为他们在谈判桌上已经足够强硬,但是几乎没有人真正在谈判中保持了应有的一丝不苟的态度。

结果,在过去这些年里,商务谈判通常显得过于轻松惬意。因此,为了克服这种思想上的松懈,采购经理们在进行谈判前应做好准备,充分了解供应商成本并对供应商的成本结构做深入分析。在这些方面做好精心准备是非常重要的:对于大多数商品而言,70%的成本是由产品特质决定的,30%才是由供应商的竞争力决定的。

例如,公司发现在购买一种主要原材料时,其供应商的要价是很高的。在对供应商的成本结构进行分析后,公司发现事实上供应商是在其自身相对较高的成本基础上给产品定价的,对于该供应商而言,这一定价确实已不能再低了。于是,公司对其他供应商的成本结构进行了研究——这实在是复杂的"侦察"工作,研究中除了涉及一些普通的要素外,还将诸如农场位置、精练设施、电力和劳动力成本及企业规模等因素考虑在内。研究结果显示,有一些企业的成本结构使它们能够以较低的价格出售产品,从而占据有利的市场地位。

公司同样对它的一家"一站式"供应商进行了研究,这家供应商不仅供应纸盒,而且还生产纸盒用的纸材并承揽纸盒印刷业务。经过对其他纸业及印刷厂家成本的研究,公司发现,其实他能够以低得多的价格买到纸材并进行印刷。当公司在谈判中指出这一点时,供应商不得不降低了产品价格,否则他就将失去该公司的生意。事实证明,解剖纵向供应链以研究分散的成本实在是一种有价值的谈判手段。

这些工作的结果使公司的原材料成本节省了12%。节省下来的这些钱被平分至产品规格的改进及谈判技巧的完善工作上。此外,为了控制流失的采购成本,公司需要一个整体采购策略,这一战略将包括优化的规格及强硬的供应商谈判。

第十二章　采购绩效管理

第一节　采购风险的概念和种类

在市场经济条件下,企业客观存在着采购风险。特别是加入WTO之后,企业采购所面对的供应市场范围进一步扩大,不确定因素增多,采购风险加大,企业迫切需要加强采购风险管理,采取有效措施防范和处理采购风险,确保采购安全。企业采购风险管理由采购风险分析和采购风险防范两部分组成。其中,采购风险分析是基础,采购风险防范是核心。

一、采购风险的概念

风险是指损失发生的不确定性,是人们因对未来行为决策及客观条件的不确定性而可能引起的后果与预定目标发生多种负偏离的综合。简而言之,风险就是造成损失的可能性。风险可表示为事件发生的概率及其后果的函数:

$$R=F(P,C)$$

式中,R为风险;P为事件发生的概率;C为事件发生的后果。

企业采购风险是指在采购过程中因采购人员工作失误、采购单位管理失控、供应商进行商业欺诈等违规、违法行为,造成企业采购政策不合理,采购程序不规范,评标过程不公正,采购成本过大,合同执行中超支,延期交货,购入物品及接受的劳务非企业所需、规格不适当,质次价高,履约纠纷等。采购风险是客观存在的,贯穿于采购的全过程,只能控制并尽可能将其可能发生的损害降低到最低限度。

二、采购风险的分类

企业采购的风险是多方面的,但按来源可划分为以下几个方面。

1. 供应商造成的风险

供应商是为企业生产经营提供原材料、设备、工具及其他资源的企业,供应商显著的特点是,他们都是与采购企业独立的利益主体,是追求利益最大化目的的利益主体。供应商和采购企业是利益互相冲突的矛盾对立体,供应商希望从采购者手中多赚一点。为此,供应商会想尽办法讨价还价和提高价格,从而造成物品价格波动。这种价格波动带来的风险会随着市场竞争的加剧、供应商讨价还价能力的提高而加大。有些供应商盲目追求利润,在物品的质量、数量上做文章,以劣充优、降低质量标准、减少数量,甚至制造假冒伪劣商品坑害采购企业。

2. 企业采购人员造成的风险

企业采购是一项政策性强,涉及面广的工作,需要采购人员掌握社会科学方面的知识。采购人员在采购过程中不可避免地存在一定的风险,可以归纳为以下几个方面:

(1)工作技能风险。采购人员是运用专业技能知识提供技术服务的,因此,有时尽管履行了自身的职责,但由于其本身掌握专业技能的限制,给企业造成损失的风险。

(2)技术资源风险。一方面,采购人员即使在工作中并无行为上的过错,但仍有可能承受由技术、资源而带来的工作上的风险。例如,购入的汽车等物品在验收时可能无法发现其存在的质量问题,甚至在相当长的一段时间内都无法发现其质量隐患。另一方面,由于人力、财力和技术资源的限制,无法对购入物品进行细致全面的检查,因此,造成向供应商索赔的风险。

(3)行为责任风险。采购人员违反了规定的职责义务,超出了工作范围,并造成直接经济损失,就可能因此承担相应的责任;另一方面是由于主观上的无意识行为未能严格履行自身的职责,并因此而造成直接经济损失。

(4)职业道德风险。一些采购人员不遵守职业道德,在采购中暗箱操作、以权谋私、弄虚作假、舍贱求贵、收受回扣、损害企业利益,必然会因此面对相应的风险。

3. 企业采购管理失控的风险

对采购市场行情动态调查了解不够,利用互联网采购时碰到运行进度慢、网络病毒影响、信息不畅的情况,对所购物料的价格、性能、规格等要素纵横比较不全面,导致以较高的价格采购的风险。采购项目论证不充分、不科学的风险,具体表现如下。

(1)企业选购物品的各项技术参数是临时和随意让非专业人员制定,其中不乏和供应商有默契,指定品牌和配置,造成采购物品过时或不适合企业需要。

(2)企业管理部门审核计划时考虑资金不够,压缩关键技术参数,忽视专家和供应商合理建议。

(3)对采购项目论证缺乏先进的技术检测等多种手段,以进行综合长远评估,造成采购项目还没有完工,就已经过时。

(4)采购盲目攀比、超前消费、购买商品要最好的、最高档的、配置要齐全的,追求高、精、尖、时尚性、品牌性,花企业的钱,没有节约之心,造成采购支出超过计划的风险。

4. 企业在采购过程中操作不当的风险

在企业采购过程中，存在很多不确定的因素，所以会存在很多风险，具体体现在：

(1)招投标过程风险。招投标的每步都会存在风险，如招投标信息不够公开、招标方式选择不合理、招标文件中存在缺陷、资格预审把关不严格致使不合格供应商中标、投标人与招标人串通投标，出现损害企业利益或者他人的合法权益的风险等。

(2)评标、定标风险评标、定标风险。包括与投标人有利害关系的人进入采购项目的评标委员会没有回避；评标委员会成员的名单在中标结果确定前已透露给供应商；评标委员会成员没有客观、公正地履行职务，违反职业道德，在评标过程中不能客观公正地履行职责；评标委员会成员私下接触投标人，收受投标人的财物或者其他好处；评标委员会成员或者参加评标的有关工作人员，向他人透露对投标文件的评审和比较、中标候选人的推荐以及与评标有关的其他情况；招标人不先从评标小组确定的排名第一的中标候选人确定为中标人，从而出现损害企业利益的风险。

(3)签订合同过程中的风险。合同文件前后矛盾和用词不严谨，导致双方对合同条款的不同理解，形成相互扯皮或遗漏一些重要条款而导致的风险等。签订合同时务必要注意签字盖章与签约单位及其负责人(或授权人)是否相符，现实中常有因一字之差而使合同无效导致风险发生。

5. 法律风险

采购在我国国民经济发展中所处的地位很重要，国家在不断加强对采购方面的监管，制定了包括《中华人民共和国政府采购法》《国有企业物资采购管理的执行条例》《中华人民共和国招标投标法》等法律、法规和规章制度。这些法律、法规和规章制度的公布与实施，对于加强采购活动的监督管理、规范采购行为、促进和保障采购的健康发展具有重要的意义。它要求企业必须依法采购，如果企业在采购过程中违规操作，将会受到严厉的处罚。企业采购主要采取公开招标、邀请招标、竞争性谈判、询价等方式进行，供应商认为采购单位和中介组织在采购方式的应用、招标文件的发布、招标程序的操作等方面违反法律规定，导致其利益受损，采购单位就可能会承担法律的风险。采购人员违法犯罪，触犯刑法的罪有滥用职权罪、玩忽职守罪，签订、履行合同失职罪，贪污罪、受贿罪。

6. 政治变动和自然灾害影响企业采购的风险

政治变动是指由国际、国内政治环境变化而带来的不确定性影响企业采购的风险，如战争、政变、一国领导的换届、外交失败、恐怖事件等。美国的"9·11"恐怖事件就使得很多企业的采购延期，造成生产经营损失。自然灾害如台风、地震、洪水、火灾、山体滑坡、病毒影响等来自大自然的破坏，也时刻威胁着企业的采购。自然灾害造成交通系统瘫痪，致使物品难以运输，不能够及时送达；或者破坏生产，使企业生产线无法正常运转,制造不出急需的物品;或者影响采购环境。例如,2020年发生的"新型冠状病毒性肺炎"事件,严重影响了人们的生活、生产环境,致使部分企业无法正常组织采购,从而影响了企业正常的生产经营秩序,造成部分企业经济效益下降。

第二节 回避与防范采购风险的措施

企业在分析采购风险的基础上,必须进行采购风险的处理与防范,采取相应的措施或方法使风险降到最低或者避免风险。

一、建立健全企业采购组织

企业采购组织是企业采购活动的主体,直接决定企业采购的效益。健全的采购管理组织是企业对采购实行统一领导,分级管理,防范风险的基础。企业要从组织建设上加强采购工作的领导,成立由总经理和各部门负责人组成的"采购工作委员会",直接领导采购部门的工作。企业采购组织在运作过程中,要力求规范运作。法制化管理是企业采购最主要最高级的管理方式,采用法制化管理确保企业采购贯彻公开、公平、公正的原则,实现企业采购"物有所值"和"廉洁高效"的目标。对采购工作实行统一管理,职能分离。将企业的采购工作纳入购销比价系统,由"采购工作委员会"实行统一管理,将采购人员的权力按职能分配,形成相互制约的监督机制。对采购环节中的主要业务,如确定物品的需要量、寻找合适的供应商和合适的价格、审批供应商以及价格、与供应商签订合同、检验收到的物品、储存物品、登记明细账、核准付款等,都要设专人负责,严格把关。审批人不能同时办理寻找供应商和索赔业务;物品的采购人员不能同时担任物品的验收工作;审核付款人不能同时是付款人。

二、加强采购人员和管理人员的风险防范意识

采购人员是采购项目的责任人,要在增强职业素质、提高工作技能、加强职业道德约束等方面控制风险。

1. 建立健全采购岗位责任制

监督采购人员履行岗位职责和义务,遵守有关的法律、法规。加强内部控制管理,让风险意识和质量意识植根到每位员工的脑海中,贯彻落实到日常的每项工作中。做好采购人员的选拔、聘用,培养和造就一批技术水平高的采购人员,从人力资源上为降低质量风险提供保障。

2. 加强职业道德约束

实施采购人员职业道德教育工程,通过多种形式的舆论宣传教育,创造良好的工作氛围,让采购人员时刻意识到,高尚的职业操守是采购人员生存的基本原则。另

外,要创建浓郁而积极的企业文化,在潜移默化中增强采购人员的职业道德情操,减少采购风险。

3. 定期实行采购人员轮岗制度

对采购工作各个岗位进行分析评估,明确各个岗位职责,制定量化考核指标。对采购人员的技能素质、心理素质和潜质等进行分析。建立内部劳动力市场,通过轮岗制度,实现采购人员和岗位的最佳配置,从而实现既有利于发掘个人潜能,拓宽知识面,找到自己最适合的岗位,又有利于创造性发挥,进一步降低采购人员的采购风险。

三、建立健全供应商选择和管理制度

供应商的选择和管理是企业采购防范风险的基础工作。一批适合于企业的供应商是企业的宝贵资源,它们不仅能使企业物品采购稳定可靠、优质价廉、成本降低,而且可以做到双方关系融洽,互相支持、共同协调,降低采购风险。企业要建立供应商准入制度,科学确定供应商标准。在对供应商调查了解的基础上,挑选一批生产能力强、技术水平高、管理科学、服务周到的供应商作为企业正式的供应商,并为这些供应商建立档案。具体记录供应商的联系方式、地址、注册资金、营业执照号、供应物品的质量、规格、付款条件、交货条款、交货期限、银行账号等。开展主要物品采购价格的调查,在了解本企业物品采购价格水平、本地区同行业物品采购价格水平、国内同行业物品采购价格水平的基础上,建立主要物品采购的价格档案。在实施采购时,对每批主要物品采购的报价,都与档案的物品价格进行比较,分析价格差异产生的原因。如出现采购物品价格高过档案价格,要加以说明,并提请企业采购工作委员会讨论,进行价格评价后才付诸实施。发展多供应商、多地域的供应渠道,防止独家供应商带来的商务风险。

四、建立供应链的采购体系,运用先进的采购技术

供应链是围绕核心企业,将供应商、制造商、分销商、零售商直到最终用户连成一个整体的功能网链结构模式。供应链管理的基础是在参加供应链的企业之间建立起一个齐心协力、统筹兼顾、责任共担、利益共享的战略伙伴关系。在供应链管理中,企业要引进 MRP 或 ERP 技术,计算确定企业的物料需求计划,解决物品需求数量、需求时间和地点等问题,通过互联网与供应商共享供需信息,由供应商来管理企业的库存。这种模式的好处是:可以降低企业采购风险,减少企业库存;供应商可以根据需求变动情况,适时地调整生产计划和送货计划。在供应链采购中,企业是小批量采购,需要多少采购多少,什么时候需要就什么时候采购。供应商自己的责任与利润相连,所以自我约束力强,保证送货质量,从而减少企业采购风险。

五、建立健全采购作业标准和请示制度

(1)制定标准化采购操作流程,编制详细的采购作业手册。把采购作业过程分成

若干步骤,每个步骤应该怎么做,达到什么要求,应该做什么记录。每个操作步骤又分成各种不同情况,在每种情况下应当怎样处理,达到什么需求。那分别做出具体的规定。这个操作手册,既是采购作业操作手册,也是采购作业控制监督的标准。为了监控的需要,在各个步骤设立采购作业控制点,如时间、地点、作业指标、证明人等。设置流程记录,如原始单据、合同、采购人员工作记录、书面汇报材料等。

(2)明确规定采购人员的权限范围。采购人员在外面独立工作,应当具有一定范围的决策权、主动权。这样有利于调动采购人员的积极性提高工作效率。但是采购人员的权限也应当限制,避免滥用职权,给企业造成大的损失。采购人员在处理超出权限范围的业务时,应请示有关主管人员,避免自作主张,例如签订合同、改变原有作业程序、作业指标等,要向采购部门主管人员请示汇报,采购人员能够自主支配的资金的数额、住宿标准等也应做出具体的规定。为了操作方便,企业也可以实行采购费用包干、凭票报账的方式。

(3)建立采购评价制度,评定采购工作业绩。总结经验,纠正缺点、改进工作,同时也发挥监督作用,促使采购人员努力工作,降低采购风险。

六、招投标过程的风险防范

企业要加强法律法规的学习和普及,认真检查采购业务操作的规范性和合理性,建立健全企业采购内部监督管理制度,规避法律风险。采购活动的决策和执行程序应当明确,并相互监督、相互制约。经办采购的人员与负责采购合同审核、验收人员的职责权限应当明确,并相互分离。采购项目的每步操作须有2个经办人员参与,对"下达采购计划""安排采购计划""制定采购文件""发布采购信息"到"签订采购合同""合同履行""业务资料归档"等环节的工作程序都做出明确的规定,有效地避免采购风险。建立质量体系认证制度,以完善采购工作的程序性和标准化,通过认证制度进一步规范采购业务操作程序,建立健全相互制约的内部监督机制,提高采购工作的质量和效率。

七、签订合同和履行合同过程中的风险防范

企业在订立采购合同之前要了解供应商资格、信用状况,注意供应商的营业执照是否进行年检、是否有经营场所、是否濒临破产或经营境况日益恶化、是否违法经营、是否有高额回扣引诱等。采购人员应到供应商经营场所察看,不要轻信电话、传真。订立采购合同时,要确认供应商的身份和资格以及相关的书面证明,核实对方身份证、授权委托书;了解对方是否有恶意串通的嫌疑,切忌急于求成或因小恩小惠勉强签订合同。注意关键条款是否讲清楚,合同条款的商榷、取舍应当取得双方单位的同意。

要对合同进行公证或律师见证,由其他机构来共同承担代理风险。公证机关和

律师事务所对合同进行公证和见证时,一般都要求合同当事人出具相关证明的文书,进行"第二次审查"。合同经公证或见证后,合同的有效性会进一步增强。

设备安装或工程施工是承包合同的履行条件。根据合同时间长、情况复杂的情形,对合同外的风险要有足够的认识,发现问题及时处理。如设计变更,工作量增大,或其他因招标人的问题出现增加工程量、延误工期时,要及时签证。对原材料供应、设备供应、货物运输等都要与供应商规范地签订合同,并监督执行,在遇有意外因素需要索赔时,要及时索赔,防止风险。

八、建立健全资金使用、运输进货控制制度

企业要建立健全采购资金使用的管理制度,具体规定资金的领取、审批、使用的权限范围、审批制度、书面证据制度等。货款的支付,应根据对方信用程度、具体的风险情况进行稳妥处理。一般货款的支付要等到货物收到并验收合格以后,再付全部货款。

运输进货是采购过程中的重要环节,随机因素多、风险大,要加强对这个环节的控制,注意降低进货风险。在签订运输合同时,把进货风险责任人明确规定下来,把风险赔付方法写清楚。可以采取让供应商或者运输部门来承担责任的方法以监督控制供应商。如果是自提物品或自运物品,则必须要由承办人承担风险。承办人在每一步都要认真操作,防止发生风险。有些贵重货物最好办理运输保险业务,把风险损失降低到最小。为应对突发的采购风险,企业要在调查经营需要物品的基础上,根据历史同期物品消耗情况与企业近期需要,编制库存规划,做到以需定存,保证库存结构合理和控制库存规模,避免自然灾害等发生造成的采购风险。合理库存数量从企业实际出发,根据保障任务的特点选择科学的计算方法。

第三节 采购绩效的评估

一、采购绩效评估的原因

物品采购工作经过一系列的作业程序完成之后,是否达到了预期的目标,企业对采购的物品是否满意,需要经过考核评估才能下结论。物品采购绩效评估就是建立一套科学的评估指标体系,用来全面反映和检查采购部门工作实绩、工作效率和效益。

对物品采购绩效的评估可以分为对整个采购部门的评估及对采购人员个人的评估。对采购部门绩效的评估可以由企业高层管理者来进行,也可以由内部客户来进行;而对采购人员的评估常由采购部门的负责人来操作。

对物品采购绩效的评估是围绕采购的基本功能进行的。采购的基本功能可以从两方面进行描述：①把所需的物品及时买回来，保证销售或生产的持续进行，就像一辆汽车加油使其可连续行驶一样；②开发更优秀的供应源，降低采购成本，实现最佳采购。

二、采购绩效评估的目的

通过物品采购绩效评估，可以清楚采购部门及个人的工作表现，从而找到现状与预设目标的差距，也可奖勤罚懒，提升工作效率以促进目标的早日实现。具体说，采购工作绩效评估的目的为以下几点。

1. 确保采购目标的实现

各个企业采购目标互不相同，例如国有企业的采购除注重降低采购成本外，还偏重于"防弊"，采购作业以如期、如质、如量为目标；而民营企业的采购单位则注重盈利，采购工作除了维持正常的产销活动外，非常注重产销成本的降低。因此，各个企业需要针对采购单位所追求的主要目标加以评估，并督促目标的实现。

2. 提供改进绩效的依据

企业实行采购绩效评估制度，可以提供客观的标准来衡量采购目标是否达成，也可以确定采购部门目前的工作绩效如何。正确的绩效评估，有助于指出采购作业的缺陷所在，从而拟订改善措施，起到惩前毖后的作用。

3. 作为个人或部门奖惩的参考

良好的采购绩效评估方法，能将采购部门的绩效独立于其他部门而显示出来，并反映采购人员的个人表现，成为各种人事考核的参考。依据客观的绩效评估，达成公正的奖惩，可以激励采购人员不断前进，发挥团队合作精神，使整个部门发挥整体效能。

4. 协助甄选人员与训练

根据绩效评估结果，可以针对现有采购人员的工作能力缺陷，拟订改进计划，例如安排参加专业性的教育训练。如果在评估中发现整个部门缺乏某种特殊人才，则可由公司内部甄选或向外招募相关人才，例如成本分析员或专业营销人员等。

5. 促进改善部门关系

采购部门的绩效，受其他部门配合程度的影响非常大。因此采购部门的职责是否明确，表单、流程是否简单、合理，付款条件及交货方式是否符合公司管理规章制度，各部门的目标是否一致等，都可以通过绩效评估予以判定，并可以改善部门之间的合作关系，提高企业整体运作效率。

6. 提高人员的士气

有效且公平的绩效评估制度可以使采购人员的努力成果获得适当的回报和认定。采购人员通过绩效评估，可以与业务人员或财务人员一样，对公司的利润贡献有客观的衡量尺度，成为受到肯定的工作伙伴，对采购人员和采购部士气的提升大有帮助。

三、采购绩效评估的标准

确定了采购绩效评估指标后,还必须考虑将何种标准与目前实际绩效比较。一般常见的标准有以下几种。

1. 历史绩效标准

选择公司历史绩效标准作为评估目前绩效的基础,是相当可行、有效的做法。但是只有当公司的采购部门,无论是组织、职责或人员等均没有重大变动的情况下,才适合使用此项标准。

2. 预算或标准绩效

如果历史绩效难以取得或采购业务变化比较大,则可以使用预算标准绩效作为衡量的基础。标准绩效的设定,要符合下列3种原则:

(1)固定标准。预算或标准绩效一旦建立,就不能再有所变动。

(2)挑战标准。挑战标准是指实现的标准具有一定的难度,采购部门和人员必须经过努力才能完成。

(3)可实现标准。可实现标准是指在现有内外环境和条件下经过努力,确实应该可以达到的水平,通常依据当前的绩效加以衡量设定。

3. 行业平均绩效标准

如果其他同行业公司在采购组织、职责以及人员等方面与本企业相似,则可与其绩效进行比较,以辨别彼此在采购工作成就上的优劣。数据资料既可以使用个别公司的相关采购结果,也可以应用整个行业绩效的平均水准。

4. 目标绩效标准

预算或标准绩效是代表在现在的情况下,应该可以达成的工作绩效;而目标绩效则是在现在的情况下,非经过一番特别的努力无法完成较高的境界。目标绩效代表公司管理当局对工作人员追求最佳绩效的期望值。

四、采购绩效的衡量

要控制采购过程,必须制定商品采购绩效衡量指标,而这首先要对采购过程有深入的了解。

物品采购绩效的衡量可根据采购工作范围的划分、采购能力与采购结果等概括成采购效率指标及采购效果指标两大类。物品采购效率指标是与采购能力相关的衡量采购人员、行政机构、方针目标、程序规章等指标。而采购效果指标是指与采购结果,如采购成本、原材料质量、交货等相关的指标。

五、采购绩效评估指标体系

采购人员在其工作职责上,应该达到"适时、适量、适质、适价及适地"等目标,因此，其绩效评估应以"五适"为中心，并以数量化的指标作为衡量绩效的尺度。具体可以把采购部门及人员的考核指标划分为以下5大类。

(一)数量绩效指标

当采购为争取数量折扣，增加采购物料批量，以达到降低价格的目的时，却可能导致存货过多，甚至发生呆料、废料的情况。

1. 储存费用指标

储存费用是指存货占用资金的利息及保管费用之和。企业应当经常将现有存货占用资金利息及保管费用与正常存货占用资金利息及保管费用进行比较考核。

2. 呆料、废料处理损失指标

呆料、废料处理损失是指处理呆料、废料的收入与其取得成本的差额。存货积压的利息及保管的费用越大，呆料、废料处理的损失越高，显示采购人员的数量绩效越差。不过此项数量绩效，有时受到公司营业状况、物料管理绩效、生产技术变更成投机采购的影响，并不一定完全归咎于采购人员。

(二)质量绩效指标

质量绩效指标主要是考评供应商的质量水平以及供应商所提供的产品或服务的质量，它包括供应商质量体系、物料质量水平等方面，主要有以下几点。

1. 质量体系

质量体系有通过ISO9000的供应商比例、实行来料质量免检的供应商比例、来料免检的价值比例、实施SPC的供应商比例、SPC控制的物资数比例、开展专项质量改进(围绕本公司的产品或服务)的供应商数目及比例、参与本公司质量改进小组的供应商人数及供应商比例等。

2. 物资质量

物资质量包括批次质量合格率、物料抽检缺陷率、物料在线报废率、物料免检率、物料返工率、退货率、对供应的投诉率及处理时间等。

同时，采购的质量绩效可由验收记录及生产记录来判断。验收记录指供应商交货时，为公司所接受(或拒收)的采购项目数量或百分比；生产记录是指交货后，在生产过程中发现质量不合格的项目数量或百分比。

$$采购物料验收指标 = \frac{合格(或拒收)数量}{检验数量}$$

若以物料质量控制抽样检验的方式进行考核，拒收或拒用比率越高，显示采购人员的质量绩效越差。

(三)时间绩效指标

时间绩效指标用以衡量采购人员处理订单的效率，及对于供应商交货时间的控制。延迟交货,固然可能形成缺货现象,但是提早交货,也可能导致买方不必要的存货成本或提前付款的利息费用。

1. 紧急采购费用指标

紧急运输方式(如空运)的费用是指因紧急情况采用紧急运输方式的费用。将紧急采购费用与正常运输方式的差额进行考核。

2. 停工断料损失指标

停工生产车间作业人员工资及有关费用的损失除了前述指标所显示的直接费用或损失外,还有许多间接损失。例如经常停工断料,造成顾客订单流失、员工离职,以及恢复正常作业的机器必须做的各项调整(包括温度、力等);紧急采购会使购入的价格偏高,质量欠佳,连带也会产生赶工时间必须支付额外的加班费用。这些费用与损失,通常都没有在此项指标内加以估算。例如,一汽大众采用ERP系统后,在采购上根据主计划和物料清单对年存量进行查对,由计算机快速计算出所缺物料的品种、数量和进货时间,将采购进货下达到各个厂。然后由采购人员从系统申请查看各供应商的历史信息,根据其价格、供货质量、服务等指标来选择供应商。这既能准确、高质量地实现物料采购,又大大缩短了采购周期。由于采购的准确和及时,使库存量大大降低。以前,库存资金占用严重,仅国产化资金占用量就高达1.2亿元。公司在使用ERP系统之后,库存资金降低到4000万元左右。同时,系统对库存量的上限和下限有严格的控制,只要库存量达到了上限,系统就会给出报警信号,则物料无法再进入仓库;而达到下限时,系统也会提醒采购人员立即补充库存,起到了自动提示和监督的作用。

(四)价格绩效指标

价格绩效是企业最重视及最常见的衡量标准。通过价格指标,可以衡量采购人员议价能力以及供需双方势力的消长情形。采购价差的指标通常有下列几种。

(1)实际价格与标准成本的差额实际价格。与标准成本的差额,是指企业采购物品的实际价格与企业事先确定的物品采购标准成本的差额,它反映企业在采购物品过程中实际采购成本与采购标准成本的超出或节约额。

(2)实际价格与过去移动平均价格的差额。实际价格与过去移动平均价格的差额,是指企业采购物品的实际价格与已经发生的物品采购移动平均价格的差额,它反映企业在采购过程中实际采购成本与过去采购成本的超出或节约额。

(3)使用时的价格与采购时的价格之间的差额。使用时的价格与采购时的价格之间的差额,是指企业在使用物品时的价格与采购时的价格的差额。它反映企业采购物品时是否考虑市场价格的走势,如果企业预测未来市场的价格走势是上涨的,企业应该在前期多储存物品;如果企业预测未来市场的价格走势是下跌的,企业是不宜多储存物品的。

(4)将当期采购价格与基期采购价格之比率及当期物价指数与基期物价指数之比率相互比较。该指标是动态指标,主要反映企业物品价格的变化趋势。

俗话说,"买家不如卖家精"。不过只要实行物品采购比价管理,就可以取得明显的经济效益。例如,江苏某针纺集团有限责任公司是一家拥有2亿元资产的国有棉纺企业,每年要花1.3亿元采购多种原材料,1998年亏损298.68万元,是江苏省的脱困重点户。为加快脱困进程,他们首先从采购环节入手。1999年初,他们仅花2000元在当地报纸《京江晚报》上发布的招标采购信息,一下子引来了80多个供货厂商。经过竞价,这个企业的原材料质量普遍提高了,而价格却下降了5%～15%,其中编织袋价格更是下降了26%。该集团董事长说:"一年下来,我们的原材料成本由原来占总成本的70%下降到60%,年降低成本600万元。"到目前为止,该集团已盈利300万元,企业管理也步入了良性循环的发展轨道。在江苏省,像该集团这样严格执行比价采购管理的企业已达到国有工业企业的91.9%以上,其中大型国有企业占95.8%。

(五)采购效率(活动)指标

采购过程中商品的质量、数量、时间及价格绩效是以采购人员的工作效率来衡量的。

(1)年采购金额。年采购金额是企业一个年度物品的采购总金额,包括生产性原材料与零部件采购总额、非生产采购总额(包括设备、部件、生产辅料、软件、服务等)、原材料采购总额占总成本的比例等。其中最重要的是原材料采购总额,它还可以按不同的材料进一步细分为包装材料、电子类零部件、塑胶件、五金件等,也可按采购付款的币种分为人民币采购额及按其比例采购。原材料采购总额按采购成本结构又可划分为基本价值额、运输费用及保险额、税额等。此外年采购额还可分解到各个采购员及供应商,算出每个采购人员的年采购额、年人均采购额、各供应商年采购额、供应商年平均采购额等。

(2)年采购金额占销售收入的百分比。年采购金额占销售收入的百分比是指企业在一个年度里商品或物资采购总额占年销售收入的比例,它反映企业采购资金的合理性。

(3)订购单的件数。订购单的件数是指企业在一定时期内采购物品的数量,主要是按ABC管理法,对A类商品的数量进行反映。

(4)采购人员的人数。采购人员的人数是指反映企业专门从事采购业务的人数,它是反映企业劳动效率指标的重要因素。

(5)采购部门的费用。采购部门的费用是一定时期采购部门的经费支出,它反映了采购部门的经济效益。

(6)新供应商开发个数。新供应商开发个数是指企业在一定期间采购部门与新的供应商的合作数量,它反映了企业采购部门的工作效率。

(7)采购计划完成率。采购计划完成率是指一定期间内企业物品实际采购额与计划采购额的比率,它反映了企业采购部门采购计划的完成情况。

(8)错误采购次数。错误采购次数是指一定时期内企业采购部门因工作失职等原因造成错误采购的数量,它反映了企业采购部门工作质量的好坏。

(9)订单处理的时间。订单处理的时间是指企业在处理采购订单的过程中所需要的平均时间,它反映了企业采购部门的工作效率。

六、采购绩效指标体系的设定

物品采购绩效指标设定包括以下几个方面的内容:一是要选择合适的衡量指标;二是绩效指标的目标值要充分考虑;三是确定绩效指标要符合有关原则。

采购绩效指标的选择要同企业的总体采购水平相适应。对于采购体系尚不健全的企业,刚开始可以选择批次质量合格率、准时交货等来控制和考核供应商的供应表现,而平均降价幅度则可用于考核采购部门的采购成本业绩。随着供应商管理程序的逐步健全、采购管理制度的日益完善、采购人员的专业水平及供应商管理水平的不断提高,物品采购绩效指标也就可以相应地系统化、整体化并且不断深化。

确定物品采购绩效指标目标值时要考虑以下前提:一是内外顾客的需求,尤其是要满足下游顾客,如生产部门、品质管理部门等的需要。原则上,供应商的平均质量、交货等综合表现应高于本公司内部的质量与生产计划要求,只有这样,供应商才不至于影响本公司内部生产与质量,这也是"上游控制"原则的体现。二是所选择的目标以及绩效指标要同本公司的大目标保持一致。三是具体设定目标时既要实事求是、客观可行,又要具有挑战性,要以过去的表现作为参考,更加重要的是能与同行的佼佼者进行比较。

物品采购绩效指标体系的选择是否适当,可应用 SMART 原则进行检查,即符合明确、可测量性(即尽量量化)、可接受性(即能让自己、顾客及相关的人员认同)、现实可行以及时间性要求等。

七、采购绩效评估人员与方式

(一)物品采购绩效评估人员

1. 采购部门主管

采购主管对其管辖的采购人员最为熟悉,而且所有工作任务的指派以及工作绩效的优劣,都在其直接监督之下。因此,由采购主管负责评估,可以注意到采购人员的表现,体现公平客观的原则。但是应用主管进行评估会包含很多个人情感因素,有时因为"人情",而使评估结果出现偏颇。

2. 会计部门或财务部门

当采购金额占公司总支出的比例较高时,节约采购成本对公司利润的贡献非常大。尤其在经济不景气时,节约采购成本对资金周转的影响也十分明显,会计部门或财务部门不但掌握公司产销成本数据,对资金的获得与付出也进行全盘管制,因此,会计和财务部门也可以对采购部门的工作绩效进行评估。

3. 工程部门或生产主管部门

当采购项目的品质与数量对企业的最终产品质量与生产影响较大时,也可以由工程或生产主管人员评估采购部门绩效。

4. 供应商

有些企业通过正式或非正式渠道,向供应商探询其对本企业采购部门或人员的意见,以间接了解采购作业绩效和采购人员的素质。

5. 外界专家或管理顾问

为避免公司各部门之间的本位主义或门户之见,可以特别聘请外部采购专家或管理顾问,针对企业全盘的采购制度、组织、人员及工作绩效进行客观的分析与建议。

(二)采购绩效评估方式

对采购人员进行工作绩效评估的方式,可以分为定期和不定期式。定期评估配合公司年度人事考核制度进行,有时难免落入俗套。一般而言以人的表现,如工作态度、学习能力、协调精神、忠诚程度等作为考核内容,对采购人员的激励以及工作绩效的提升并无太大作用。如果企业能以目标管理的方式,即从各种绩效指标当中,将当年度重要性比较高的项目定为考核目标,年终按目标实际达成程度加以考核,则必能提升个人或部门的采购绩效。使用这种方法可以摒除"人"的抽象因素,以"事"的具体成就为考核重点,因此比较客观公正。由于使用这种方法时,人们会特意追求考核目标的提高而忽略其他方面,因此对目标选择的要求比较高,要求目标选择全面。

至于不定期的绩效评估,则是以特定项目方式进行。例如,公司要求某项特定产品的采购成本降低5%,当设定的期限一到,即评估实际的成果是否高于或低于5%,并就此成果给予采购人员适当的奖惩。这种评估方式特别适用于新产品开发计划、资本支出预算、成本降低专项方案等。

(三)采购绩效评估方法

采购绩效评估方法直接影响评估计划的成效和评估结果的正确与否。常用的评估方法如下。

(1)排序法。在直接排序法中,主管按绩效表现从好到坏的顺序给员工排序,这种绩效表现既可以是整体绩效,也可以是某项特定工作的绩效。

(2)两两比较法。两两比较法是指在某绩效标准的基础上把每一个员工都与其他员工相比较来判断谁"更好"。记录每一个员工和任何其他员工比较时被认为"更好"的次数,根据次数的高低给员工排序。

(3)等级分配法。等级分配法能够克服上述两种方法的弊病。这种方法由评估小组或主管先拟订有关的评估项目,按评估项目对员工的绩效做出粗略的排序。

八、改进物品采购绩效的途径

随着大部分产品进入微利时代及中国加入WTO,我国企业将与国外企业在同样的游戏规则下展开竞争,优胜劣汰将不可避免。在这种大背景下,采购部门所承担的责任越来越重,这就迫使采购人员想办法提高绩效。具体改进采购绩效的途径有:

(一)营造物品采购绩效改进的工作氛围

如果采购组织内部存在激烈的矛盾,采购人员与供应商之间互相不信任,缺乏合作诚意,那么采购人员首先感觉到的是"如履薄冰,处处小心行事",本来全部精力应放在工作上,但实际上却分散了注意力。因此,任何采购组织,包括供应商,融洽、和谐的工作气氛是搞好各项工作的基础。采购人员要经常把自己的业绩与同行高水平相比,特别是有过跨国采购经验的高级职员,他们的经验值得借鉴学习。采购组织的管理职能部门应定期将采购人员的业绩进行评估并进行排名,再配以相应的奖励制度,使采购业务不断改善。

(二)强化内部管理,提升物品采购绩效

不同企业的管理方式及水平有很大的差距。一般来说,跨国公司有较长的在市场经济下经营的历史及较健全的企业制度,故跨国公司或外企在管理方面有很多值得我国企业(特别是国有企业)借鉴的地方。当然,少部分在国内土生土长的企业(如青岛海尔等)也有一套行之有效的先进管理方案。不管怎么样,"拿来主义"有时是必需的,"他山之石,可以攻玉"是一句千古不变的箴言。

管理的根本是管人,与其他部门相比较,采购部门对人的依赖性更大,采购工作的大部分内容是人与人的交往。从管理角度去提升商品采购绩效主要有以下几个方面:

(1)建立合格的企业采购队伍,提供必要的资源。

(2)选聘合格人员担任采购人员,给予必要的培训。

(3)给采购部门及采购人员设立有挑战性,但又可行的工作目标。

(4)对表现突出的采购人员给予物质及精神上的奖励。

(三)应用科学技术提升商品采购绩效

20世纪80年代以后,越来越多的新技术被采购行业所采纳并取得了良好的经济

效益,最典型的就是MRP系统的推广使用及被视为新经济时代作业方式的电子商务在采购业的应用。

1. 电子商务采购的优点

运用网上采购,其优点主要体现在以下几个方面。

(1)节约采购成本。视产品的不同,将至少节约2%~25%的采购成本,节省与采购相关的多项开支。

(2)缩短采购周期。电子商务提供的专业化服务将使采购周期缩短10%~50%。大幅提高采购效率,将过去几周或几个月的采购流程与业务谈判压缩到现在的几天或几周。

(3)增加采购流程透明度。与政府的"阳光采购计划"不谋而合,通过先进的电子商务手段滤除采购中的不良因素。对比已有的固定供应渠道,可能会获得更低的价格。

(4)增加有效供应商。全国背景的专业数据库使企业跳出本地、本行业的限制,在全国范围内提供更适合的供应商。对于难以采购到的产品或服务,可能会找到更多的供应渠道。

(5)促进企业现代化。用电子商务的手段改造企业内及企业间的沟通环节。

(6)海量市场信息。充足的市场信息是采购人员决策的重要依据,所以根据近万种产品的分类,保存几百万家商家的资料信息,为企业会员的决策提供了有效的保证。

2. 普及微型计算机及推行MRP系统

推行MRP系统可以提升整个企业的管理水平。MRP系统中的数据不仅全面,而且实时性好,许多采购人员所需的数据,如采购历史数据(以前采购量、历史价格、以前向哪家供应商采购等)、一种物资有几个可以采购的合格供应商、供应商的基本情况(地址、联系方式等)、采购前置时间、采购申请单、收货状态、库存量、供应商货款的支付状况等均可从MRP系统中查询到,这些数据对采购人员是很重要的,没有这些数据就无法做出适宜有效的采购决策,甚至无法开展工作。MRP系统的推行与采购有很大关系的另一个方面是供应商的货款支付,在没有MRP系统的企业的采购人员要花很多时间在"该不该付款及何时付款"上及财务人员的沟通上。有了MRP系统就大不一样,对于什么时候付款、可不可以付款这些问题,MRP系统会自动提示财务人员,采购人员可从系统中查到某供应商的某笔款项有没有支付,免去月底对账工作,从而把采购人员从付款这项本属于财务部门的工作中解放出来。MRP系统的使用对规范采购作业、提升采购绩效有不可替代的作用。

3. 与供应商进行电子数据交换

与供应商之间建立电子数据交换(electronic data interchange,EDI)可极大地缩小采供双方的时空距离,从而更容易将企业内部的优秀管理延伸到供应商,把供应商作为企业的一个部门来管理。

实行EDI的好处可以归纳为"多、快、好、省"4个字。

多:这里所说的"多"有两方面的含义,一是传递的信息多,采购方可以通过EDI获得供应商的报价、查询供应商的库存、发放订单、发布需求量或交货期更改计划、发送通知或备忘录或电子合同等;二是采购人员可以做更多的事,由于采购人员从烦琐机械的文书工作中得到了一定的解放,所以采购人员能把更多的精力与时间用在可以增值的采购活动上,从而把采购工作做得更多、更好。

快:电子传输速度之快,是其他任何方式都不可能超越的。总能更迅速地在采供双方之间交换,所以采购人员及供方业务人员能更快地处理相关事务,为采购工作赢得了宝贵的时间,由于某些事务的及时处理就可以避免一些不必要的损失。在国际采购业务中,EDI更有效果。

好:使用EDI能大幅减少数据的重复输入,从而使出错的机会变少,保持了资料或数据的准确性。

省:向无纸化采购靠拢,符合国际环保潮流;EDI的使用可降低采供双方的库存量,供应商能根据采购方的最新需求来生产与交货,货款支付也可采用电子转账,从而降低采购总成本。

(四)与供应商建立合作伙伴关系,实现商品采购绩效的提升

前面讲的都是如何从企业内部去提升物品采购绩效,其实采购部门的合作对象——供应商的表现在很大程度上制约着采购绩效的提升,而供应商的表现与采供双方之间又有很大的联系。一般来说,与企业建立了长期合作伙伴关系的供应商能有较好的表现,这种供应商能较好地配合企业的降价计划。与供应商联手实现降低商品采购成本的途径如下:

1. 与供应商共同制定可行的成本降低计划

如果供应商的利润已到了非常合理的水平,要供应商降低售价的前提是供应商自己的成本能降低。企业欲达到降价目的就必须与供应商共同制定一个成本降低计划,并且与供应商一起去寻找可行的途径,例如与供应商一道开发更便宜的原材料、互相检讨对方的生产设备及工艺、同意供应商采用便宜的包装材料等。

2. 与供应商签订长期的采购协议

与供应商签署长期协议,对采购方而言,采购方可以合理地确保自己有一个持续的供应来源,特别是材料、产品、部件或组件受到潜在的严重供应中断或质量、价格、可用性或交付方面的极端变化的影响时。长期协议可以帮助采购方获得专有供应商技术的独家使用权。通过长期排他性合同阻止竞争对手使用供应商的技术,至少可以为买方带来短期竞争优势。技术产品生命周期要么迫使竞争对手花费宝贵的时间和精力在其他地方寻找类似的技术,要么意味着他们必须在内部开发技术。采购方可以建立市场先发优势。长期协议通常允许采购方从供应商那里获得更详细的成本和价格信息,以换取延长的合同期限。长期合同能够为供应商提供更大的激励,促使他们通过资本投入来改善或扩大其流程,因为这时他们可以把固定成本分在更多的产品上面。长期合同应包括激励或成本分担安排,以奖励供应商改进其流程,同时将部分节省的成本转嫁给买方。这种额外的供应商投资也可以导致更高的产品质量和更低的成本。

3. 供应商参与到产品设计中去

由于供应商对企业要购买的物料生产可能有数年甚至几十年的经验,因此如果供应商能更早地参与到产品设计中去就有可能提出一些合理的建议,如简化产品结构、使用更便宜的原材料等。

(五)通过开发优秀新供应商来降低采购总成本

为了降低采购总成本,许多采购人员把相当一部分的精力放到了开发优秀新供应商上,许多大企业的采购部门成立了"供应商开发小组",有的企业甚至把"供应商开发"作为一个独立的部门来运作。一般要求新供应商的地理位置在采购方所在地附近,有助于解决开发过程中的问题。如果一个企业因历史原因致使大部分或主要供应商在海外,那么它的供应商开发工作其实就是"本地化",本地化不仅可大大缩短交货期,而且采购单价一般可降低20%~40%。对大部分物资而言,国内廉价的制造成本使海外制造企业在价格上已无法和国内企业进行竞争。

【经典案例】

使用好的网络采购

广西某企业生产的产品中,原材料采购的成本占60%,生产加工、销售及相关的行政费用占30%,纯利润为10%。该厂后来利用网上采购的方式,使原材料采购成本从原来的60%下降到55%;而这看似不起眼的5%却使该厂的利润一举增加了50%!基于上述情况,如果用其他方式获得同样50%的利润增加额,企业可能要增加30%的销售量;或将利润率提高40%,但利润率的提高反过来又将造成销售的下降;第三个方案或许就是裁员。所有这些方案的实施绝非一日之功,而且往往伴随着痛苦的抉择。

为什么要通过好的网络进行采购?道理很简单,因为能帮买方省钱。到底能省多少钱?根据国内同类网站几年的经验,大宗商品如粮食、豆类、原材料等节约采购成本的幅度为2%~10%,工业产品等在79%~259%,最高的可达30%以上。任何一家企业或机构对于在采购成本方面节约这样一项巨大的开支都应予以充分的重视。

加强内部管理控制供应风险

亚星集团为了控制供应风险,加强了内部管理,从内部管理上杜绝了供应风险的发生。该公司加强内部管理的措施主要有以下几点。

1. 改进流程,采购工作程序化

亚星集团制定了一套科学、严密、规范的采购工作程序,改进了采购的业务流程。

该运用程序可分为5个阶段,即下达计划、比较价格、质量监督、票据审核、严格考核。所有采购的物品,首先由分厂、车间、基建处等物品使用部门,根据其生产经营和基建维修的实际需要填写"物品采购计划单",报计划处进行汇总。供应处计划员接到计划处下达的采购计划后,按分管业务员的采购范围和计划要求,下达采购通知。业务员在比质比价的基础上,分批分期及时地进行采购,以保证生产的顺利进行。对于主要原材料的采购每月都制定最高控制价格,经总经理批准后,发布有关部门执行和监督。采购物品到库后,检验人员按照有关检验规程进行"封闭式"的检验。对于采购物品要由物价科进行审核后才能到财务中心对外付款。此外,对采购部门还要进行计划完成情况,节约额、质量和采购费用等指标的考核。

2. 建立了权力分散、相互制约的机制

亚星集团建立了权力分散,相互制约的组织机构。在组织建设上坚持了合理分工与相互制约的原则、不相容职务分离、协调原则和责任原则。分别设置了计划、购销、质检、仓储、审计、财务、考核和服务等职能部门,并明确了各自的职责范围。保证了领导到位、机构到位、人员到位的集体研究、民主决策制度的顺利展开。在具体业务环节上,通过购销比价管理把原来垄断的购销权力转变为民主、分散的权力,购销行为变得公开、透明,同时把购销决策权同业务交割及监督检查进行了职能分离,割断了权力与腐败的联系。此外在采购员管理上,实行轮岗和淘汰制,使得过去由采购员和个别人所拥有的采购物品上定客户、定价格、定数量、定付款的权力得到了有效的控制、分散和监督,在采购环节中节约了大量的资金,增加了企业的效益,严格地控制了供应风险。

3. 管理制度化

亚星集团针对购销环节制定了一系列相配套的管理制度,保证了供应风险控制的工作基础。这些制度包括《物品采购管理条例》《定点物品采购管理制度办法》《经济合同管理制度》《主要原材料检验办法》《经济责任考核办法》等。

《物品采购管理条例》对采购物品的价格管理以及奖惩办法进行了规范,它明确了价格审定的权力、责任、范围、内容和考核方法,对采购物品的价格进行了分类管理;《定点物品采购管理办法》规定大宗物品和原材料都要在质量保证体系中确定的定点"合格供应商"处采购,规定了供应商的供货资格;《主要原材料检验办法》规定对于主要原材料实行"封闭"检验制度,保证了质检的公正性和权威性;《经济责任考核办法》将约束机制引入采购管理中,实行了采购承包责任制,制定了考核细则,严格了奖惩兑现原则。

这里需要说明的是:在案例中涉及物品与物资两个概念。物资是计划经济时代用语,但这一名词已越来越多地被"物品"一词替代,并被写进新发布的国家标准之中,请读者引起注意。

第十三章　采购与供应链管理

第一节　采购与供应链关系

一、供应链管理基础

供应链管理(supply chain management,SCM)就是指在满足一定的客户服务水平的条件下,为了能够使整个供应链系统的成本达到最小而把供应商、制造商、仓库、配送中心和渠道商等有效地组织在一起,来进行产品的制造、转运、分销及销售的管理方法。供应链管理包括计划、采购、制造、配送、退货5大基本内容。

(1)计划:SCM的策略性部分。需要有一个策略来管理所有的资源,以满足客户对产品的需求。好的计划是建立一系列的方法监控供应链,使它能够有效、低成本地为顾客递送高质量和高价值的产品或服务。

(2)采购:选择能为你提供货品和服务的供应商,和供应商建立一套定价、配送和付款的流程并创造方法监控和改善管理,并把对供应商提供的货品和服务的管理流程结合起来,包括提货、核实货单、转送货物到你的制造部门并批准对供应商进行付款等。

(3)制造:安排生产、测试、打包和准备送货所需的活动,是供应链中测量内容最多的部分,包括质量水平、产品产量和工人的生产效率等的测量。

(4)配送:调整用户的订单收据、建立仓库网络、派送人员提货并送货到顾客手中、建立货品计价系统、接收付款。

(5)退货:供应链中的问题处理部分。建立网络接收客户退回的次品和多余产品,并在客户应用产品出现问题时提供支持。

现代商业环境给企业带来了巨大的压力,不仅仅是销售产品,还要为客户提供满意的服务,从而提高客户的满意度,让客户产生幸福感。科特勒表示:"顾客就是上帝,没有他们,企业就不能生存。一切计划都必须围绕挽留顾客、满足顾客进行。"要在国内和国际市场上赢得客户,必然要求供应链企业能快速、敏捷、灵活和协作地响应客户的需求。面对多变的供应链环境,构建幸福供应链成为现代企业的发展趋势。

供应链具有的主要特征如下。

（1）复杂性。

（2）动态性。

（3）面向用户需求。

（4）交叉性。

供应链管理的最根本目的就是增强企业竞争力,其首要的压倒一切的目标是提高顾客的满意程度。供应链管理的好处体现在多个方面,例如可以节约交易成本、降低库存成本、降低采购成本、减少循环周期,最终使得企业的收入和利润得到有力的提升。

1. 供应链管理的流程

供应链管理的流程通常分为以下3个部分。

（1）计划：包括需求预测和补货,旨在使正确的产品在正确的时间和地点交货,还可以使信息沿着整个供应链流动。

（2）实施：主要关注运作效率,包括客户订单执行、采购、制造、存货控制以及后勤配送等应用系统,其最终目标是综合利用这些系统,以提高货物和服务在供应链中的流动效率。

（3）执行评估：指对供应链运行情况的跟踪,以便于制定更开放的政策,更有效地反映变化的市场需求。

2. 供应链管理的两种模式

（1）"推式"的供应链管理,管理的出发点是从原材料推到产成品、市场,一直推至客户端,其结构如图13-1所示。

图13-1 "推式"的供应链管理结构

（2）"拉式"的供应链管理,管理的出发点是以客户及客户满意度为中心的管理,以客户需求为原动力的管理,其结构如图13-2所示。

图13-2 "拉式"的供应链管理结构

"推式"管理与"拉式"管理的区别如下。

"推式"管理是指企业以企业资源计划（ERP）为核心的管理,它要求企业按计划来配置资源。制造商领导"推式"供应链,要求高度多样化,庞大的备用存货,几乎未一体化。

"拉式"管理是指根据市场需求来决定生产什么、什么时候生产、生产多少货物。顾客领导"拉式"需求链,数据快速发展,低存货,迅速反应,高度一体化。

二、传统采购模式

传统采购是企业一种常规的业务活动过程,即企业根据生产需要,首先由各需要单位在月末、季末或年末,编制需要采购物资的申请计划;然后由物资采购供应部门汇总成企业物资计划采购表,报经主管领导审批后,组织具体实施;最后,所需物资采购回来后验收入库,以满足企业生产的需要。

1. 传统采购模式的特点

(1)采购过程是典型的非信息对称的博弈过程。采购过程中存在着两种信息非对称现象,其一是采购方与供应商间的信息非对称。这是因为采购一方为了从多个竞争性的供应商中选择一个最佳的供应商,往往会保留私有信息。其二是供应商与供应商间存在信息不对称。因为各供应商都想在竞争中获胜,而自己的信息被其他供应商知道得越多那么自己被击败的可能性就越大。这样,供需双方及供方之间都不能进行有效的信息沟通。

(2)事后把关,质量控制不及时。商品质量与交货期是采购方要考虑的两个重要因素。在传统的采购模式下,由于采购方很难参与供应商的生产组织过程和有关质量控制活动,供应商的产品质量的信息在采购之前很难被采购方知晓,而采购方只有在采购后的验收过程中才能知道所购商品的质量是否符合预定的标准,这时再换货、退货或另外寻找其他供应商有可能给企业的生产造成巨大损失,所以缺乏合作的质量控制会导致采购方对采购商品质量控制的难度加大。

(3)供需双方的合作关系短暂,竞争关系长久。在传统的采购模式中,供需双方间的关系是临时性的,二者竞争往往多于合作,正是因为供需双方间的信息不对称,缺乏有效的沟通,二者间缺少合作气氛,相互抱怨、扯皮的事情较多,很多时间消耗在解决日常问题上,没有更多的时间来做长期性预测与计划工作。

(4)响应用户需求的能力迟钝。由于供应与采购双方在信息的沟通方面缺乏及时的反馈,在市场需求发生变化的情况下,采购方也不能改变供应方已有的订货合同,因此采购方在需求减少时库存增加,需求增加时出现供不应求。重新订货需要增加谈判过程,因此供需之间对用户需求的响应没有同步进行,缺乏应付需求变化的能力。

2. 传统采购模式的缺点

(1)物料采购与物料管理为一体。目前绝大多数企业行使采购管理的职能部门为供应部(科),也有企业将销售职能与采购职能并在一起,称为供销科。在这种模式下,其管理流程是先由需求部门提出采购要求,然后由采购部门制定采购计划/订单、询价/处理报价、下发运输通知、检验入库、通知财务付款。

该流程主要缺点是：物料管理、采购管理、供应商管理由一个职能部门来完成，缺乏必要的监督和控制机制。

(2)业务信息共享程度弱。由于大部分的采购操作和与供应商的谈判是通过电话来完成，没有必要的文字记录，采购信息和供应商信息基本上由每个业务人员自己掌握，信息没有共享。其带来的影响是：业务的可追溯性弱，一旦出了问题，难以调查；同时采购任务的执行优劣在相当程度上取决于人，人员的岗位变动对业务有着较大影响。

(3)采购控制通常是事后控制。其实不仅是采购环节，许多企业对大部分业务环节基本上都是事后控制，无法在事前进行监控。虽然我们承认事后控制也能带来一定的效果，但是事前控制毕竟能够为企业减少许多不必要的损失，尤其是如果一个企业横跨多个区域，其事前控制的意义将更为明显。

三、供应链管理环境下采购的特点

在供应链管理模式下，采购工作要做到5个恰当。

恰当的数量：实现采购的经济批量，既不积压又不会造成短缺。

恰当的时间：实现及时化采购管理，既不提前，给库存带来压力；也不滞后，给生产带来压力。

恰当的地点：实现最佳的物流效率，尽可能地节约采购成本。

恰当的价格：实现采购价格的合理性，价格过高则造成浪费，价格过低可能质量难以保证。

恰当的来源：力争实现供需双方间的合作与协调，达到双赢的效果。

为了实现上述5个恰当，供应链管理下的采购模式必须在传统采购模式的基础上做出扬弃式的调整和改变，主要表现为以下几个方面的特点：

(1)库存驱动采购转变为订单驱动采购。在传统的采购模式中，采购的目的很简单，就是为了补充库存，防止生产停顿，即为库存而采购。可以说传统的采购是由库存驱动的，而在供应链管理模式下，采购活动是以订单驱动的。制造订单驱动采购订单，采购订单在驱动供应商。

(2)从采购管理转变为外部资源管理。所谓在供应链管理中应用的外部资源管理，是指把供应商的生产制造过程看作是采购企业的一个延伸部分，采购企业可以直接参与供应商的生产和制造流程，从而确保采购商品质量的一种做法。应当注意的是，外部资源管理并不是采购方单方面努力就能够实现的，而是还需要供应商的配合与支持。

(3)从买卖关系转变为战略伙伴关系。在传统的采购模式中，供应商与需求方之间是一种简单的买卖关系,无法解决涉及全局性和战略性的供应链问题,而基于战略伙伴关系的采购方式为解决这些问题创造了条件。这些全局性和战略性的问题主要如下。

①库存问题:在供应链管理模式下,供应方与需求方之间可以共享库存数据,采购决策过程变得透明,减少了需求信息的失真现象。

②风险问题:供需双方通过战略性合作关系,可以降低由于不可预测的需求变化带来的风险,比如运输过程的风险、信用的风险和产品质量的风险等。

③合作伙伴关系问题:通过合作伙伴关系,双方可以为制定战略性的采购供应计划共同协商,不必为日常琐事消耗时间与精力。

④降低采购成本问题:由于避免了许多不必要的手续和谈判过程,信息的共享避免了因信息不对称可能造成的成本损失。

⑤准时采购问题:战略协作伙伴关系消除了供应过程的组织障碍,为实现准时化采购创造了条件。

(4)采购业务外包管理。现代企业经营所需物品越来越多,采购途径和体系也越来越复杂,使得企业采购成本越来越高。为了克服这种状况,越来越多的企业将采购活动外包给承包商或第三方公司。

(5)电子商务采购兴起。传统采购环境下,供应商多头竞争,采购方主要进行价格方面的比较,然后选择价格最低者。在供应链管理模式下,电子商务采购已普遍得到运用。采购方将相关信息发布在采购系统上,利用电子银行进行结算,并借助现代物流系统来完成物资的采购。主要的特点体现在以下 2 点。

①市场竞争更宽松。供应商除报价外,还有其他附加条件(如对交易的售后服务要求和承诺),其结果是报价最低者不一定是胜者。

②供应商有更多竞争空间。打包贸易时,采购方只需统一开出打包价和各种商品的购买数量,供应商可在各种商品单价中进行多种组合,根据自己的优势进行。

(6)采购方式多元化。在供应链管理环境下,采购已经呈现出全球化采购与本地化采购相结合的特点。特别是对一些大型企业而言,在采购方面,通常会比较各个国家的区位优势,然后进行综合判断,制定采购策略。

第二节 采购与供应链管理的发展趋势

从世界范围来看,采购与供应链管理的发展主要呈现出全球化采购、电子采购、JIT 采购、供应伙伴关系、绿色采购等趋势,而且在发达国家,这些采购理念已经投入实施,并取得了很好的效果。而在我国由于企业经营理念、管理水平和采购环境等的局限性,这些新的采购理念还没有大规模实施,但我们仍要注意研究、吸收,因为这是企业发展大势所趋的方向。

一、全球化采购

全球化采购是指在全球范围内组织资源,面向全球范围内的供应商实施采购工作,以求在价格、质量、服务等方面达到在国内采购所达不到的竞争优势。

1. 全球化采购的原因

(1)追逐利润是资本的原动力。

(2)全球化采购有利于全球竞争。

(3)跨国投资促进了全球化采购。

(4)国际贸易的发展和经济全球化进程的加快。

(5)享受出口优惠政策。

2. 全球化采购的优势

(1)价格。

(2)质量。

(3)资源。

(4)快速交货和连续供应。

(5)科学技术的快速发展。

(6)战略考虑。

3. 全球化采购的劣势

(1)全球化采购的程序比较复杂。

(2)全球化采购具有更长的订货前期。

(3)全球化采购的风险比国内采购大。

4. 全球化采购的特点

(1)全球化采购需要具有国际贸易的相关知识。

(2)全球化采购易受供应商所在国和国际环境的影响。

(3)全球化采购需要考虑关税和汇率的影响。

二、电子采购

电子采购的概念:主要指以计算机技术、网络技术为基础,以电子商务软件为依据,以互联网为纽带,以电子商务安全系统为保障的信息交换与在线交易的采购活动。

1. 电子采购的优势

(1)提高效率。

(2)有效竞争。

(3)规范市场。

(4)增加透明度。

(5)降低成本。

(6)信息准确。

2. 电子采购的模式

(1)多对一(买方)模式。供应商在互联网上发布其产品的在线目录,采购方则通过在线上浏览目录来取得所需的商品信息,以做出采购决策,并下订单以及确定付款和交付选择。

(2)一对多(卖方)模式。采购方在互联网上发布所需采购产品的信息,供应商在采购方的网站上登录自己的产品信息,供采购方进行评估,并通过采购方的网站,双方进行进一步的信息沟通,来完成采购业务的全过程。

(3)第三方模式(市场模式)。供应商和采购方通过第三方设立的网站进行采购业务的过程。

【经典案例】

中国石化电子采购战略

石化生产建设所需的化工原辅料、煤炭、钢材、设备等12万多种物资;网上用户也从2381个增加到2万多个,其中网上注册供应商从300家发展到15000多家,基本涵盖了化工、冶金、制造加工、煤矿等大型生产制造企业和部分流通企业。随着中国石化电子采购管理力度的不断加大,以及电子采购系统不断优化提升,电子采购已经成为企业信息共享、决策制定、过程实施、操作监管和供需协同工作的综合性采购业务平台。采购方可以在平台上发布采购需求,可以自主地选择供应商,并采取相应的采购策略和采购方式,如对大宗战略物资,可以实施战略协议采购;对市场竞争充分的物资,可以选择询比价或动态竞价采购;对零星、紧急的物资,可以实施配送采购。采购管理者还可以在平台上实时了解采购需求、采购的历史情况以及采购过程进展情况,随时掌握并分析采购规模、渠道、价格等重要信息,进而适时调整采购策略。作为"根系发达"的大型综合性企业,真正采购行为的实施者,往往是企业内部众多的分(子)企业。这些无论在地域还是实体利益可能各不相同的企业,作为同一物资的采购方,可以利用这个平台,实现信息共享,通过及时沟通协调,从而能有效地避免供应风险。对供应商而言,这个平台同样有利,他们可以及时了解到采购需求,可以利用这个平台有针对性地发布投标信息。最重要的一点,就是这个平台对众多的供应商而言,是一个真正公平、公正的透明舞台。

3. 采用第三方电子采购模式的作用

(1)提高采购业务处理效率,降低采购成本。

(2)整合和丰富济南圣泉集团有限公司供应商资源。
(3)提高与供应商协作的效率。
(4)加强企业物资采购的统一管理能力。
(5)更开放、更公开的交易方式。

虽然第三方电子采购模式能带来很多利益,但首先要选择与自身行业比较相近的中介服务;其次,要选择有一定品牌形象和知名度的中介网站;最后,可以选择几个第三方电子采购网站提供服务,但不宜过多,如果选择过多则可能影响企业收集到商业机会信息的质量。有的中介网站提供的信息缺乏有效控制,导致虚假商业信息过多,反而给企业带来负面影响。

4.供应商伙伴关系

(1)概念。供应商伙伴关系是企业与供应商之间达成的高层次的合作关系,它是指在相互信任的基础上采购方与供应方为着共同的、明确的目标而建立的一种长期的、合作的关系。

(2)供应商伙伴关系的优势。

①加强企业的核心竞争力。供应链各节点企业通过保持合作关系,可以在非优势领域取得优势地位,可以更加专注于核心领域,以取得更大的核心竞争力。

②增加顾客满意度。

③降低生产成本,减少浪费。

④减少供应链上的不确定性因素,降低库存、降低风险。

⑤缩短新产品上市的时间,快速响应市场。

⑥提高供应链的竞争力。

⑦长期伙伴关系,减少投机行为,弥补合同的不足。

供应商伙伴关系的风险来源主要有能力风险、信息不对称风险、相互依赖性增强所带来的风险、合作伙伴同时参与多条供应链所带来的风险。那么这些风险应该如何防范呢?首先要科学选择伙伴建立有效的信息传递机制,其次利用重复博弈机制降低投机动机,再次构建利益激励机制,最后对动态合同进行控制。

三、JIT 采购

(1)概念。JIT 采购又称为准时采购,是一种先进的采购模式,它的基本思想是在恰当的时间、地点、以恰当的数量、恰当的质量提供恰当的物品。JIT 采购是从准时生产发展而来,目的是为了消除库存和不必要的浪费而进行持续性改进。

(2)JIT 采购的优势。

①有利于暴露生产过程隐藏的问题。通过不断减少外购件和原材料库存来暴露生产过程的隐藏问题,从解决深层次的问题上来提高生产效率。

②消除了生产过程的不增值过程如修改订货、收货、质量检查等。

③进一步减少库存成本。

④使企业真正实现柔性生产。

⑤有利于提高采购物资的质量,降低采购价格。

(3)JIT采购的特点。

①用较少的供应商。

②采取小批量采购策略。

③对供应商选择的标准发生变化。

④对交货的准时性要求更加严格。

⑤从根源上保障采购质量。

⑥对信息交流的需求加强。

⑦可靠的送货和特定的包装要求。

四、绿色采购

政府通过庞大的采购力量,优先向供应商购买对环境负面影响较小的环境标识产品,促进企业环境行为的改善,从而对社会的绿色消费起到了推动和示范作用。

绿色采购最初都是由政府来引导。其优点:①政府采购量大,供应商会采取积极措施赢得政府这个客户。②政府绿色采购量大面广,可以扶植绿色产品和绿色产业。③政府绿色采购可以引导人们改变不合理的消费习惯,减少不合理消费对环境造成的压力。

绿色采购的基本原则如下。

(1)考虑产品的生命周期。购买时要考虑产品从资源开采到废弃的生命周期全程对环境带来的各种负荷。

(2)减少环境污染物质。要减少对环境和人体健康造成危害的物质的排放。

(3)节约资源和能源。

(4)可持续的资源开采。

(5)可长期使用。

(6)可再使用。

(7)可再生利用。

(8)使用再生材料。

(9)易于处理和处置。

(10)对致力于绿色化的企业优先考虑。优先购买通过了ISO14001认证、积极环保的企业生产和出售的产品。

(11)获取和灵活利用环境信息。采购时要积极获取并灵活利用有关产品与生产销售企业的环境信息。

参考文献

[1] 彼得·贝利,大卫·法摩尔,巴里·克洛克,等.采购原理与管理[M].11版.王增东,王碧琼,译.北京:电子工业出版社,2016.

[2] 罗伯特·B.汉德菲尔德,罗伯特·M.蒙茨卡,拉里·C.吉尼皮尔,等.采购与供应链管理[M].5版.王晓东,刘旭敏,熊哲,译.北京:电子工业出版社,2018.

[3] 肯尼斯·莱桑斯,布莱恩·法林顿.采购与供应链管理[M].5版.莫佳忆,曹煜辉,马宁,译.北京:电子工业出版社,2018.

[4] 顾东晓,顾佐佐.物流与供应链管理[M].北京:清华大学出版社,2017.

[5] 朱传波.物流与供应链管理:新商业、新链接、新物流[M].北京:机械工业出版社,2018.

[6] 逯宇铎,李杰.全球采购管理[M].北京:机械工业出版社,2006.

[7] 徐天舒,刘碧玉.全球采购与供应链管理[M].北京:机械工业出版社,2019.

[8] 王槐林,刘昌华.采购管理与库存控制[M].北京:中国财富出版社,2013.

[9] 俞烈编.高效能采购管理[M].北京:机械工业出版社,2019.

[10] 张玉斌,陈宇.采购管理[M].北京:化学工业出版社,2009.

[11] 采购与供应谈判[M].北京中交协物流人力资源培训中心,译.北京:机械工业出版社,2007.

[12] 柳荣.采购与供应链管理[M].北京:人民邮电出版社,2018.

[13] 李政,姜宏锋.采购过程控制:谈判技巧·合同管理·成本控制[M].北京:化学工业出版社,2010.

[14] 马晓峰.采购谈判的方法与技巧[M].吉林:吉林音像出版社,2011.